OEUVRES
COMPLÈTES
DE
J. J. ROUSSEAU

AVEC LES NOTES DE TOUS LES COMMENTATEURS.

NOUVELLE ÉDITION
ORNÉE DE QUARANTE-DEUX VIGNETTES,
GRAVÉES PAR NOS PLUS HABILES ARTISTES,

D'APRÈS LES DESSINS DE DEVÉRIA.

CONFESSIONS.
TOME I.

A PARIS,
CHEZ DALIBON, LIBRAIRE
DE S. A. R. MONSEIGNEUR LE DUC DE NEMOURS,
RUE SAINT-ANDRÉ-DES-ARCS, N° 41.

M DCCC XXVI.

ŒUVRES
COMPLÈTES
DE
J. J. ROUSSEAU.

TOME XV.

PARIS. — IMPRIMERIE DE G. DOYEN,
RUE SAINT-JACQUES, N. 38

AVANT-PROPOS.

Cinq hommes célèbres ont formé, et en partie effectué, le projet hardi de se peindre eux-mêmes, et se montrer tels qu'ils étoient : saint Augustin, Montaigne, le cardinal de Retz, Cardan, Jean-Jacques Rousseau. Mais le sacrifice complet de l'amour-propre, si difficile à consommer, n'a pu l'être que par les deux derniers, Cardan et Jean-Jacques. Saint Augustin, en dégradant l'homme de la nature pour le montrer agrandi par le christianisme, trouvoit dans les dispositions de ses lecteurs le remède aux blessures que son amour-propre s'étoit faites à lui-même, et peut-être ces blessures étoient-elles une jouissance de son amour-propre. Montaigne, restant toujours aimable au milieu des vices et des défauts qu'il reconnoît en lui, laisse voir trop de vanité dans ses aveux, pour qu'on ne croie pas qu'il s'est permis des réticences; et Jean-Jacques l'accuse nettement de la caresser plus qu'il ne l'égratigne. Le cardinal de Retz, au commencement du dix-huitième siècle, étonna ses lecteurs par sa franchise; un prêtre, un archevêque, se déclarant factieux, conspirateur, libertin, scandalisa la France : c'est une confession de ses crimes, de ses péchés; mais cette confession étoit faite par l'orgueil, et par plus d'une espèce d'orgueil, celui de la naissance, celui du génie, etc. Restent Cardan et Rousseau : dans ceux-ci le sacrifice paroît complet, en ce qu'ils avouent des fautes avilissantes, et des actions qui semblent dégrader entièrement le caractère, sans laisser à l'amour-propre le plus petit dédommagement. A cet égard ils peuvent passer pour des phénomènes; Cardan surtout qui va même plus loin que Rousseau, et qui se montre abject comme pour le plaisir de l'être. Son livre excita la plus grande surprise dans l'Europe; mais tout se passoit entre des savants et des littérateurs : cette bizarrerie fut bientôt oubliée. Il n'en sera point ainsi de Jean-Jacques Rousseau; son génie, ses succès, son nom, le nom de ceux dont il fait la confession en même temps que la sienne, le rapport de cet écrit à ses ouvrages les plus célèbres, l'influence des événements de sa vie sur son caractère, de son caractère sur son talent, les résultats de morale et d'instruction que présentent ces rapprochements, toutes ces causes assurent aux *Confessions* de Jean-Jacques sinon le même degré d'estime, au moins la même durée qu'à ses meilleurs écrits. C'est le sentiment confus de cette vérité qui sembla redoubler, après sa mort, la haine de ses ennemis, lorsqu'ils apprirent que Jean-Jacques avoit en effet composé les mémoires de sa vie. La mort prématurée des dépositaires successifs de son manuscrit le rendit public avant l'époque désignée par Rousseau, et ses ennemis subirent de leur vivant la punition qu'il ne réservoit qu'à leur mémoire. Mais il faut avouer que celle de Rousseau en parut avilie. L'aveu d'une bizarre disposition au larcin, de l'abandon d'un ami délaissé au coin d'une rue; d'une calomnie qui entraîna le déshonneur d'une pauvre domestique innocente, la révélation de toutes les fautes d'une jeunesse aventurière exposée à tous les hasards qui poursuivent l'indigence; enfin, le coupable et systématique égarement d'un père qui envoie ses cinq enfants à l'hôpital des enfants trouvés : voilà ce qu'apprit avec surprise une génération nouvelle, remplie d'admiration pour Rousseau, nourrie de ses ouvrages, non moins éprise de ses vertus que de ses talents, qui, dans l'enthousiasme de la jeunesse, avoit marqué les hommages qu'elle lui rendoit de tous les caractères d'un sentiment religieux. C'est de cette hauteur que Jean-Jacques Rousseau descendit volontairement.

Nous ajoutons ce dernier mot, parce qu'en effet plusieurs de ces fautes étoient ignorées, et pouvoient rester ensevelies dans l'obscurité de sa malheureuse jeunesse ; parce qu'il pouvoit se permettre une demi-confession, rédigée avec cette apparente franchise qui en impose beaucoup mieux qu'une dissimulation entière, et que la postérité, prenant désormais pour règle ce qu'il auroit avoué dans ses mémoires, eût mis le reste sur le compte de la calomnie.

Il y a deux époques très-distinctes dans la vie de Jean-Jacques, dont la seconde est celle qu'il appelle lui-même l'époque de sa grande réforme; et c'est celle qui est la plus intéressante, par l'essor de ses talents et le développement de son génie. Les torts qu'on reproche à Rousseau sont liés à l'histoire littéraire de cette époque, encore présente au souvenir de quelques contemporains. Qu'on se représente d'une part le tort de la société, les opinions établies dans le temps où Rousseau a vécu dans le monde, c'est-à-dire à l'époque de ses succès ; qu'on se figure, de l'autre, Jean-Jacques au milieu de ces conventions absurdes, dont la plupart sont si bien jugées maintenant ; qu'on se rappelle ses goûts, ses habitudes, son attachement aux convenances naturelles et premières, et qu'on juge de quel œil il devoit voir les convenances factices que la société leur imposoit, l'importance mise aux petites choses, la nécessité de déférer aux sottises respectées, aux sots en crédit ; la tyrannie des riches, leur insolence polie, l'orgueil, qui, pour se ménager des droits, se déguise en bienfaisance ; la fausseté du commerce entre les gens de lettres et les gens du monde, on sentira ce que de pareilles sociétés devoient être pour Rousseau, et ce qu'il étoit lui-même pour elles. C'est là que se formèrent les inimitiés qui empoisonnèrent le reste de la vie de Jean-Jacques, et qui l'engagèrent dans une lutte où il ne pouvoit avoir que du désavantage. Lui-même en avoit le sentiment ; il savoit le parti que ses ennemis tireroient de ses vivacités brusques, de ses étourderies passionnées ; et, disposé sans doute à la défiance, quoiqu'il ait prétendu le contraire, il parvint à tourner cette disposition contre lui-même, à en faire le tourment de sa vie, à n'oser plus risquer ni un pas ni un mot.

Il n'écrivit ses *Confessions* qu'après ses autres ouvrages ; il ne sollicita l'attention des autres hommes pour lui-même ; a dit madame de Staël, qu'après avoir mérité leur reconnoissance, en leur consacrant pendant vingt ans son génie. Cet ouvrage n'a pas sans doute ce caractère d'élévation qu'on souhaiteroit à l'homme qui parle de lui-même ; ce caractère qui fait pardonner la personnalité, parce qu'on trouve simple que celui qui le possède soit important à ses yeux comme aux nôtres ; mais il me semble qu'il est difficile de douter de sa sincérité ; on cache plutôt qu'on n'invente les aveux que les *Confessions* contiennent : les évènements qui y sont racontés paroissent vrais dans tous les détails. Il y a des circonstances que l'imagination ne trouveroit jamais. D'ailleurs Rousseau avoit un sentiment d'orgueil qui répond de la véracité de ses mémoires. Il se croyoit le meilleur des hommes ; il eût rougi de penser qu'il avoit besoin, pour se montrer à eux, de dissimuler une seule de ses fautes.

Il crut avoir sujet de se plaindre de Voltaire, de Diderot, de d'Alembert, et comprit dans la même proscription tous les philosophes : c'étoient autant d'ennemis conspirés contre lui ; mais tout le mal qu'il en a pu dire n'empêchera pas qu'il ne soit placé lui-même au premier rang de ces philosophes avec lesquels il vouloit n'avoir rien de commun. Quand, jetant un regard en arrière, nous embrassons d'un coup d'œil ces efforts puissants de la littérature, ce besoin général de remonter aux idées premières qui se manifeste dans tous ses écrits, ce rapprochement heureux de toutes les notions acquises, cet art d'éclairer les unes par les autres les diverses parties de nos connoissances, nous ne pouvons méconnoître l'influence entraînante d'un homme qui partout semble ouvrir de nouvelles routes à la pensée humaine. Le dix-huitième siècle, qu'il échauffa du feu de son génie, a pris et ne peut plus perdre le nom de siècle de la philosophie. Qu'est-ce qu'un philosophe? Celui que j'avoue et que j'honore, celui que je retrouve dans Jean-Jacques, aime la vérité pour elle-même; il cultive la philosophie, parce que les erreurs qu'elle combat sont le plus pernicieux fléau qui ait jamais désolé nos semblables; il connoît ses devoirs, et ne croit pas les avoir remplis tous par des vertus privées; il se doit encore à ses compatriotes et au genre humain tout entier; s'il ne peut acquitter cette dette dans les postes éminents, il veut la payer du moins en travaillant par ses discours à conserver, à étendre le règne de la raison et de la vertu; enfin il révère la mémoire des sages; il la défend pour défendre la vérité qu'on attaque en eux, pour payer les éminents services qu'ils ont rendus au genre humain, aux dépens de leur repos et de leur fortune, au péril même de leur vie. Qu'est-ce que la philosophie du dix-huitième siècle? Tous les hommes qui l'ont cultivée, et Rousseau tout le premier, libres et indépendants, ont cherché la vérité. Nul moins que lui ne l'a sacrifiée au respect de ses contemporains. Pour combattre chacun d'eux, il suffit de puiser des objections dans les ouvrages des autres.

La philosophie du dix-huitième siècle ne formoit donc pas une secte comme on l'a prétendu. C'est là même un trait qui la caractérise. Chez les anciens chacun embrassoit aveuglément tous les principes du maître qu'il avoit choisi ; il l'a dit étoit une réponse suffisante aux objections que pouvoit élever un esprit juste contre les absurdités physiques et mathématiques, dont Pythagore et Épicure, le Lycée, le Portique et l'Académie, souilloient la pureté de leur morale.

En France, au dix-huitième siècle, on fut cartésien d'une manière presque aussi exclusive que l'on s'étoit prononcé, dans les siècles d'ignorance, pour la secte des réaux et celle des nominaux. Cette maladie de l'esprit humain avoit dû en effet prendre de nouvelles forces au sein des disputes scolastiques. L'opiniâtreté et l'intolérance croissent naturellement à proportion de ce que l'on comprend moins et soi-même et ses adversaires : on ne connoît d'eux alors que leur opposition, et non les motifs dont ils l'appuient; et l'on est porté à dédaigner des objections peu intelligibles, comme les arguments qu'elles détruisent. Bayle, à la fin du dix-septième siècle, entreprit de guérir les hommes d'une habitude qui donne à la croyance même de la vérité le caractère de l'erreur, en leur exposant sur les thèses alors le plus communément discutées tous les motifs d'affirmation et de négation. Il leur apprit à s'instruire véritablement de ce que l'on peut connoître, et, science plus difficile, à ignorer sans honte ce qui passe la portée de notre esprit, à douter paisiblement de ce qui ne présente que des probabilités opposées et balancées entre elles. Bayle a rendu ce service important à l'esprit humain ; et l'on ne peut blâmer les philosophes du dix-huitième siècle, qui, instruits par ses leçons, prirent pour base de leurs recherches la nécessité de se faire une opinion à soi; ils n'eurent dès-lors qu'un seul principe commun, auquel on peut réduire toute leur philosophie, c'est de ne rien croire sans avoir examiné et raisonné les motifs de la croyance.

Le théologien, comme le philosophe, recourt au raisonnement pour établir la réalité d'une révélation, pour démontrer la cause de toutes les autres, au milieu de tant de religions qui se partagent la terre, et dont les fondateurs se sont tous dits les interprètes de la Divinité; il y recourt dès qu'il veut éclairer les hommes nés dans une secte hétérodoxe : que peut-il en effet leur proposer, sinon de discuter au flambeau de la raison et les bases de la croyance qu'ils professent, et les bases de la croyance où il veut les amener, pour se convaincre enfin de la frivolité des unes et de la solidité des autres? La maxime de soumettre tout ce que l'on croit à un examen profond n'a donc rien de coupable : elle offre au contraire le seul chemin sûr vers la vérité. Si quelquefois son application a enfanté des erreurs, elle se prête toujours à les réfuter; une discussion plus approfondie ramène la vérité qu'avoit écartée une discussion trop légère. La maxime opposée ferme la voie du retour dès qu'elle a conduit à l'erreur. Attaque-t-on sous le rapport de la morale la philosophie du dix-septième siècle, les livres existent, et, au grand regret des amis de l'obscurité, ils ne périront pas. L'amour de la vertu, l'horreur du vice, y éclatent de toutes parts. Les mœurs des hommes sont un plus pur témoignage en faveur de leurs principes. Les erreurs les plus graves de Jean-Jacques Rousseau nous ont été dévoilées par les aveux que lui arracha le repentir. Les torts de Voltaire furent ceux d'un homme aigri par quarante ans de provocations. Les adversaires des philosophes ont-ils pu après cela accréditer contre un seul d'entre eux une seule accusation grave? Non, tous les reproches personnels se réduisent à des anecdotes, la plupart douteuses, et dont il résulte seulement que des hommes doués de toute la sensibilité du génie n'ont pas été exempts des défauts que nous observons sans cesse chez des individus qui ne peuvent couvrir leurs imperfections de la même excuse.

Sous la plume de Platon et de Cicéron, la philosophie dans l'antiquité se montra décorée de toutes les richesses de l'éloquence. Elle perdit cet avantage dans l'Europe moderne; elle devoit le recouvrer en France, et seulement au dix-huitième siècle, si l'on excepte l'exemple brillant qu'avoit donné Malebranche, en ornant des richesses de l'imagination la plus vive le premier livre de la *Recherche de la vérité*. Les philosophes anglois, devanciers des nôtres, ne les ont pas devancés sur ce point : ils n'offrent aucun ouvrage en prose digne d'établir la réputation d'un grand écrivain. C'est peu de frapper la pensée par des vérités importantes, il faut savoir les imprimer profondément dans le cœur de l'homme, avec des paroles qui sachent le toucher et l'émouvoir. Voilà le triomphe de Jean-Jacques Rousseau. Quel homme ne s'est pas senti plus d'amour pour la vertu à mesure qu'il a relu ces écrits où une dialectique puissante et subtile tire une force nouvelle des charmes de la plus puissante éloquence? Ne fut-il pas un philosophe celui auquel la nation, rendue à elle-même, et cédant au besoin d'exprimer sa reconnoissance à l'éloquent écrivain dont la plume avoit brisé ses fers, l'avoit rappelée à son devoir et à sa dignité, voulut qu'une statue qui reproduiroit les traits de l'auteur du *Contrat social* fût érigée par la France régénérée, dans laquelle chacun viendroit reconnoître le vengeur de ses droits, celui qui lui avoit fait mesurer la profondeur de l'abîme dans lequel il dormoit oublié, et, l'arrachant tout à coup à ce honteux sommeil, avoit fait apparoître à ses yeux l'image auguste de la liberté; non pas de cette liberté sanglante qui ressemble bien moins à la régénératrice des peuples qu'à l'une des Euménides, mais de cette divinité tutélaire qui compose le bonheur de tous du bonheur de chacun? Ne fut-il pas un philosophe celui que les Corses, que les Polonois vouloient avoir pour législateur, Malesherbes pour ami, et l'humanité tout entière pour défenseur? Ne fut-il pas un philosophe celui dont Louis XVI ordonna que le marbre et l'airain multiplieroient les images? et si plus tard ses cendres partagèrent avec des restes indignes les honneurs du Panthéon, ce fut une épreuve de plus dont il eut à souffrir: il sembloit que la persécution qui si long-temps avoit tourmenté sa vie vouloit encore insulter à ses mânes.

À ce mot de philosophe, dont l'erreur et la malignité ont fait un cri de proscription, je sens tout ce qu'emporte avec soi de défavorable le titre que j'ose

AVANT-PROPOS.

donner à l'écrivain le plus éminemment philosophique que nous ayons dans notre langue. Les philosophes du dix-huitième siècle appartiennent presque tous à la littérature. Jean-Jacques pouvoit-il, parce qu'il croyoit avoir à se plaindre de quelques-uns, appeler sur eux l'anathème, et condamner des principes qui étoient les siens, des principes que nul autre n'avoit aussi bien développés, que lui seul avoit connu le secret de communiquer à ses lecteurs, d'imprimer tout à la fois dans leur cœur et dans leur esprit ? Pouvoit-il unir sa voix à la voix des hommes qui calomnient les philosophes, ou, plus pusillanime et presque aussi méprisable, faire amende honorable des principes qui avoient constitué sa gloire, et l'avoient placé si haut dans l'admiration de ses contemporains ?

Si, aux ouvrages des philosophes du dix-huitième siècle, tant décriés par l'ignorance qui ne les a pas lus, justement admirés par la raison qui les relit toujours, on vient opposer encore et le curé de Meslier, et ses extravagances, le Système de la Nature et quelques autres bâtards de la philosophie, qui sont restés sans aveu, malgré toutes les recherches de l'esprit de parti, pour les attribuer à quelques-uns de ces hommes éloquents dont les écrits, images fidèles de leur ame, brillent de tant d'éclat et de raison, je répondrai : Les auteurs de ces misérables rapsodies sont philosophes comme sont géomètres ceux qui trouvent la quadrature du cercle. Mais, d'autre part, ils étoient véritablement philosophes ces deux hommes qui renfermoient dans le cercle de

Popilius le faisceau des connoissances humaines. Rousseau put voir un moment en eux des hommes conspirés contre lui ; mais en tout temps il rendit un témoignage éclatant à leurs lumières. L'idée hardie de ne faire qu'un seul corps de toutes les connoissances, de toutes les pensées de l'homme, avoit été indiquée par un sage que le génie doua de la prérogative de lire dans l'avenir des sciences. Chambers, lorsqu'il voulut se saisir de l'idée de Bacon, rappela les impuissants efforts des guerriers vulgaires pour manier la lance d'Achille. Deux philosophes françois s'approprièrent cette sublime conception, car ils l'exécutèrent en reculant même les bornes de son étendue. D'Alembert publia la préface de l'*Encyclopédie*, analyse précieuse des facultés de l'esprit humain, où la netteté se joint partout à la justesse et la simplicité à la profondeur. Il est bien vrai que Jean-Jacques a reproché à ce même d'Alembert de s'être emparé des articles sur la musique qu'il avoit faits pour l'*Encyclopédie*, et de les avoir mis à profit pour composer ses éléments de musique. Mais quand Rousseau faisoit ce reproche à d'Alembert, il ne vouloit voir en lui qu'un ennemi acharné à sa perte ; il éprouvoit le besoin de trouver des torts à d'Alembert ; son esprit, aigri par le malheur, n'avoit plus que des souvenirs amers ; et La Harpe a bien prouvé, ce nous semble, que d'Alembert n'a point fait des articles de Rousseau sur la musique l'usage que celui-ci lui reproche dans ses *Confessions* d'en avoir fait. Diderot, dans un prospectus raisonné, montre au lecteur surpris l'étendue de l'ouvrage qu'il lui annonce ; et bientôt les volumes de l'*Encyclopédie* se succèdent rapidement : le cours de peu d'années voit achever, au milieu des contrariétés, cet ouvrage que l'on se fût promis à peine de travaux séculaires, soutenus par la faveur la plus constante et les encouragements les plus puissants; et pourtant jamais entreprise ne fut plus cruellement persécutée. C'étoit Hercule au berceau que les serpents de l'Envie se disputoient la honte d'étouffer. Le choix de quelques collaborateurs foibles ou négligents, le découragement momentané qui suivoit une persécution active, ont semé des taches sur cette belle entreprise; mais les articles des principaux auteurs, ceux de Voltaire, de Rousseau, de Montesquieu, de Dumarsais, de d'Holbach, de Jaucourt, de Turgot, sont d'un prix que les progrès des sciences et des lumières ont à peine diminué.

On trouve encore dans la liste des principaux auteurs de l'*Encyclopédie* des hommes que Rousseau crut être devenus ses ennemis; il nous entretient au long dans ses *Confessions* du baron d'Holbach. Si nous en croyons La Harpe, en aucun temps le baron d'Holbach n'avoit donné à Rousseau le droit de se plaindre de lui. Mais ce qui est digne de remarque, c'est que ce même Jean-Jacques, qui avoit fini par prendre les philosophes en horreur, qui ne vouloit plus les avoir connus, avoir eu le moindre rapport avec eux, se trouve associé, comme malgré lui, à tous leurs travaux, à toutes leurs idées, à toutes leurs entreprises. C'est avec Diderot et d'Alembert qu'il avoit voulu faire un journal intitulé *le Persiffleur;* c'est avec d'Alembert et Diderot qu'il a travaillé pour l'*Encyclopédie*; et d'Alembert s'essaie à traduire *Tacite*, lorsque Rousseau en traduit d'autres morceaux; les mêmes idées sont à l'usage des mêmes esprits; mais il faut convenir que le style est différent: si d'Alembert est correct et élégant, si Diderot est véhément et animé, Rousseau réunit souvent à lui seul toutes les perfections du style; il est en même temps Bossuet, Massillon, La Bruyère et Montesquieu, modèle d'élévation, de précision, d'élégance et d'originalité tout à la fois; la pensée sous sa plume s'enrichit de l'expression, en même temps que l'expression doit une partie de son éclat à la pensée: il est à lui seul tous les grands écrivains ensemble: réunion d'autant plus admirable, que Rousseau est de tous nos prosateurs celui dont le style réunit tant de mérites divers à un si haut degré de perfection. Suivant une tradition conservée dans l'antique Orient, l'un des premiers enfants des hommes éleva deux colonnes, qui, bravant le pouvoir des eaux et des flammes, devoient transmettre à ses descendants les plus reculés le dépôt des notions acquises dans l'heureuse jeunesse du genre humain. Cette tradition n'offre-t-elle pas l'emblême de l'*Encyclopédie*? L'*Encyclopédie* est le monument qui nous révèle le degré de richesse où étoit parvenu l'homme pensant au milieu du dix-huitième siècle. A mesure qu'on avance dans la carrière, on trouve sans doute beaucoup à y ajouter, beaucoup même à y effacer. Mais, à quelque hauteur que nous puissions atteindre, il subsistera pour attester l'esprit philosophique qui l'a élevé au milieu de nous. Ce n'est pas en transmettant chacune de leurs inventions, de leurs découvertes, qu'ils ont le plus fait pour les progrès de l'esprit humain ; c'est en les unissant ainsi ; c'est en mettant à la portée de tous les esprits justes un aperçu complet de leur ensemble. A ce rapprochement admirable doit être presque entièrement attribué tout ce que les siences ont acquis, depuis qu'il n'est plus permis de les considérer isolément, depuis que l'étude approfondie des rapports innombrables et réciproques qui font de chacune d'elles une branche de l'arbre encyclopédique devient le premier besoin de quiconque aspire à s'immortaliser en agrandissant leur domaine. Les limites de la France ne devoient pas borner le succès de l'*Encyclopédie* ; il se propagea bientôt au dehors. L'ouvrage, malgré son immensité, fut contrefait deux fois en pays étranger. L'influence de l'*Encyclopédie*, et, plus que cela encore, celle des ouvrages de Rousseau, est sans doute au nombre des causes principales de l'universalité de la langue françoise à la fin du dix-huitième siècle.

La vie privée de l'auteur d'*Émile* offre des torts inexcusables ; mais la lecture de ses ouvrages pénètre l'ame de tant d'enthousiasme pour tout ce qui est bon et honnête, qu'il est difficile de ne pas dire avec lui : Non, l'auteur de la *Nouvelle Héloïse*, l'auteur de la profession de foi du *Vicaire savoyard*, ne fut point un homme méchant. Il n'écrivit ses *Confessions* que pour purger sa mémoire des souillures dont la haine cherchoit à noircir sa vie, et s'il eut le malheur de ne voir au déclin de ses ans que des ennemis dans ceux qui n'avoient jamais cessé de l'aimer, convenons qu'au milieu des persécutions qui se disputoient sa tranquillité, il put croire un moment que la société tout entière étoit conspirée contre lui. Et si les traits de sa vengeance ont atteint plus d'une fois des hommes qui n'avoient point démérité de son amitié, la sincérité de ses récits doit nous laisser dans la persuasion que son imagination, aigrie par le malheur, croyoit les avoir aperçus dans la foule de ses persécuteurs. C'est pendant son séjour en Angleterre, dans les années 1766 et 1767, qu'il écrivit la première partie de ses *Confessions*; la seconde fut composée en Dauphiné et à Trye, dans les années 1768-1770. L'intention de Jean-Jacques étoit que cet ouvrage ne vît le jour qu'en 1800, présumant qu'à cette époque toutes les personnes qu'il y fait figurer auroient cessé de vivre; mais on anticipa sur le temps qu'il avoit fixé lui-même. La première partie des *Confessions* fut imprimée en 1781, et la seconde en 1788. Des réclamations s'élevèrent de toutes parts contre des faits qui présentoient dans un jour peu favorable des hommes que jusque-là on avoit regardés comme dévoués à la gloire de Rousseau; et quoiqu'on ait beaucoup écrit pour relever les prétendues erreurs échappées à Jean-Jacques, et réformer la plupart de ses jugements, ils ont survécu à toutes les réponses, à toutes les réclamations, forts de l'impartialité qui les a dictés. C'est vainement que La Harpe et l'avocat-général Servan les ont attaqués avec plus de talent que les autres; l'ouvrage dont ils ont essayé de réfuter les faits a réfuté leur talent.

LES CONFESSIONS

DE

J. J. ROUSSEAU.

Intùs et in cute.
Pers., sat. III, v. 30.

LES CONFESSIONS

DE

J. J. ROUSSEAU.

~~~~~~~~~~~~~~~~~~~~~~~~~~~~~

PREMIÈRE PARTIE.

LIVRE PREMIER.

(1712 — 1719.)

Je forme une entreprise qui n'eut jamais d'exemple, et dont l'exécution n'aura point d'imitateur[1]. Je veux montrer à mes semblables un homme dans toute la vérité de la nature; et cet homme, ce sera moi.

Moi seul. Je sens mon cœur, et je connois les hommes. Je ne suis fait comme aucun de ceux que j'ai vus; j'ose croire n'être fait comme aucun de ceux qui existent. Si je ne vaux pas mieux, au moins je suis autre. Si la nature a bien ou mal fait de briser le moule dans lequel elle m'a jeté, c'est ce dont on ne peut juger qu'après m'avoir lu.

Que la trompette du jugement dernier sonne

---

[1] VARIANTE. « ... D'exemple, et qui n'aura point d'imitateur. »

quand elle voudra, je viendrai, ce livre à la main, me présenter devant le souverain juge. Je dirai hautement : Voilà ce que j'ai fait, ce que j'ai pensé, ce que je fus. J'ai dit le bien et le mal avec la même franchise. Je n'ai rien tu de mauvais, rien ajouté de bon ; et s'il m'est arrivé d'employer quelque ornement indifférent, ce n'a jamais été que pour remplir un vide occasioné par mon défaut de mémoire. J'ai pu supposer vrai ce que je savois avoir pu l'être, jamais ce que je savois être faux. Je me suis montré tel que je fus ; méprisable et vil quand je l'ai été ; bon, généreux, sublime, quand je l'ai été : j'ai dévoilé mon intérieur tel que tu l'as vu toi-même, Être éternel. Rassemble autour de moi l'innombrable foule de mes semblables ; qu'ils écoutent mes confessions, qu'ils gémissent de mes indignités, qu'ils rougissent de mes misères[1]. Que chacun d'eux découvre à son tour son cœur au pied de ton trône avec la même sincérité ; et puis qu'un seul te dise, s'il l'ose, *Je fus meilleur que cet homme-là.*

Je suis né à Genève en 1712[2], d'Isaac Rousseau, citoyen, et de Susanne Bernard, citoyenne. Un

---

[1] Var. « Qu'ils rougissent de mes indignités, qu'ils gémissent « de mes misères. »

[2] Rousseau croyoit être né le 4 juillet 1712. Il désigne cette date dans une lettre à madame Latour, du 27 janvier 1762. Mais il étoit dans l'erreur. Il vint au monde le 28 juin 1712, dans une visite que faisoit sa mère, qui mourut en couches.

bien fort médiocre à partager entre quinze enfants ayant réduit presque à rien la portion de mon père, il n'avoit pour subsister que son métier d'horloger, dans lequel il étoit à la vérité fort habile. Ma mère, fille du ministre Bernard, étoit plus riche : elle avoit de la sagesse et de la beauté. Ce n'étoit pas sans peine que mon père l'avoit obtenue. Leurs amours avoient commencé presque avec leur vie; dès l'âge de huit à neuf ans ils se promenoient ensemble tous les soirs sur la Treille; à dix ans ils ne pouvoient plus se quitter. La sympathie, l'accord des ames affermit en eux le sentiment qu'avoit produit l'habitude. Tous deux, nés tendres et sensibles, n'attendoient que le moment de trouver dans un autre la même disposition; ou plutôt ce moment les attendoit eux-mêmes, et chacun d'eux jeta son cœur dans le premier qui s'ouvrit pour le recevoir. Le sort, qui sembloit contrarier leur passion, ne fit que l'animer. Le jeune amant, ne pouvant obtenir sa maîtresse, se consumoit de douleur : elle lui conseilla de voyager pour l'oublier. Il voyagea sans fruit, et revint plus amoureux que jamais. Il retrouva celle qu'il aimoit tendre et fidèle. Après cette épreuve, il ne restoit qu'à s'aimer toute la vie; ils le jurèrent; et le ciel bénit leur serment.

Gabriel Bernard, frère de ma mère, devint amoureux d'une des sœurs de mon père; mais elle ne consentit à épouser le frère qu'à condition que son frère épouseroit la sœur. L'amour arrangea tout, et les deux mariages se firent le même jour. Ainsi mon oncle étoit le mari de ma tante, et leurs enfants furent doublement mes cousins germains. Il en naquit un de part et d'autre au bout d'une année ; ensuite il fallut encore se séparer.

Mon oncle Bernard étoit ingénieur : il alla servir dans l'Empire et en Hongrie sous le prince Eugène. Il se distingua au siége et à la bataille de Bellegarde. Mon père, après la naissance de mon frère unique, partit pour Constantinople, où il étoit appelé, et devint horloger du sérail. Durant son absence, la beauté de ma mère, son esprit, ses talents[1], lui attirèrent des hommages. M. de La Closure, résident de France, fut des plus empressés à lui en offrir. Il falloit que sa passion fût

---

[1] Elle en avoit de trop brillants pour son état, le ministre son père qui l'adoroit, ayant pris grand soin de son éducation. Elle dessinoit, elle chantoit, elle s'accompagnoit du téorbe ; elle avoit de la lecture, et faisoit des vers passables. En voici qu'elle fit impromptu dans l'absence de son frère et de son mari, se promenant avec sa belle-sœur et leurs deux enfants, sur un propos que quelqu'un lui tint à leur sujet :

Ces deux messieurs qui sont absents
Nous sont chers de bien des manières ;
Ce sont nos amis, nos amants ;
Ce sont nos maris et nos frères,
Et les pères de ces enfants.

vive, puisqu'au bout de trente ans je l'ai vu s'attendrir en me parlant d'elle. Ma mère avoit plus que de la vertu pour s'en défendre, elle aimoit tendrement son mari. Elle le pressa de revenir: il quitta tout et revint. Je fus le triste fruit de ce retour. Dix mois après, je naquis infirme et malade. Je coûtai la vie à ma mère, et ma naissance fut le premier de mes malheurs [1].

Je n'ai pas su comment mon père supporta cette perte, mais je sais qu'il ne s'en consola jamais. Il croyoit la revoir en moi, sans pouvoir oublier que je la lui avois ôtée; jamais il ne m'embrassa que je ne sentisse à ses soupirs, à ses convulsives étreintes, qu'un regret amer se mêloit à ses caresses: elles n'en étoient que plus tendres. Quand il me disoit, Jean-Jacques, parlons de ta mère, je lui disois, Hé bien! mon père, nous allons donc pleurer; et ce mot seul lui tiroit déjà des larmes. Ah! disoit-il en gémissant, rends-la-moi, console-moi d'elle; remplis le vide qu'elle a laissé dans mon ame. T'aimerois-je ainsi si tu n'étois que mon fils? Quarante ans après l'avoir perdue, il est mort dans les bras d'une seconde femme, mais le nom de la première à la bouche, et son image au fond du cœur.

---

[1] * Pendant que la mère de Jean-Jacques étoit en visite chez madame Bernard, elle fut surprise par les douleurs de l'enfantement.

Tels furent les auteurs de mes jours. De tous les dons que le ciel leur avoit départis, un cœur sensible est le seul qu'ils me laissèrent : mais il avoit fait leur bonheur, et fit tous les malheurs de ma vie.

J'étois né presque mourant; on espéroit peu de me conserver. J'apportai le germe d'une incommodité que les ans ont renforcée [1], et qui maintenant ne me donne quelquefois des relâches que pour me laisser souffrir plus cruellement d'une autre façon. Une sœur de mon père, fille aimable et sage, prit si grand soin de moi, qu'elle me sauva. Au moment où j'écris ceci, elle est encore en vie, soignant, à l'âge de quatre-vingts ans, un mari plus jeune qu'elle, mais usé par la boisson. Chère tante [2], je vous pardonne de m'avoir fait vivre, et je m'afflige de ne pouvoir vous rendre à la fin de vos jours les tendres soins que vous m'avez prodigués au commencement des miens. J'ai aussi ma mie Jacqueline encore vivante, saine et robuste. Les mains qui m'ouvrirent les yeux à ma naissance pourront me les fermer à ma mort.

---

[1] * C'étoit une rétention d'urine presque continuelle, causée par un vice de conformation dans la vessie.

[2] Cette tante s'appeloit madame Gonceru. En mars 1767, Rousseau lui fit sur son revenu une rente de cent livres, et, même dans ses plus grandes détresses, la paya toujours avec une exactitude religieuse.

Je sentis avant de penser ; c'est le sort commun de l'humanité. Je l'éprouvai plus qu'un autre. J'ignore ce que je fis jusqu'à cinq ou six ans. Je ne sais comment j'appris à lire ; je ne me souviens que de mes premières lectures et de leur effet sur moi : c'est le temps d'où je date sans interruption la conscience de moi-même. Ma mère avoit laissé des romans ; nous nous mîmes à les lire après souper, mon père et moi. Il n'étoit question d'abord que de m'exercer à la lecture par des livres amusants ; mais bientôt l'intérêt devint si vif, que nous lisions tour à tour sans relâche, et passions les nuits à cette occupation. Nous ne pouvions jamais quitter qu'à la fin du volume. Quelquefois mon père, entendant le matin les hirondelles, disoit tout honteux : Allons nous coucher ; je suis plus enfant que toi.

En peu de temps j'acquis, par cette dangereuse méthode, non-seulement une extrême facilité à lire et à m'entendre, mais une intelligence unique à mon âge sur les passions. Je n'avois aucune idée des choses, que tous les sentiments m'étoient déjà connus. Je n'avois rien conçu, j'avois tout senti[1]. Ces émotions confuses, que j'éprouvai coup sur coup, n'altéroient point la raison que je n'avois

---

[1] Var. « ... Tout senti ; et les malheurs imaginaires de mes héros
« m'ont tiré cent fois plus de larmes dans mon enfance que les
« miens mêmes ne m'en ont jamais fait verser. »

pas encore; mais elles m'en formèrent une d'une autre trempe, et me donnèrent de la vie humaine des notions bizarres et romanesques, dont l'expérience et la réflexion n'ont jamais bien pu me guérir.

(1719-1723.) Les romans finirent avec l'été de 1719. L'hiver suivant, ce fut autre chose. La bibliothèque de ma mère épuisée, on eut recours à la portion de celle de son père qui nous étoit échue. Heureusement il s'y trouva de bons livres; et cela ne pouvoit guère être autrement, cette bibliothèque ayant été formée par un ministre, à la vérité, et savant même, car c'étoit la mode alors, mais homme de goût et d'esprit. L'histoire de l'Église et de l'Empire par Le Sueur, le Discours de Bossuet sur l'Histoire universelle, les Hommes illustres de Plutarque, l'Histoire de Venise par Nani, les Métamorphoses d'Ovide, La Bruyère, les Mondes de Fontenelle, ses Dialogues des morts, et quelques tomes de Molière, furent transportés dans le cabinet de mon père, et je les lui lisois tous les jours durant son travail. J'y pris un goût rare et peut-être unique à cet âge. Plutarque surtout devint ma lecture favorite. Le plaisir que je prenois à le relire sans cesse me guérit un peu des romans; et je préférai bientôt Agésilas, Brutus, Aristide, à Orondate, Artamène et Juba. De ces intéressantes lectures, des entretiens qu'elles occasionoient entre mon père et moi, se forma cet esprit libre et républicain, ce caractère indomptable et fier, impatient de joug et de servitude, qui m'a tourmenté tout le temps de ma vie dans les situations les moins propres à lui donner l'essor. Sans cesse occupé de Rome et d'Athènes, vivant pour ainsi dire avec leurs grands hommes, né moi-même citoyen d'une république, et fils d'un père dont l'amour de la patrie étoit la plus forte passion, je m'en enflammois à son exemple; je me croyois Grec ou Romain; je devenois le personnage dont je lisois la vie : le récit des traits de constance et d'intrépidité qui m'avoient frappé me rendoit les yeux étincelants et la voix forte. Un jour que je racontois à table l'aventure de Scœvola, on fut effrayé de me voir avancer et tenir la main sur un réchaud pour représenter son action.

J'avois un frère plus âgé que moi de sept ans. Il apprenoit la profession de mon père. L'extrême affection qu'on avoit pour moi le faisoit un peu négliger; et ce n'est pas cela que j'approuve. Son éducation se sentit de cette négligence. Il prit le train du libertinage, même avant l'âge d'être un vrai libertin. On le mit chez un autre maître, d'où il faisoit des escapades comme il en avoit fait de la maison paternelle. Je ne le voyois presque point, à peine puis-je dire avoir fait connoissance avec lui; mais je ne laissois pas de l'aimer tendrement, et il m'aimoit autant qu'un polisson peut aimer quelque chose. Je me souviens qu'une fois que mon père le châtioit rudement et avec colère, je me jetai impétueusement entre deux, l'embrassant étroitement. Je le couvris ainsi de mon corps, recevant les coups qui lui étoient portés; et je m'obstinai si bien dans cette attitude, qu'il fallut enfin que mon père lui fît grâce, soit désarmé par mes cris et mes larmes, soit pour ne pas me maltraiter plus que lui. Enfin mon frère tourna si mal, qu'il s'enfuit et disparut tout-à-fait. Quelque temps après on sut qu'il étoit en Allemagne. Il n'écrivit pas une seule fois. On n'a plus eu de ses nouvelles depuis ce temps-là; et voilà comment je suis demeuré fils unique.

Si ce pauvre garçon fut élevé négligemment, il n'en fut pas ainsi de son frère; et les enfants des rois ne sauroient être soignés avec plus de zèle que je le fus durant mes premiers ans, idolâtré de tout ce qui m'environnoit, et toujours, ce qui est bien plus rare, traité en enfant chéri, jamais en enfant gâté. Jamais une seule fois, jusqu'à ma sortie de la maison paternelle, on ne m'a laissé courir seul dans la rue avec les autres enfants; jamais on n'eut à réprimer en moi ni à satisfaire aucune de ces fantasques humeurs qu'on impute à la nature, et qui naissent toutes de la seule éducation. J'avois

les défauts de mon âge; j'étois babillard, gourmand, quelquefois menteur. J'aurois volé des fruits, des bonbons, de la mangeaille; mais jamais je n'ai pris plaisir à faire du mal, du dégât, à charger les autres, à tourmenter de pauvres animaux. Je me souviens pourtant d'avoir une fois pissé dans la marmite d'une de nos voisines appelée madame Clot, tandis qu'elle étoit au prêche. J'avoue même que ce souvenir me fait encore rire, parce que madame Clot, bonne femme au demeurant, étoit bien la vieille la plus grognon que je connus de ma vie. Voilà la courte et véridique histoire de tous mes méfaits enfantins.

Comment serois-je devenu méchant, quand je n'avois sous les yeux que des exemples de douceur, et autour de moi que les meilleures gens du monde? Mon père, ma tante, ma mie, mes parents, nos amis, nos voisins, tout ce qui m'environnoit ne m'obéissoit pas à la vérité, mais m'aimoit; et moi je les aimois de même. Mes volontés étoient si peu excitées et si peu contrariées, qu'il ne me venoit pas dans l'esprit d'en avoir. Je puis jurer que jusqu'à mon asservissement sous un maître je n'ai pas su ce que c'étoit qu'une fantaisie. Hors le temps que je passois à lire ou écrire auprès de mon père, et celui où ma mie me menoit promener, j'étois toujours avec ma tante, à la voir broder, à l'entendre chanter, assis ou debout à côté d'elle; et j'étois content. Son enjouement, sa douceur, sa figure agréable, m'ont laissé de si fortes impressions, que je vois encore son air, son regard, son attitude : je me souviens de ses petits propos caressants; je dirois comment elle étoit vêtue et coiffée, sans oublier les deux crochets que ses cheveux noirs faisoient sur ses tempes, selon la mode de ce temps-là.

Je suis persuadé que je lui dois le goût ou plutôt la passion pour la musique, qui ne s'est bien développé en moi que long-temps après. Elle savoit une quantité prodigieuse d'airs et de chansons qu'elle chantoit avec un filet de voix fort douce. La sérénité d'ame de cette excellente fille éloignoit d'elle et de tout ce qui l'environnoit la rêverie et la tristesse. L'attrait que son chant avoit pour moi fut tel, que non seulement plusieurs de ses chansons me sont toujours restées dans la mémoire, mais qu'il m'en revient même, aujourd'hui que je l'ai perdue, qui, totalement oubliées depuis mon enfance, se retracent à mesure que je vieillis, avec un charme que je ne puis exprimer. Diroit-on que moi, vieux radoteur, rongé de soucis et de peines, je me surprends quelquefois à pleurer comme un enfant en marmottant ces petits airs d'une voix déja cassée et tremblante? Il y en a un surtout qui m'est bien revenu tout entier quant à l'air; mais la seconde moitié des paroles s'est constamment refusée à tous mes efforts pour me la rappeler, quoiqu'il m'en revienne confusément les rimes. Voici le commencement, et ce que j'ai pu me rappeler du reste :

> Tircis, je n'ose
> Écouter ton chalumeau
> Sous l'ormeau;
> Car on en cause
> Déjà dans notre hameau.
> . . . .
> . . . . un berger
> . . . . s'engager
> . . . . sans danger;
> Et toujours l'épine est sous la rose [1].

Je cherche où est le charme attendrissant que mon cœur trouve à cette chanson : c'est un caprice auquel je ne comprends rien ; mais il m'est de toute impossibilité de la chanter jusqu'à la fin sans

[1] * Voici cette chanson, air et paroles. Elle étoit très-connue à Paris, et se chante encore dans la classe ouvrière.

être arrêté par mes larmes. J'ai cent fois projeté d'écrire à Paris pour faire chercher le reste des paroles, si tant est que quelqu'un les connoisse encore. Mais je suis presque sûr que le plaisir que je prends à me rappeler cet air s'évanouiroit en partie, si j'avois la preuve que d'autres que ma pauvre tante Suson l'ont chanté.

Telles furent les premières affections de mon entrée à la vie : ainsi commençoit à se former ou à se montrer en moi ce cœur à la fois si fier et si tendre, ce caractère efféminé, mais pourtant indomptable, qui, flottant toujours entre la foiblesse et le courage, entre la mollesse et la vertu, m'a jusqu'au bout mis en contradiction avec moi-même, et a fait que l'abstinence et la jouissance, le plaisir et la sagesse, m'ont également échappé.

Ce train d'éducation fut interrompu par un accident dont les suites ont influé sur le reste de ma vie. Mon père eut un démêlé avec un M. Gautier, capitaine en France, et apparenté dans le Conseil. Ce Gautier, homme insolent et lâche, saigna du nez, et, pour se venger, accusa mon père d'avoir mis l'épée à la main dans la ville. Mon père, qu'on voulut envoyer en prison, s'obstinoit à vouloir que, selon la loi, l'accusateur y entrât aussi bien que lui : n'ayant pu l'obtenir, il aima mieux sortir de Genève, et s'expatrier pour le reste de sa vie, que de céder sur un point où l'honneur et la liberté lui paroissoient compromis.

Je restai sous la tutelle de mon oncle Bernard, alors employé aux fortifications de Genève. Sa fille aînée étoit morte, mais il avoit un fils de même âge que moi. Nous fûmes mis ensemble à Bossey en pension chez le ministre Lambercier, pour y apprendre avec le latin tout le menu fatras dont on l'accompagne sous le nom d'éducation.

Deux ans passés au village adoucirent un peu mon âpreté romaine, et me ramenèrent à l'état d'enfant. A Genève, où l'on ne m'imposoit rien, j'aimois l'application, la lecture ; c'étoit presque mon seul amusement : à Bossey, le travail me fit aimer les jeux qui lui servoient de relâche. La campagne étoit pour moi si nouvelle, que je ne pouvois me lasser d'en jouir. Je pris pour elle un goût si vif, qu'il n'a jamais pu s'éteindre. Le souvenir des jours heureux que j'y ai passés m'a fait regretter son séjour et ses plaisirs dans tous les âges, jusqu'à celui qui m'y a ramené. M. Lambercier étoit un homme fort raisonnable, qui, sans négliger notre instruction, ne nous chargeoit point de devoirs extrêmes. La preuve qu'il s'y prenoit bien est que, malgré mon aversion pour la gêne, je ne me suis jamais rappelé avec dégoût mes heures d'étude, et que, si je n'appris pas de lui beaucoup de choses, ce que j'appris je l'appris sans peine et n'en ai rien oublié.

La simplicité de cette vie champêtre me fit un bien d'un prix inestimable en ouvrant mon cœur à l'amitié. Jusqu'alors je n'avois connu que des sentiments élevés, mais imaginaires. L'habitude de vivre ensemble dans un état paisible m'unit tendrement à mon cousin Bernard. En peu de temps j'eus pour lui des sentiments plus affectueux que ceux que j'avois eus pour mon frère, et qui ne se sont jamais effacés. C'étoit un grand garçon fort efflanqué, fort fluet, aussi doux d'esprit que foible de corps, et qui n'abusoit pas trop de la prédilection qu'on avoit pour lui dans la maison, comme fils de mon tuteur. Nos travaux, nos amusements, nos goûts, étoient les mêmes : nous étions seuls, nous étions de même âge, chacun des deux avoit besoin d'un camarade ; nous séparer étoit, en quelque sorte, nous anéantir. Quoique nous eussions peu d'occasions de faire preuve de notre attachement l'un pour l'autre, il étoit extrême ; et non seulement nous ne pouvions vivre un instant séparés, mais nous n'imaginions pas que nous pussions jamais l'être. Tous deux d'un esprit facile à céder aux caresses, complaisants quand on ne vouloit pas nous contraindre, nous étions toujours d'accord sur tout. Si, par la faveur de ceux qui nous gouvernoient, il avoit sur moi quelque ascendant sous leurs yeux, quand nous étions seuls j'en avois un sur lui qui rétablissoit l'équilibre. Dans nos études, je lui soufflois sa leçon quand il hésitoit ; quand mon thème étoit fait, je lui aidois à faire le sien ; et dans nos amusements, mon goût plus actif lui servoit toujours de guide. Enfin nos deux caractères s'accordoient si bien, et l'amitié qui nous unissoit étoit si vraie, que, dans plus de cinq ans que nous fûmes presque inséparables, tant à Bossey qu'à Genève, nous nous battîmes souvent, je l'avoue, mais jamais on n'eut besoin de nous séparer, jamais une de nos querelles ne dura plus d'un quart d'heure, et jamais une seule fois nous ne portâmes l'un contre l'autre aucune accusation. Ces remarques sont, si l'on veut, puériles ; mais il en résulte pourtant un exemple peut-être unique depuis qu'il existe des enfants.

La manière dont je vivois à Bossey me convenoit si bien, qu'il ne lui a manqué que de durer plus long-temps pour fixer absolument mon caractère. Les sentiments tendres, affectueux, paisibles, en faisoient le fond. Je crois que jamais individu de notre espèce n'eut naturellement moins de vanité que moi. Je m'élevois par élans à des mouvements sublimes, mais je retombois aussitôt dans ma langueur. Être aimé de tout ce qui m'approchoit étoit le plus vif de mes désirs. J'étois doux ; mon cousin l'étoit ; ceux qui nous gouvernoient l'étoient eux-mêmes. Pendant deux ans entiers je ne fus ni témoin ni victime d'un sentiment violent. Tout nourrissoit dans mon cœur les dispositions [1] qu'il reçut de la nature. Je ne connoissois rien d'aussi

---

[1] Var. « Les penchants. »

charmant que de voir tout le monde content de moi et de toute chose. Je me souviendrai toujours qu'au temple, répondant au catéchisme, rien ne me troubloit plus, quand il m'arrivoit d'hésiter, que de voir sur le visage de mademoiselle Lambercier des marques d'inquiétude et de peine. Cela seul m'affligeoit plus que la honte de manquer en public, qui m'affectoit pourtant extrêmement; car, quoique peu sensible aux louanges, je le fus toujours beaucoup à la honte, et je puis dire ici que l'attente des réprimandes de mademoiselle Lambercier me donnoit moins d'alarmes que la crainte de la chagriner.

Cependant elle ne manquoit pas au besoin de sévérité, non plus que son frère; mais comme cette sévérité, presque toujours juste, n'étoit jamais emportée, je m'en affligeois, et ne m'en mutinois point. J'étois plus fâché de déplaire que d'être puni, et le signe du mécontentement m'étoit plus cruel que la peine afflictive. Il est embarrassant de m'expliquer mieux, mais cependant il le faut. Qu'on changeroit de méthode avec la jeunesse, si l'on voyoit mieux les effets éloignés de celle qu'on emploie toujours indistinctement, et souvent indiscrètement! La grande leçon qu'on peut tirer d'un exemple aussi commun que funeste me fait résoudre à le donner.

Comme mademoiselle Lambercier avoit pour nous l'affection d'une mère, elle en avoit aussi l'autorité, et la portoit quelquefois jusqu'à nous infliger la punition des enfants quand nous l'avions méritée. Assez long-temps elle s'en tint à la menace, et cette menace d'un châtiment tout nouveau pour moi me sembloit très-effrayante ; mais après l'exécution, je la trouvai moins terrible à l'épreuve que l'attente ne l'avoit été ; et ce qu'il y a de plus bizarre est que ce châtiment m'affectionna davantage encore à celle qui me l'avoit imposé. Il falloit même toute la vérité de cette affection et toute ma douceur naturelle pour m'empêcher de chercher le retour du même traitement en le méritant ; car j'avois trouvé dans la douleur, dans la honte même, un mélange de sensualité qui m'avoit laissé plus de désir que de crainte de l'éprouver derechef par la même main. Il est vrai que, comme il se mêloit sans doute à cela quelque instinct précoce du sexe, le même châtiment reçu de son frère ne m'eût point du tout paru plaisant. Mais, de l'humeur dont il étoit, cette substitution n'étoit guère à craindre ; et si je m'abstenois de mériter la correction, c'étoit uniquement de peur de fâcher mademoiselle Lambercier ; car tel est en moi l'empire de la bienveillance, et même de celle que les sens ont fait naître, qu'elle leur donna toujours la loi dans mon cœur.

Cette récidive, que j'éloignois sans la craindre, arriva sans qu'il y eût de ma faute, c'est-à-dire de ma volonté, et j'en profitai, je puis dire, en sûreté de conscience. Mais cette seconde fois fut aussi la dernière, car mademoiselle Lambercier, s'étant sans doute aperçue à quelque signe que ce châtiment n'alloit pas à son but, déclara qu'elle y renonçoit et qu'il la fatiguoit trop. Nous avions jusque-là couché dans sa chambre, et même en hiver quelquefois dans son lit : deux jours après on nous fit coucher dans une autre chambre, et j'eus désormais l'honneur, dont je me serois bien passé, d'être traité par elle en grand garçon.

Qui croiroit que ce châtiment d'enfant, reçu à huit ans par la main d'une fille de trente, a décidé de mes goûts, de mes désirs, de mes passions, de moi pour le reste de ma vie, et cela précisément dans le sens contraire à ce qui devoit s'ensuivre naturellement? En même temps que mes sens furent allumés, mes désirs prirent si bien le change, que, bornés à ce que j'avois éprouvé, ils ne s'avisèrent point de chercher autre chose. Avec un sang brûlant de sensualité presque dès ma naissance, je me conservai pur de toute souillure jusqu'à l'âge où les tempéraments les plus froids et les plus tardifs se développent. Tourmenté longtemps sans savoir de quoi, je dévorais d'un œil ardent les belles personnes ; mon imagination me les rappeloit sans cesse, uniquement pour les mettre en œuvre à ma mode, et en faire autant de demoiselles Lambercier.

Même après l'âge nubile, ce goût bizarre, toujours persistant et porté jusqu'à la dépravation, jusqu'à la folie, m'a conservé les mœurs honnêtes qu'il sembleroit avoir dû m'ôter. Si jamais éducation fut modeste et chaste, c'est assusément celle que j'ai reçue. Mes trois tantes n'étoient pas seulement des personnes d'une sagesse exemplaire, mais d'une réserve que depuis long-temps les femmes ne connoissent plus. Mon père, homme de plaisir, mais galant à la vieille mode, n'a jamais tenu près des femmes qu'il aimoit le plus des propos dont une vierge eût pu rougir, et jamais on n'a poussé plus loin que dans ma famille et devant moi le respect qu'on doit aux enfants. Je ne trouvai pas moins d'attention chez M. Lambercier sur le même article, et une fort bonne servante y fut mise à la porte pour un mot un peu gaillard qu'elle avoit prononcé devant nous. Non seulement je n'eus jusqu'à mon adolescence aucune idée distincte de l'union des sexes, mais jamais cette idée confuse ne s'offrit à moi que sous une image odieuse et dégoûtante. J'avois pour les filles publiques une horreur qui ne s'est jamais effacée : je ne pouvois voir un débauché sans dédain, sans effroi même, car mon aversion pour la débauche alloit jusque-là, depuis qu'allant un jour au petit Sacconex par un chemin creux, je vis des deux côtés des cavités dans la terre, où l'on me dit que ces gens-là faisoient leurs accouplements. Ce que j'avois vu de ceux des chiennes me revenoit aussi toujours à l'esprit en pensant aux autres, et le cœur me soulevoit à ce seul souvenir.

Ces préjugés de l'éducation, propres par eux-mêmes à retarder les premières explosions d'un tempérament combustible, furent aidés, comme j'ai dit, par la diversion que firent sur moi les premières pointes de la sensualité. N'imaginant que ce que j'avois senti, malgré des effervescences de sang très-incommodes, je ne savois porter mes désirs que vers l'espèce de volupté qui m'étoit connue, sans aller jamais jusqu'à celle qu'on m'avoit rendue haïssable, et qui tenoit de si près à l'autre sans que j'en eusse le moindre soupçon. Dans mes sottes fantaisies, dans mes érotiques fureurs, dans les actes extravagants auxquels elles me portoient quelquefois, j'empruntois imaginairement le secours de l'autre sexe, sans penser jamais qu'il fût propre à nul autre usage qu'à celui que je brûlois d'en tirer.

Non seulement donc c'est ainsi qu'avec un tempérament très-ardent, très-lascif, très-précoce, je passai toutefois l'âge de puberté sans désirer, sans connoître d'autres plaisirs des sens que ceux dont mademoiselle Lambercier m'avoit très-innocemment donné l'idée; mais quand enfin le progrès des ans m'eut fait homme, c'est encore ainsi que ce qui devoit me perdre me conserva. Mon ancien goût d'enfant, au lieu de s'évanouir, s'associa tellement à l'autre, que je ne pus jamais l'écarter des désirs allumés par mes sens ; et cette folie, jointe à ma timidité naturelle, m'a toujours rendu très-peu entreprenant près des femmes, faute d'oser tout dire ou de pouvoir tout faire, l'espèce de jouissance dont l'autre n'étoit pour moi que le dernier terme ne pouvant être usurpée par celui qui la désire, ni devinée par celle qui peut l'accorder. J'ai ainsi passé ma vie à convoiter et me taire auprès des personnes que j'aimois le plus. N'osant jamais déclarer mon goût, je l'amusois du moins par des rapports qui m'en conservoient l'idée. Être aux genoux d'une maîtresse impérieuse, obéir à ses ordres, avoir des pardons à lui demander, étoient pour moi de très-douces jouissances ; et plus ma vive imagination m'enflammoit le sang, plus j'avois l'air d'un amant transi. On conçoit que cette manière de faire l'amour n'amène pas des progrès bien rapides, et n'est pas fort dangereuse à la vertu de celles qui en sont l'objet. J'ai donc fort peu possédé, mais je n'ai pas laissé de jouir beaucoup à ma manière, c'est-à-dire par l'imagination. Voilà comment mes sens, d'accord avec mon humeur timide et mon esprit romanesque, m'ont conservé des sentiments purs et des mœurs honnêtes, par les mêmes goûts qui peut-être, avec un peu plus d'effronterie, m'auroient plongé dans les plus brutales voluptés.

J'ai fait le premier pas et le plus pénible dans le

labyrinthe obscur et fangeux de mes confessions. Ce n'est pas ce qui est criminel qui coûte le plus à dire, c'est ce qui est ridicule et honteux. Dès à présent je suis sûr de moi; après ce que je viens d'oser dire, rien ne peut plus m'arrêter. On peut juger de ce qu'ont pu me coûter de semblables aveux, sur ce que, dans tout le cours de ma vie, emporté quelquefois près de celles que j'aimois par les fureurs d'une passion qui m'ôtoit la faculté de voir, d'entendre, hors de sens et saisi d'un tremblement convulsif dans tout mon corps, jamais je n'ai pu prendre sur moi de leur déclarer ma folie, et d'implorer d'elles, dans la plus intime familiarité[1], la seule faveur qui manquoit aux autres. Cela ne m'est jamais arrivé qu'une fois dans l'enfance avec un enfant de mon âge; encore fut-ce elle qui en fit la première proposition.

En remontant de cette sorte aux premières traces de mon être sensible, je trouve des éléments qui, semblant quelquefois incompatibles, n'ont pas laissé de s'unir pour produire avec force un effet uniforme et simple; et j'en trouve d'autres qui, les mêmes en apparence, ont formé, par le concours de certaines circonstances, de si différentes combinaisons, qu'on n'imagineroit jamais qu'ils eussent entre eux aucun rapport. Qui croiroit, par exemple, qu'un des ressorts les plus vigoureux de mon ame fut trempé dans la même

---

[1] Var. « La plus étroite intimité... »

source d'où la luxure et la mollesse ont coulé dans mon sang ? Sans quitter le sujet dont je viens de parler, on en va voir sortir une impression bien différente.

J'étudiois un jour seul ma leçon dans la chambre contiguë à la cuisine. La servante avoit mis sécher à la plaque les peignes de mademoiselle Lambercier. Quand elle revint les prendre il s'en trouva un dont tout un côté de dents étoit brisé : A qui s'en prendre de ce dégât ? personne autre que moi n'étoit entré dans la chambre. On m'interroge : je nie d'avoir touché le peigne. Monsieur et mademoiselle Lambercier se réunissent, m'exhortent, me pressent, me menacent : je persiste avec opiniâtreté ; mais la conviction étoit trop forte, elle l'emporta sur toutes mes protestations, quoique ce fût la première fois qu'on m'eût trouvé tant d'audace à mentir. La chose fut prise au sérieux ; elle méritoit de l'être. La méchanceté, le mensonge, l'obstination, parurent également dignes de punition ; mais pour le coup ce ne fut pas par mademoiselle Lambercier qu'elle me fut infligée. On écrivit à mon oncle Bernard : il vint. Mon pauvre cousin étoit chargé d'un autre délit non moins grave ; nous fûmes enveloppés dans la même exécution. Elle fut terrible. Quand, cherchant le remède dans le mal même, on eût voulu pour jamais amortir mes sens dépravés, on n'auroit pu mieux s'y prendre.

Aussi me laissèrent-ils en repos pour long-temps.

On ne put m'arracher l'aveu qu'on exigeoit. Repris à plusieurs fois et mis dans l'état le plus affreux, je fus inébranlable. J'aurois souffert la mort, et j'y étois résolu. Il fallut que la force même cédât au diabolique entêtement d'un enfant, car on n'appela pas autrement ma constance. Enfin je sortis de cette cruelle épreuve en pièces, mais triomphant.

Il y a maintenant près de cinquante ans de cette aventure, et je n'ai pas peur d'être puni derechef pour le même fait; eh bien, je déclare à la face du ciel que j'en étois innocent, que je n'avois ni cassé ni touché le peigne, que je n'avois pas approché de la plaque, et que je n'y avois pas même songé. Qu'on ne me demande pas comment ce dégât se fit; je l'ignore et ne puis le comprendre; ce que je sais très-certainement, c'est que j'en étois innocent.

Qu'on se figure un caractère timide et docile dans la vie ordinaire, mais ardent, fier, indomptable dans les passions, un enfant toujours gouverné par la voix de la raison, toujours traité avec douceur, équité, complaisance, qui n'avoit pas même l'idée de l'injustice, et qui, pour la première fois, en éprouve une si terrible de la part précisément des gens qu'il chérit et qu'il respecte le plus : quel renversement d'idées ! quel désordre de sentiments ! quel bouleversement dans son cœur, dans sa cervelle, dans tout son petit être intelligent et moral! Je dis qu'on s'imagine tout cela, s'il est possible, car pour moi je ne me sens pas capable de démêler, de suivre la moindre trace de ce qui se passoit alors en moi.

Je n'avois pas encore assez de raison pour sentir combien les apparences me condamnoient, et pour me mettre à la place des autres. Je me tenois à la mienne; et tout ce que je sentois, c'étoit la rigueur d'un châtiment effroyable pour un crime que je n'avois pas commis. La douleur du corps, quoique vive, m'étoit peu sensible; je ne sentois que l'indignation, la rage, le désespoir. Mon cousin, dans un cas à peu près semblable, et qu'on avoit puni d'une faute involontaire comme d'un acte prémédité, se mettoit en fureur à mon exemple, et se montoit, pour ainsi dire, à mon unisson. Tous deux dans le même lit nous nous embrassions avec des transports convulsifs, nous étouffions; et quand nos jeunes cœurs un peu soulagés pouvoient exhaler leur colère, nous nous levions sur notre séant, et nous nous mettions tous deux à crier cent fois de toute notre force : *Carnifex! carnifex! carnifex!*

Je sens en écrivant ceci que mon pouls s'élève encore; ces moments me seront toujours présents quand je vivrois cent mille ans. Ce premier sentiment de la violence et de l'injustice est resté si profondément gravé dans mon ame, que toutes les idées qui s'y rapportent me rendent ma première émotion; et ce sentiment, relatif à moi dans son origine, a pris une telle consistance en lui-même, et s'est tellement détaché de tout intérêt personnel, que mon cœur s'enflamme au spectacle ou au récit de toute action injuste, quel qu'en soit l'objet et en quelque lieu qu'elle se commette, comme si l'effet en retomboit sur moi. Quand je lis les cruautés d'un tyran féroce, les subtiles noirceurs d'un fourbe de prêtre, je partirois volontiers pour aller poignarder ces misérables, dussé-je cent fois y périr. Je me suis souvent mis en nage à poursuivre à la course ou à coups de pierre un coq, une vache, un chien, un animal que j'en voyois tourmenter un autre, uniquement parce qu'il se sentoit le plus fort. Ce mouvement peut m'être naturel, et je crois qu'il l'est; mais le souvenir profond de la première injustice que j'ai soufferte y fut trop long-temps et trop fortement lié pour ne l'avoir pas beaucoup renforcé.

Là fut le terme de la sérinité de ma vie enfantine. Dès ce moment je cessai de jouir d'un bonheur pur, et je sens aujourd'hui même que le souvenir des charmes de mon enfance s'arrête là. Nous restâmes encore à Bossey quelques mois. Nous y fûmes comme on nous représente le premier homme encore dans le paradis terrestre, mais ayant cessé d'en jouir. C'étoit en apparence la même situation, et en effet une tout autre manière d'être. L'attachement, le respect, l'intimité, la confiance, ne lioient plus les élèves à leurs guides; nous ne les regardions plus comme des dieux qui lisoient dans nos cœurs : nous étions moins honteux de mal faire et plus craintifs d'être accusés: nous commencions à nous cacher, à nous mutiner, à mentir. Tous les vices de notre âge corrompoient notre innocence, et enlaidissoient nos jeux. La campagne même perdit à nos yeux cet attrait de douceur et de simplicité qui va au cœur : elle nous sembloit déserte et sombre ; elle s'étoit comme couverte d'un voile qui nous en cachoit les beautés. Nous cessâmes de cultiver nos petits jardins, nos herbes, nos fleurs. Nous n'allions plus gratter légèrement la terre, et crier de joie en découvrant le germe du grain que nous avions semé. Nous nous dégoûtâmes de cette vie; on se dégoûta de nous; mon oncle nous retira, et nous nous séparâmes de monsieur et mademoiselle Lambercier, rassasiés les uns des autres, et regrettant peu de nous quitter.

Près de trente ans se sont passés depuis ma sortie de Bossey, sans que je m'en sois rappelé le séjour d'une manière agréable par des souvenirs un peu liés : mais depuis qu'ayant passé l'âge mûr je décline vers la vieillesse, je sens que ces mêmes souvenirs renaissent tandis que les autres s'effacent, et se gravent dans ma mémoire avec des traits dont le charme et la force augmentent de jour en jour; comme si, sentant déjà la vie qui s'échappe, je cherchois à la ressaisir par ses commencements. Les moindres faits de ce temps-là me plaisent, par cela seul qu'ils sont de ce temps-là. Je me rappelle toutes les circonstances des lieux, des personnes, des heures. Je vois la servante ou le valet agissant dans la chambre; une hirondelle entrant par la fenêtre, une mouche se poser sur ma main tandis que je récitois ma leçon: je vois tout l'arrangement de la chambre où nous étions; le cabinet de M. Lambercier à main droite, une estampe représentant tous les papes, un baromètre, un grand calendrier, des framboisiers qui, d'un jardin fort élevé dans lequel la maison s'enfonçoit sur le derrière, venoient ombrager la fenêtre, et passoient quelquefois jusqu'en dedans. Je sais bien que le lecteur n'a pas grand besoin de savoir tout cela, mais j'ai besoin moi de le lui dire. Que n'osé-je lui raconter de même toutes les petites anecdotes de cet heureux âge, qui me font encore tressaillir d'aise quand je me les rappelle! Cinq ou six surtout.... Composons. Je vous fais grâce des cinq; mais j'en veux une, une seule, pourvu qu'on me la laisse conter le plus longuement qu'il me sera possible, pour prolonger mon plaisir.

Si je ne cherchois que le vôtre, je pourrois choisir celle du derrière de mademoiselle Lambercier, qui, par une malheureuse culbute au bas du pré, fut étalé tout en plein devant le roi de

Sardaigne à son passage: mais celle du noyer de la terrasse est plus amusante pour moi qui fus acteur, au lieu que je ne fus que spectateur de la culbute; et j'avoue que je ne trouvai pas le moindre mot pour rire à un accident qui, bien que comique en lui-même, m'alarmoit pour une personne que j'aimois comme une mère, et peut-être plus.

O vous, lecteurs curieux de la grande histoire du noyer de la terrasse, écoutez-en l'horrible tragédie, et vous abstenez de frémir, si vous pouvez!

Il y avoit, hors la porte de la cour, une terrasse à gauche en entrant, sur laquelle on alloit souvent s'asseoir l'après-midi, mais qui n'avoit point d'ombre. Pour lui en donner, M. Lambercier y fit planter un noyer. La plantation de cet arbre se fit avec solennité: les deux pensionnaires en furent les parrains; et, tandis qu'on combloit le creux, nous tenions l'arbre chacun d'une main avec des chants de triomphe. On fit pour l'arroser une espèce de bassin tout autour du pied. Chaque jour, ardents spectateurs de cet arrosement, nous nous confirmions, mon cousin et moi, dans l'idée très-naturelle qu'il étoit plus beau de planter un arbre sur la terrasse qu'un drapeau sur la brèche, et nous résolûmes de nous procurer cette gloire sans la partager avec qui que ce fût.

Pour cela nous allâmes couper une bouture d'un jeune saule, et nous la plantâmes sur la terrasse, à huit ou dix pieds de l'auguste noyer. Nous n'oubliâmes pas de faire aussi un creux autour de notre arbre : la difficulté étoit d'avoir de quoi le remplir; car l'eau venoit d'assez loin, et on ne nous laissoit pas courir pour en aller prendre. Cependant il en falloit absolument pour notre saule. Nous employâmes toutes sortes de ruses pour lui en fournir durant quelques jours; et cela nous réussit si bien, que nous le vîmes bourgeonner et pousser de petites feuilles dont nous mesurions l'accroissement d'heure en heure, persuadés, quoiqu'il ne fût pas à un pied de terre, qu'il ne tarderoit pas à nous ombrager.

Comme notre arbre, nous occupant tout entiers, nous rendoit incapables de toute application, de toute étude, que nous étions comme en délire, et que, ne sachant à qui nous en avions, on nous tenoit de plus court qu'auparavant, nous vîmes l'instant fatal où l'eau nous alloit manquer, et nous nous désolions dans l'attente de voir notre arbre périr de sécheresse. Enfin la nécessité, mère de l'industrie, nous suggéra une invention pour garantir l'arbre et nous d'une mort certaine; ce fut de faire par-dessous terre une rigole qui conduisît secrètement au saule une partie de l'eau dont on arrosoit le noyer. Cette entreprise, exécutée avec ardeur, ne réussit pourtant pas d'abord. Nous avions si mal pris la pente, que l'eau ne couloit point; la terre s'ébouloit et bouchoit la rigole; l'entrée se remplissoit d'ordures; tout alloit de travers. Rien ne nous rebuta : *Labor omnia vincit improbus.* Nous creusâmes davantage la terre et notre bassin, pour donner à l'eau son écoulement; nous coupâmes des fonds de boîtes en petites planches étroites, dont les unes mises de plat à la file, et d'autres posées en angle des deux côtés sur celles-là, nous firent un canal triangulaire pour notre conduit. Nous plantâmes à l'entrée de petits bouts de bois minces et à claire-voie, qui, faisant une espèce de grillage ou de crapaudine, retenoient le limon et les pierres sans boucher le passage à l'eau. Nous recouvrîmes soigneusement notre ouvrage de terre bien foulée; et le jour où tout fut fait, nous attendîmes dans des transes d'espérance et de crainte l'heure de l'arrosement. Après des siècles d'attente, cette heure vint enfin; M. Lambercier vint aussi à son ordinaire assister à l'opération, durant laquelle nous nous tenions tous deux derrière lui pour cacher notre arbre, auquel très-heureusement il tournoit le dos.

A peine achevoit-on de verser le premier seau d'eau, que nous commençâmes d'en voir couler dans notre bassin. A cet aspect la prudence nous abandonna; nous nous mîmes à pousser des cris de joie qui firent retourner M. Lambercier : et ce fut dommage, car il prenoit grand plaisir à voir comment la terre du noyer étoit bonne et buvoit avidement son eau. Frappé de la voir se partager en deux bassins, il s'écrie à son tour, regarde;

aperçoit la friponnerie, se fait brusquement apporter une pioche, donne un coup, fait voler deux ou trois éclats de nos planches, et criant à pleine tête : *Un aqueduc! un aqueduc!* il frappe de toutes parts des coups impitoyables, dont chacun portoit au milieu de nos cœurs. En un moment, les planches, le conduit, le bassin, le saule, tout fut détruit, tout fut labouré, sans qu'il y eût, durant cette expéditon terrible ; nul autre mot prononcé, sinon l'exclamation qu'il répétoit sans cesse. *Un aqueduc !* s'écrioit-il en brisant tout, *un aqueduc ! un aqueduc !*

On croira que l'aventure finit mal pour les petits architectes. On se trompera : tout fut fini. M. Lambercier ne nous dit pas un mot de reproche, ne nous fit pas plus mauvais visage, et ne nous en parla plus ; nous l'entendîmes même un peu après rire auprès de sa sœur à gorge déployée, car le rire de M. Lambercier s'entendoit de loin ; et ce qu'il y eut de plus étonnant encore, c'est que, passé le premier saisissement, nous ne fûmes pas nous-mêmes fort affligés. Nous plantâmes ailleurs un autre arbre, et nous nous rappelions souvent la catastrophe du premier, en répétant entre nous avec emphase, *Un aqueduc! un aqueduc!* Jusque-là j'avois eu des accès d'orgueil par intervalles quand j'étois Aristide ou Brutus : ce fut ici mon premier mouvement de vanité bien marquée. Avoir pu construire un aqueduc de nos mains, avoir mis une bouture en concurrence avec un grand arbre, me paroissoit le suprême degré de la gloire. A dix ans j'en jugeois mieux que César à trente.

L'idée de ce noyer et la petite histoire qui s'y rapporte m'est si bien restée ou revenue, qu'un de mes plus agréables projets dans mon voyage de Genève, en 1754, étoit d'aller à Bossey revoir les monuments des jeux de mon enfance, et surtout le cher noyer, qui devoit alors avoir déjà le tiers d'un siècle. Je fus si continuellement obsédé, si peu maître de moi-même, que je ne pus trouver le moment de me satisfaire. Il y a peu d'apparence que cette occasion renaisse jamais pour moi : cependant je n'en ai pas perdu le désir avec l'espérance ; et je suis presque sûr que si jamais, retournant dans ces lieux chéris, j'y retrouvois mon cher noyer encore en être, je l'arroserois de mes pleurs.

De retour à Genève, je passai deux ou trois ans chez mon oncle en attendant qu'on résolût ce que l'on feroit de moi. Comme il destinoit son fils au génie, il lui fit apprendre un peu de dessin, et lui enseignoit les Éléments d'Euclide. J'apprenois tout cela par compagnie, et j'y pris goût, surtout au dessin. Cependant on délibéroit si l'on me feroit horloger, procureur, ou ministre. J'aimois mieux être ministre, car je trouvois bien beau de prêcher ; mais le petit revenu du bien de ma mère à partager entre mon frère et moi ne suffisoit pas pour pousser mes études. Comme l'âge où j'étois ne rendoit pas ce choix bien pressant encore, je restois en attendant chez mon oncle, perdant à peu près mon temps, et ne laissant pas de payer, comme il étoit juste, une assez forte pension.

Mon oncle, homme de plaisir ainsi que mon père, ne savoit pas comme lui se captiver pour ses devoirs, et prenoit assez peu de soin de nous. Ma tante étoit une dévote un peu piétiste, qui aimoit mieux chanter les psaumes que veiller à notre éducation. On nous laissoit presque une liberté entière dont nous n'abusâmes jamais. Toujours inséparables, nous nous suffisions l'un à l'autre; et n'étant point tentés de fréquenter les polissons de notre âge, nous ne prîmes aucune des habitudes libertines que l'oisiveté nous pouvoit inspirer. J'ai même tort de nous supposer oisifs, car de la vie nous ne le fûmes moins; et ce qu'il y avoit d'heureux étoit que tous les amusements dont nous nous passionnions successivement nous tenoient ensemble occupés dans la maison sans que nous fussions même tentés de descendre à la rue. Nous faisions des cages, des flûtes, des volants, des tambours, des maisons, des *équiffles*[1], des arbalètes. Nous gâtions les outils

---

[1] * Terme en usage à Genève pour désigner ce que les écoliers en France appellent une *canonnière*.

de mon bon vieux grand-père pour faire des montres à son imitation. Nous avions surtout un goût de préférence pour barbouiller du papier, dessiner, laver, enluminer, faire un dégât de couleurs. Il vint à Genève un charlatan italien, appelé Gamba-Corta : nous allâmes le voir une fois, et puis nous n'y voulûmes plus aller : mais il avoit des marionnettes, et nous nous mîmes à faire des marionnettes ; ses marionnettes jouoient des manières de comédies, et nous fîmes des comédies pour les nôtres. Faute de pratique, nous contrefaisions du gosier la voix de Polichinelle, pour jouer ces charmantes comédies que nos pauvres bons parents avoient la patience de voir et d'entendre. Mais mon oncle Bernard ayant un jour lu dans la famille un très-beau sermon de sa façon, nous quittâmes les comédies, et nous nous mîmes à composer des sermons. Ces détails ne sont pas fort intéressants, je l'avoue ; mais ils montrent à quel point il falloit que notre première éducation eût été bien dirigée, pour que, maîtres presque de notre temps et de nous dans un âge si tendre, nous fussions si peu tentés d'en abuser. Nous avions si peu besoin de nous faire des caramades que nous en négligions même l'occasion. Quand nous allions nous promener, nous regardions en passant leurs jeux sans convoitise, sans songer même à y prendre part. L'amitié remplissoit si bien nos cœurs, qu'il nous suffisoit d'être ensemble pour que les plus simples goûts fissent nos délices.

A force de nous voir inséparables, on y prit garde ; d'autant plus que, mon cousin étant très-grand et moi très-petit, cela faisoit un couple assez plaisamment assorti. Sa longue figure effilée, son petit visage de pomme cuite, son air mou, sa démarche nonchalante, excitoient les enfants à se moquer de lui. Dans le patois du pays on lui donna le surnom de *Barnâ Bredanna*, et sitôt que nous sortions nous n'entendions que *Barnâ Bredanna* tout autour de nous. Il enduroit cela plus tranquillement que moi. Je me fâchai, je voulus me battre ; c'étoit ce que les petits coquins demandoient. Je battis, je fus battu. Mon pauvre cousin me soutenoit de son mieux ; mais il étoit foible, d'un coup de poing on le renversoit. Alors je devenois furieux. Cependant, quoique j'attrapasse force horions, ce n'étoit pas à moi qu'on en vouloit, c'étoit à *Barnâ Bredanna* : mais j'augmentai tellement le mal par ma mutine colère que nous n'osions plus sortir qu'aux heures où l'on étoit en classe, de peur d'être hués et suivis par les écoliers.

Me voilà déjà redresseur des torts. Pour être un paladin dans les formes, il ne me manquoit que d'avoir une dame ; j'en eus deux. J'allois de temps en temps voir mon père à Nyon, petite ville du pays de Vaud, où il s'étoit établi. Mon père étoit fort aimé, et son fils se sentoit de cette bienveillance. Pendant le peu de séjour que je faisois près de lui, c'étoit à qui me fêteroit. Une madame de Vulson surtout me faisoit mille caresses ; et pour y mettre le comble, sa fille me prit pour son galant. On sent ce que c'est qu'un galant de onze ans pour une fille de vingt-deux. Mais toutes ces friponnes sont si aises de mettre ainsi de petites poupées en avant pour cacher les grandes, ou pour les tenter par l'image d'un jeu qu'elles savent rendre attirant ! Pour moi, qui ne voyois point entre elle et moi de disconvenance, je pris la chose au sérieux ; je me livrai de tout mon cœur, ou plutôt de toute ma tête, car je n'étois guère amoureux que par là, quoique je le fusse à la folie, et que mes transports, mes agitations, mes fureurs, donnassent des scènes à pâmer de rire.

Je connois deux sortes d'amours très-distincts, très-réels, et qui n'ont presque rien de commun, quoique très-vifs l'un et l'autre ; et tous deux différents de la tendre amitié. Tout le cours de ma vie s'est partagé entre ces deux amours de si diverses natures, et je les ai même éprouvés tous deux à la fois ; car, par exemple, au moment dont je parle, tandis que je m'emparois de mademoiselle de Vulson si publiquement et si tyranniquement que je ne pouvois souffrir qu'aucun homme approchât d'elle, j'avois avec une petite mademoiselle Goton des tête-à-tête assez courts, mais assez vifs, dans lesquelles elle daignoit faire la maîtresse d'école, et c'étoit tout : mais ce tout, qui en effet étoit tout pour moi, me paroissoit le bonheur suprême; et, sentant déjà le prix du mystère, quoique je n'en susse user qu'en enfant, je rendois à mademoiselle de Vulson, qui ne s'en doutoit guère, le soin qu'elle prenoit de m'employer à cacher d'autres amours. Mais à mon grand regret mon secret fut découvert, ou moins bien gardé de la part de ma petite maîtresse d'école que de la mienne, car on ne tarda pas à nous séparer [1].

C'étoit en vérité une singulière personne que cette petite mademoiselle Goton. Sans être belle, elle avoit une figure difficile à oublier, et que je me rappelle encore, souvent beaucoup trop pour un vieux fou. Ses yeux surtout n'étoient pas de son âge, ni sa taille, ni son maintien. Elle avoit un petit air imposant et fier, très-propre à son rôle, et qui en avoit occasioné la première idée entre nous. Mais ce qu'elle avoit de plus bizarre étoit un mélange d'audace et de réserve difficile à concevoir. Elle se permettoit avec moi les plus grandes privautés sans jamais m'en permettre aucune avec elle ; elle me traitoit exactement en enfant : ce qui me fait croire, ou qu'elle avoit déjà cessé de l'être, ou qu'au contraire elle l'étoit en-

---

[1] Var. « ...Nous séparer ; et quelque temps après, de retour à
« Genève, j'entendis, en passant à Coutance, de petites filles me
« crier à demi-voix : *Goton tic-tac Rousseau.* »

core assez elle-même pour ne voir qu'un jeu dans le péril auquel elle s'exposoit.

J'étois tout entier, pour ainsi dire, à chacune de ces deux personnes, et si parfaitement, qu'avec aucune des deux il ne m'arrivoit jamais de songer à l'autre. Mais du reste rien de semblable en ce qu'elles me faisoient éprouver. J'aurois passé ma vie entière avec mademoiselle de Vulson sans songer à la quitter; mais en l'abordant ma joie étoit tranquille et n'alloit pas à l'émotion. Je l'aimois surtout en grande compagnie; les plaisanteries, les agaceries, les jalousies même, m'attachoient, m'intéressoient; je triomphois avec orgueil de ses préférences près des grands rivaux qu'elle paroissoit maltraiter. J'étois tourmenté, mais j'aimois ce tourment. Les applaudissements, les encouragements, les ris m'échauffoient, m'animoient. J'avois des emportements, des saillies, j'étois transporté d'amour dans un cercle; tête-à-tête j'aurois été contraint, froid, peut-être ennuyé. Cependant je m'intéressois tendrement à elle; je souffrois quand elle étoit malade, j'aurois donné ma santé pour rétablir la sienne; et notez que je savois très-bien par expérience ce que c'étoit que maladie, et ce que c'étoit que santé. Absent d'elle, j'y pensois, elle me manquoit; présent, ses caresses m'étoient douces au cœur, non aux sens. J'étois impunément familier avec elle; mon imagination ne me demandoit que ce qu'elle m'accordoit : cependant je n'aurois pu supporter de lui en voir faire autant à d'autres. Je l'aimois en frère, mais j'en étois jaloux en amant.

Je l'eusse été de mademoiselle Goton en Turc, en furieux, en tigre, si j'avois seulement imaginé qu'elle pût faire à un autre le même traitement qu'elle m'accordoit; car cela même étoit une grâce qu'il falloit demander à genoux. J'abordois mademoiselle de Vulson avec un plaisir très-vif, mais sans trouble; au lieu qu'en voyant seulement mademoiselle Goton, je ne voyois plus rien, tous mes sens étoient bouleversés. J'étois familier avec la première sans avoir de familiarités; au contraire, j'étois aussi tremblant qu'agité devant la seconde, même au fort des plus grandes familiarités. Je crois que si j'avois resté trop long-temps avec elle, je n'aurois pu vivre, les palpitations m'auroient étouffé. Je craignois également de leur déplaire; mais j'étois plus complaisant pour l'une, et plus obéissant pour l'autre. Pour rien au monde je n'aurois voulu fâcher mademoiselle de Vulson; mais si mademoiselle Goton m'eût ordonné de me jeter dans les flammes, je crois qu'à l'instant j'aurois obéi.

Mes amours ou plutôt mes rendez-vous avec celle-ci durèrent peu, très-heureusement pour elle et pour moi. Quoique mes liaisons avec mademoiselle de Vulson n'eussent pas le même danger, elles ne laissèrent pas d'avoir aussi leur catastrophe, après avoir un peu plus long-temps duré. Les fins de tout cela devoient toujours avoir l'air un peu romanesque, et donner prise aux exclamations. Quoique mon commerce avec mademoiselle de Vulson fût moins vif, il étoit plus attachant peut-être. Nos séparations ne se faisoient jamais sans larmes, et il est singulier dans quel vide accablant je me sentois plongé après l'avoir quittée. Je ne pouvois parler que d'elle, ni penser qu'à elle : mes regrets étoient vrais et vifs; mais je crois qu'au fond ces héroïques regrets n'étoient pas tous pour elle, et que, sans que je m'en aperçusse, les amusements dont elle étoit le centre y avoient leur bonne part. Pour tempérer les douleurs de l'absence, nous nous écrivions des lettres d'un pathétique à faire fendre les rochers. Enfin j'eus la gloire qu'elle n'y put plus tenir, et qu'elle vint me voir à Genève. Pour le coup, la tête acheva de me tourner; je fus ivre et fou les deux jours qu'elle y resta. Quand elle partit, je voulois me jeter dans l'eau après elle, et je fis long-temps retentir l'air de mes cris. Huit jours après, elle m'envoya des bonbons et des gants; ce qui m'eût paru fort galant, si je n'eusse appris en même temps qu'elle étoit mariée, et que ce voyage, dont il lui avoit plu de me faire honneur, étoit pour acheter ses habits de noces. Je ne décrirai pas ma fureur; elle se conçoit. Je jurai dans mon noble courroux de ne plus revoir la perfide, n'imaginant pas pour elle de plus terrible punition. Elle n'en mourut pas cependant; car vingt ans après, étant allé voir mon père, et me promenant avec lui sur le lac, je demandai qui étoient les dames que je voyois dans un bateau peu loin du nôtre. Comment! me dit mon père en souriant, le cœur ne te le dit-il pas? ce sont tes anciennes amours; c'est madame Cristin, c'est mademoiselle de Vulson. Je tressaillis à ce nom presque oublié; mais je dis aux bateliers de changer de route, ne jugeant pas, quoique j'eusse assez beau jeu pour prendre alors ma revanche, que ce fût la peine d'être parjure, et de renouveler une querelle de vingt ans avec une femme de quarante.

(1723-1728.) Ainsi se perdoit en niaiseries le plus précieux temps de mon enfance avant qu'on eût décidé de ma destination[1]. Après de longues délibérations pour suivre mes dispositions naturelles, on prit enfin le parti pour lequel j'en avois le moins, et l'on me mit chez M. Masseron, greffier

---

[1] « Dans ses Rêveries Rousseau raconte deux aventures qui font le plus grand honneur à son caractère, et qui se rapportent à cette époque de sa vie. Il déclare que toutes deux sont venues à son souvenir en écrivant ses Confessions, mais qu'il a rejeté l'une et l'autre par l'effet d'une *singularité de son naturel*; qui, dans cet ouvrage, lui a fait dire « souvent le mal dans toute sa turpitude, rarement le « bien dans tout ce qu'il eut d'aimable, *et souvent même* lui a fait « taire ce dernier tout-à-fait, parce qu'il l'honoroit trop. » (Voyez quatrième Promenade, vers la fin.)

de la ville, pour apprendre sous lui, comme disoit
M. Bernard, l'utile métier de grapignan. Ce surnom me déplaisoit souverainement; l'espoir de
gagner force écus par une voie ignoble flattoit peu
mon humeur hautaine; l'occupation me paroissoit
ennuyeuse, insupportable; l'assiduité, l'assujettissement, achevèrent de m'en rebuter, et je n'entrois jamais au greffe qu'avec une horreur qui
croissoit de jour en jour. M. Masseron, de son
côté, peu content de moi, me traitoit avec mépris, me reprochant sans cesse mon engourdisse-
ment, ma bêtise, me répétant tous les jours
que mon oncle l'avoit assuré *que je savois, que je
savois*, tandis que dans le vrai je ne savois rien;
qu'il lui avoit promis un joli garçon, et qu'il ne lui
avoit donné qu'un âne. Enfin je fus renvoyé du
greffe ignominieusement pour mon ineptie, et il
fut prononcé par les clercs de M. Masseron que je
n'étois bon qu'à mener la lime.

Ma vocation ainsi déterminée, je fus mis en
apprentissage, non toutefois chez un horloger,
mais chez un graveur. Les dédains du greffier
m'avoient extrêmement humilié, et j'obéis sans
murmure. Mon maître, M. Ducommun, étoit un
jeune homme rustre et violent, qui vint à bout,
en très-peu de temps, de ternir tout l'éclat de mon
enfance, d'abrutir mon caractère aimant et vif,
et de me réduire, par l'esprit ainsi que par la fortune, à mon véritable état d'apprenti. Mon latin,

mes antiquités, mon histoire, tout fut pour long-temps oublié; je ne me souvenois pas même qu'il y eût eu des Romains au monde. Mon père, quand je l'allois voir, ne trouvoit plus en moi son idole; je n'étois plus pour les dames le galant Jean-Jacques; et je sentois si bien moi-même que monsieur et mademoiselle Lambercier n'auroient plus reconnu en moi leur élève, que j'eus honte de me représenter à eux, et ne les ai plus revus depuis lors. Les goûts les plus vils, la plus basse polissonnerie, succédèrent à mes aimables amusements, sans m'en laisser même la moindre idée. Il faut que, malgré l'éducation la plus honnête, j'eusse un grand penchant à dégénérer; car cela se fit très-rapidement, sans la moindre peine; et jamais César si précoce ne devint si promptement Laridon.

Le métier ne me déplaisoit pas en lui-même : j'avois un goût vif pour le dessin, le jeu du burin m'amusoit assez; et, comme le talent du graveur pour l'horlogerie est très-borné, j'avois l'espoir d'en atteindre la perfection. J'y serois parvenu peut-être si la brutalité de mon maître et la gêne excessive ne m'avoient rebuté du travail. Je lui dérobois mon temps pour l'employer en occupations du même genre, mais qui avoient pour moi l'attrait de la liberté. Je gravois des espèces de médailles pour nous servir, à moi et à mes camarades, d'ordre de chevalerie. Mon maître me surprit à ce travail de contrebande, et me roua de coups, disant que je m'exerçois à faire de la fausse monnoie, parce que nos médailles avoient les armes de la république. Je puis bien jurer que je n'avois nulle idée de la fausse monnoie, et très-peu de la véritable : je savois mieux comment se faisoient les as romains que nos pièces de trois sous.

La tyrannie de mon maître finit par me rendre insupportable le travail que j'aurois aimé, et par me donner des vices que j'aurois haïs, tels que le mensonge, la fainéantise, le vol. Rien ne m'a mieux appris la différence qu'il y a de la dépendance filiale à l'esclavage servile, que le souvenir des changements que produisit en moi cette époque. Naturellement timide et honteux, je n'eus jamais plus d'éloignement pour aucun défaut que pour l'effronterie. Mais j'avois joui d'une liberté honnête, qui seulement s'étoit restreinte jusque-là par degrés, et s'évanouit enfin tout-à-fait. J'étois hardi chez mon père, libre chez M. Lambercier, discret chez mon oncle; je devins craintif chez mon maître, et je fus dès-lors un enfant perdu. Accoutumé à une égalité parfaite avec mes supérieurs dans la manière de vivre, à ne pas connoître un plaisir qui ne fût à ma portée, à ne pas voir un mets dont je n'eusse ma part, à n'avoir pas un désir que je ne témoignasse, à mettre enfin tous les mouvements de mon cœur sur mes lèvres, qu'on juge de ce que je dus devenir dans une maison où je n'osois pas ouvrir la bouche, où il falloit sortir de table au tiers du repas, et de la chambre aussitôt que je n'y avois rien à faire ; où, sans cesse enchaîné à mon travail, je ne voyois qu'objets de jouissances pour d'autres et de privations pour moi seul; où l'image de la liberté du maître et des compagnons augmentoit le poids de mon assujettissement; où, dans les disputes sur ce que je savois le mieux, je n'osois ouvrir la bouche; où tout enfin ce que je voyois devenoit pour mon cœur un objet de convoitise, uniquement parce que j'étois privé de tout. Adieu l'aisance, la gaieté, les mots heureux qui jadis souvent dans mes fautes m'avoient fait échapper au châtiment. Je ne puis me rappeler sans rire qu'un soir, chez mon père, étant condamné pour quelque espièglerie à m'aller coucher sans souper, et passant par la cuisine avec mon triste morceau de pain, je vis et flairai le rôti tournant à la broche. On étoit autour du feu; il fallut en passant saluer tout le monde. Quand la ronde fut faite, lorgnant du coin de l'œil ce rôti qui avoit si bonne mine et qui sentoit si bon, je ne pus m'abstenir de lui faire aussi la révérence, et de lui dire d'un ton piteux, *Adieu, rôti.* Cette saillie de naïveté parut si plaisante, qu'on me fit rester à souper. Peut-être eût-elle eu le même bonheur chez mon maître, mais il est sûr qu'elle ne m'y seroit pas venue, et que je n'aurois osé m'y livrer.

Voilà comment j'appris à convoiter en silence, à me cacher, à dissimuler, à mentir, et à dérober enfin, fantaisie qui jusqu'alors ne m'étoit pas venue, et dont je n'ai pu depuis lors bien me guérir. La convoitise et l'impuissance mènent toujours là. Voilà pourquoi tous les laquais sont fripons, et pourquoi tous les apprentis doivent l'être : mais dans un état égal et tranquille, où tout ce qu'ils voient est à leur portée, ces derniers perdent en grandissant ce honteux penchant. N'ayant pas eu le même avantage, je n'en ai pu tirer le même profit.

Ce sont presque toujours de bons sentiments mal dirigés qui font faire aux enfants le premier pas vers le mal. Malgré les privations et les tentations continuelles, j'avois demeuré plus d'un an chez mon maître sans pouvoir me résoudre à rien prendre, pas même des choses à manger. Mon premier vol fut une affaire de complaisance; mais il ouvrit la porte à d'autres qui n'avoient pas une si louable fin.

Il y avoit chez mon maître un compagnon appelé M. Verrat, dont la maison, dans le voisinage, avoit un jardin assez éloigné qui produisoit de très-belles asperges. Il prit envie à M. Verrat, qui n'avoit pas beaucoup d'argent, de voler à sa mère des asperges dans leur primeur, et de les vendre pour faire quelques bons déjeuners. Comme il ne vouloit pas s'exposer lui-même, et qu'il n'étoit pas fort ingambe, il me choisit pour cette expédition. Après quelques cajoleries préliminaires, qui me gagnèrent d'autant mieux que je n'en voyois pas le but, il me la proposa comme une idée qui lui venoit sur-le-champ. Je disputai beaucoup; il insista. Je n'ai jamais pu résister aux caresses; je me rendis. J'allois tous les matins moissonner les plus belles asperges; je les portois au Molard, où quelque bonne femme, qui voyoit que je venois de les voler, me le disoit pour les avoir à meilleur compte. Dans ma frayeur je prenois ce qu'elle vouloit bien me donner; je le portois à M. Verrat. Cela se changeoit promptement en un déjeuner dont j'étois le pourvoyeur, et qu'il partageoit avec un autre camarade ; car pour moi, très-content d'en avoir quelques bribes, je ne touchois pas même à leur vin.

Ce petit manège dura plusieurs jours sans qu'il me vînt même à l'esprit de voler le voleur, et de dîmer sur M. Verrat le produit de ses asperges. J'exécutois ma friponnerie avec la plus grande fidélité; mon seul motif étoit de complaire à celui qui me la faisoit faire. Cependant si j'eusse été surpris, que de coups, que d'injures, quels traitements cruels n'eussé-je point essuyés, tandis que le misérable, en me démentant, eût été cru sur sa parole, et moi doublement puni pour avoir osé le charger, attendu qu'il étoit compagnon et que je n'étois qu'apprenti ! Voilà comment en tout état le fort coupable se sauve aux dépens du foible innocent.

J'appris ainsi qu'il n'étoit pas si terrible de voler que je l'avois cru; et je tirai bientôt si bon parti de ma science, que rien de ce que je convoitois n'étoit à ma portée en sûreté. Je n'étois pas absolument mal nourri chez mon maître, et la sobriété ne m'étoit pénible qu'en la lui voyant si mal garder. L'usage de faire sortir de table les jeunes gens quand on y sert ce qui les tente le plus me paroît très-bien entendu pour les rendre aussi friands que fripons. Je devins en peu de temps l'un et l'autre; et je m'en trouvois fort bien pour l'ordinaire, quelquefois fort mal quand j'étois surpris.

Un souvenir qui me fait frémir encore et rire tout à la fois, est celui d'une chasse aux pommes qui me coûta cher. Ces pommes étoient au fond d'une dépense qui, par une jalousie élevée, recevoit du jour de la cuisine. Un jour que j'étois seul dans la maison, je montai sur la maie pour regarder dans le jardin des Hespérides ce précieux fruit dont je ne pouvois approcher. J'allai chercher la broche pour voir si elle y pourroit atteindre; elle étoit trop courte. Je l'alongeai par une autre petite broche qui servoit pour le menu gibier; car mon maître aimoit la chasse. Je piquai plusieurs fois sans succès; enfin je sentis avec transport que j'amenois une pomme. Je tirai très-doucement : déjà la pomme touchoit la jalousie : j'étois prêt à la saisir. Qui dira ma douleur? La pomme étoit trop grosse, elle ne put passer par le trou. Que d'inventions ne mis-je point en usage pour la tirer! Il fallut trouver des supports pour tenir la broche en état, un couteau assez long pour fendre la pomme, une latte pour la soutenir. A force d'adresse et de temps je parvins à la partager, espérant tirer ensuite les pièces l'une après l'autre : mais à peine furent-elles séparées, qu'elles tombèrent toutes deux dans la dépense. Lecteur pitoyable, partagez mon affliction.

Je ne perdis point courage; mais j'avois perdu beaucoup de temps. Je craignois d'être surpris; je renvoie au lendemain une tentative plus heureuse, et je me remets à l'ouvrage tout aussi tranquillement que si je n'avois rien fait, sans songer aux deux témoins indiscrets qui déposoient contre moi dans la dépense.

Le lendemain, retrouvant l'occasion belle, je tente un nouvel essai. Je monte sur mes tréteaux; j'alonge la broche, je l'ajuste; j'étois prêt à piquer.... Malheureusement le dragon ne dormoit pas : tout à coup la porte de la dépense s'ouvre; mon maître en sort, croise les bras, me regarde, et me dit : Courage!.... La plume me tombe des mains.

Bientôt, à force d'essuyer de mauvais traitements, j'y devins moins sensible; ils me parurent enfin une sorte de compensation du vol, qui me mettoit en droit de le continuer. Au lieu de retourner les yeux en arrière et de regarder la punition, je les portois en avant et je regardois la vengeance. Je jugeois que me battre comme fripon, c'étoit m'autoriser à l'être. Je trouvois que voler et être battu alloient ensemble, et constituoient en quelque sorte un état, et qu'en remplissant la partie de cet état qui dépendoit de moi, je pouvois laisser le soin de l'autre à mon maître. Sur cette idée je me mis à voler plus tranquillement qu'auparavant. Je me disois : Qu'en arrivera-t-il enfin ? Je serai battu. Soit : je suis fait pour l'être.

J'aime à manger, sans être avide ; je suis sensuel, et non pas gourmand. Trop d'autres goûts me distraient de celui-là. Je ne me suis jamais occupé de ma bouche que quand mon cœur étoit oisif ; et cela m'est si rarement arrivé dans ma vie, que je n'ai guère eu le temps de songer aux bons morceaux. Voilà pourquoi je ne bornai pas long-temps ma friponnerie au comestible, je l'étendis bientôt à tout ce qui me tentoit ; et si je ne devins pas un voleur en forme, c'est que je n'ai jamais été beaucoup tenté d'argent. Dans le cabinet commun, mon maître avoit un autre cabinet à part qui fermoit à clef : je trouvai le moyen d'en ouvrir la porte et de la refermer sans qu'il y parût. Là je mettois à contribution ses bons outils, ses meilleurs dessins, ses empreintes, tout ce qui me faisoit envie et qu'il affectoit d'éloigner de moi. Dans le fond, ces vols étoient bien innocents, puisqu'ils n'étoient faits que pour être employés à son service : mais j'étois transporté de joie d'avoir ces bagatelles en mon pouvoir ; je croyois voler le talent avec ses productions. Du reste, il y avoit dans des boîtes des recoupes d'or et d'argent, de petits bijoux, des pièces de prix, de la monnoie. Quand j'avois quatre ou cinq sous dans ma poche, c'étoit beaucoup : cependant, loin de toucher à rien de tout cela, je ne me souviens pas même d'y avoir jeté de ma vie un regard de convoitise : je le voyois avec plus d'effroi que de plaisir. Je crois bien que cette horreur du vol de l'argent et de ce qui en produit me venoit en grande partie de l'éducation. Il se mêloit à cela des idées secrètes d'infamie, de prison, de châtiment, de potence, qui m'auroient fait frémir si j'avois été tenté ; au lieu que mes tours ne me sembloient que des espiégleries, et n'étoient pas autre chose en effet. Tout cela ne pouvoit valoir que d'être bien étrillé par mon maître, et d'avance je m'arrangeois là-dessus.

Mais, encore une fois, je ne convoitois pas même assez pour avoir à m'abstenir ; je ne sentois rien à combattre. Une seule feuille de beau papier à dessiner me tentoit plus que l'argent pour en payer une rame. Cette bizarrerie tient à une des singularités de mon caractère; elle a eu tant d'influence sur ma conduite qu'il importe de l'expliquer.

J'ai des passions très-ardentes, et tandis qu'elles m'agitent rien n'égale mon impétuosité : je ne connois plus ni ménagement, ni respect, ni crainte, ni bienséance ; je suis cynique, effronté, violent, intrépide : il n'y a ni honte qui m'arrête, ni danger qui m'effraie : hors le seul objet qui m'occupe, l'univers n'est plus rien pour moi. Mais tout cela ne dure qu'un moment, et le moment qui suit me jette dans l'anéantissement.

Prenez-moi dans le calme, je suis l'indolence et la timidité même; tout m'effarouche, tout me rebute ; une mouche en volant me fait peur ; un mot à dire, un geste à faire épouvante ma paresse ; la crainte et la honte me subjuguent à tel point que je voudrois m'éclipser aux yeux de tous les mortels. S'il faut agir, je ne sais que faire ; s'il faut parler, je ne sais que dire ; si l'on me regarde, je suis décontenancé. Quand je me passionne, je sais trouver quelquefois ce que j'ai à dire ; mais dans les entretiens ordinaires je ne trouve rien, rien du tout; ils me sont insupportables par cela seul que je suis obligé de parler.

Ajoutez qu'aucun de mes goûts dominants ne consiste en choses qui s'achètent. Il ne me faut que des plaisirs purs, et l'argent les empoisonne tous. J'aime par exemple ceux de la table ; mais, ne pouvant souffrir ni la gêne de la bonne compagnie, ni la crapule du cabaret, je ne puis les goûter qu'avec un ami : car seul, cela ne m'est pas possible; mon imagination s'occupe alors d'autre chose, et je n'ai pas le plaisir de manger. Si mon sang allumé me demande des femmes, mon cœur ému me demande encore plus de l'amour. Des femmes à prix d'argent perdroient pour moi tous leurs charmes; je doute même s'il seroit en moi d'en profiter. Il en est ainsi de tous les plaisirs à ma portée; s'ils ne sont gratuits, je les trouve insipides. J'aime les seuls biens qui ne sont à personne qu'au premier qui sait les goûter.

Jamais l'argent ne me parut une chose aussi précieuse qu'on la trouve. Bien plus, il ne m'a même jamais paru fort commode : il n'est bon à rien par lui-même, il faut le transformer pour en jouir; il faut acheter, marchander, souvent être dupe, bien payer, être mal servi. Je voudrois une chose bonne dans sa qualité : avec mon argent je suis sûr de l'avoir mauvaise. J'achète cher un œuf frais, il est vieux; un beau fruit, il est vert; une fille, elle est gâtée. J'aime le bon vin, mais où en prendre? Chez un marchand de vin? comme que je fasse, il m'empoisonnera. Veux-je absolument être bien servi; que de soins, que d'embarras! avoir des amis, des correspondants, donner des commissions, écrire, aller, venir, attendre; et souvent au bout être encore trompé. Que de peine avec mon argent! Je la crains plus que je n'aime le bon vin.

Mille fois, durant mon apprentissage et depuis, je suis sorti dans le dessein d'acheter quelque friandise. J'approche de la boutique d'un pâtissier, j'aperçois des femmes au comptoir; je crois déja les voir rire et se moquer entre elles du petit gourmand. Je passe devant une fruitière, je lorgne du coin de l'œil de belles poires, leur parfum me tente; deux ou trois jeunes gens tout près de là me regardent; un homme qui me connoît est devant sa boutique; je vois de loin venir une fille; n'est-ce point la servante de la maison? ma vue courte me fait mille illusions. Je prends tous ceux qui passent pour des gens de ma connoissance; partout je suis intimidé, retenu par quelque obstacle; mon désir croît avec ma honte, et je rentre enfin comme un sot, dévoré de convoitise, ayant dans ma poche de quoi la satisfaire, et n'ayant osé rien acheter.

J'entrerois dans les plus insipides détails, si je suivois dans l'emploi de mon argent; soit par moi, soit par d'autres, l'embarras, la honte, la répugnance, les inconvénients, les dégoûts de toute espèce que j'ai toujours éprouvés. A mesure qu'avançant dans ma vie le lecteur prendra connoissance de mon humeur, il sentira tout cela sans que je m'appesantisse à le lui dire.

Cela compris, on comprendra sans peine une

de mes prétendues contradictions; celle d'allier une avarice presque sordide avec le plus grand mépris pour l'argent. C'est un meuble pour moi si peu commode, que je ne m'avise pas même de désirer celui que je n'ai pas; et que quand j'en ai je le garde long-temps sans le dépenser, faute de savoir l'employer à ma fantaisie : mais l'occasion commode et agréable se présente-t-elle, j'en profite si bien que ma bourse se vide avant que je m'en sois aperçu. Du reste, ne cherchez pas en moi le tic des avares, celui de dépenser pour l'ostentation; tout au contraire, je dépense en secret et pour le plaisir : loin de me faire gloire de dépenser, je m'en cache. Je sens si bien que l'argent n'est pas à mon usage, que je suis presque honteux d'en avoir, encore plus de m'en servir. Si j'avois eu jamais un revenu suffisant pour vivre commodément, je n'aurois point été tenté d'être avare, j'en suis très-sûr; je dépenserois tout mon revenu sans chercher à l'augmenter : mais ma situation précaire me tient en crainte. J'adore la liberté; j'abhorre la gêne, la peine, l'assujettissement. Tant que dure l'argent que j'ai dans ma bourse, il assure mon indépendance; il me dispense de m'intriguer pour en trouver d'autre, nécessité que j'eus toujours en horreur : mais de peur de le voir finir, je le choie. L'argent qu'on possède est l'instrument de la liberté; celui qu'on pourchasse est celui de la servitude.

Voilà pourquoi je serre bien et ne convoite rien.

Mon désintéressement n'est donc que paresse ; le plaisir d'avoir ne vaut pas la peine d'acquérir : et ma dissipation n'est encore que paresse ; quand l'occasion de dépenser agréablement se présente, on ne peut trop la mettre à profit. Je suis moins tenté de l'argent que des choses, parce qu'entre l'argent et la possession désirée il y a toujours un intermédiaire ; au lieu qu'entre la chose même et sa jouissance il n'y en a point. Je vois la chose, elle me tente ; si je ne vois que le moyen de l'acquérir, il ne me tente pas. J'ai donc été fripon et quelquefois je le suis encore de bagatelles qui me tentent et que j'aime mieux prendre que demander : mais, petit ou grand, je ne me souviens pas d'avoir pris de ma vie un liard à personne ; hors une seule fois, il n'y a pas quinze ans, que je volai sept livres dix sous. L'aventure vaut la peine d'être contée, car il s'y trouve un concours impayable d'effronterie et de bêtise, que j'aurois peine moi-même à croire s'il regardoit un autre que moi.

C'étoit à Paris. Je me promenois avec M. de Francueil au Palais-Royal, sur les cinq heures. Il tire sa montre, la regarde, et me dit : Allons à l'Opéra. Je le veux bien ; nous allons. Il prend deux billets d'amphithéâtre, m'en donne un, et passe le premier avec l'autre : je le suis, il entre. En entrant après lui, je trouve la porte embarrassée. Je regarde, je vois tout le monde debout ;

je juge que je pourrai bien me perdre dans cette foule, ou du moins laisser supposer à M. de Francueil que j'y suis perdu. Je sors, je reprends ma contre-marque, puis mon argent, et je m'en vais, sans songer qu'à peine avois-je atteint la porte que tout le monde étoit assis, et qu'alors M. de Francueil voyoit clairement que je n'y étois plus.

Comme jamais rien ne fut plus éloigné de mon humeur que ce trait-là, je le note, pour montrer qu'il y a des moments d'une espèce de délire où il ne faut point juger des hommes par leurs actions. Ce n'étoit pas précisément voler cet argent; c'étoit en voler l'emploi : moins c'étoit un vol, plus c'étoit une infamie.

Je ne finirois pas ces détails si je voulois suivre toutes les routes par lesquelles, durant mon apprentissage, je passai de la sublimité de l'héroïsme à la bassesse d'un vaurien. Cependant, en prenant les vices de mon état, il me fut impossible d'en prendre tout-à-fait les goûts. Je m'ennuyois des amusements de mes camarades; et quand la trop grande gêne m'eut aussi rebuté du travail, je m'ennuyai de tout. Cela me rendit le goût de la lecture que j'avois perdu depuis long-temps. Ces lectures, prises sur mon travail, devinrent un nouveau crime qui m'attira de nouveaux châtiments. Ce goût irrité par la contrainte devint passion, bientôt fureur. La Tribu, fameuse loueuse de livres, m'en fournissoit de toute espèce. Bons et mauvais, tout passoit; je ne choisissois point : je lisois tout avec une égale avidité. Je lisois à l'établi, je lisois en allant faire mes messages, je lisois à la garde-robe, et m'y oubliois des heures entières; la tête me tournoit de la lecture, je ne faisois plus que lire. Mon maître m'épioit, me surprenoit, me battoit, me prenoit mes livres. Que de volumes furent déchirés, brûlés, jetés par les fenêtres! que d'ouvrages restèrent dépareillés chez la Tribu! Quand je n'avois plus de quoi la payer, je lui donnois mes chemises, mes cravates, mes hardes; mes trois sous d'étrennes tous les dimanches lui étoient régulièrement portés.

Voilà donc, me dira-t-on, l'argent devenu nécessaire. Il est vrai, mais ce fut quand la lecture m'eut ôté toute activité. Livré tout entier à mon nouveau goût, je ne faisois plus que lire, je ne volois plus. C'est encore ici une de mes différences caractéristiques. Au fort d'une certaine habitude d'être, un rien me distrait, me change, m'attache, enfin me passionne; et alors tout est oublié, je ne songe plus qu'au nouvel objet qui m'occupe. Le cœur me battoit d'impatience de feuilleter le nouveau livre que j'avois dans la poche; je le tirois aussitôt que j'étois seul, et ne songeois plus à fouiller le cabinet de mon maître. J'ai même peine à croire que j'eusse volé quand même j'aurois eu des passions plus coûteuses.

Borné au moment présent, il n'étoit pas dans mon tour d'esprit de m'arranger ainsi pour l'avenir. La Tribu me faisoit crédit : les avances étoient petites; et quand j'avois empoché mon livre, je ne songeois plus à rien. L'argent qui me venoit naturellement passoit de même à cette femme; et quand elle devenoit pressante, rien n'étoit plus tôt sous ma main que mes propres effets. Voler par avance étoit trop de prévoyance, et voler pour payer n'étoit pas même une tentation.

A force de querelles, de coups, de lectures dérobées et mal choisies, mon humeur devint taciturne, sauvage; ma tête commençoit à s'altérer, et je vivois en vrai loup-garou. Cependant si mon goût ne me préserva pas des livres plats et fades, mon bonheur me préserva des livres obscènes et licencieux : non que la Tribu, femme à tous égards très-accommodante, se fît un scrupule de m'en prêter; mais, pour les faire valoir, elle me les nommoit avec un air de mystère qui me forçoit précisément à les refuser, tant par dégoût que par honte; et le hasard seconda si bien mon humeur pudique, que j'avois plus de trente ans avant que j'eusse jeté les yeux sur aucun de ces dangereux livres qu'une belle dame de par le monde trouve incommodes, en ce qu'on ne peut les lire que d'une main [1].

---

[1] * Dans l'*Histoire de la vie et des ouvrages de J.-J. Rousseau* on désigne mademoiselle de Clermont sur la foi du marquis de

En moins d'un an j'épuisai la mince boutique de la Tribu, et alors je me trouvai dans mes loisirs cruellement désœuvré. Guéri de mes goûts d'enfant et de polisson par celui de la lecture, et même par mes lectures, qui, bien que sans choix et souvent mauvaises, ramenoient pourtant mon cœur à des sentiments plus nobles que ceux que m'avoit donnés mon état; dégoûté de tout ce qui étoit à ma portée, et sentant trop loin de moi tout ce qui m'auroit tenté, je ne voyois rien de possible qui pût flatter mon cœur. Mes sens émus depuis long-temps me demandoient une jouissance dont je ne savois pas même imaginer l'objet. J'étois aussi loin du véritable que si je n'avois point eu de sexe; et, déjà pubère et sensible, je pensois quelquefois à mes folies, mais je ne voyois rien au-delà. Dans cette étrange situation, mon inquiète imagination prit un parti qui me sauva de moi-même et calma ma naissante sensualité; ce fut de se nourrir des situations qui m'avoient intéressé dans mes lectures, de les rappeler, de les varier, de les combiner, de me les approprier tellement que je devinsse un des personnages que j'imaginois, que je me visse toujours dans les positions les plus agréables selon mon goût, enfin que l'état fictif où je venois à bout de me mettre me fît oublier mon état réel dont j'étois si mécontent. Cet amour des

Ximénès. D'autres prétendent qu'il est question de madame la maréchale de Luxembourg.

objets imaginaires et cette facilité de m'en occuper achevèrent de me dégoûter de tout ce qui m'entouroit, et déterminèrent ce goût pour la solitude qui m'est toujours resté depuis ce temps-là. On verra plus d'une fois dans la suite les bizarres effets de cette disposition si misanthrope et si sombre en apparence, mais qui vient en effet d'un cœur trop affectueux, trop aimant, trop tendre, qui, faute d'en trouver d'existants qui lui ressemblent, est forcé de s'alimenter de fictions. Il me suffit, quant à présent, d'avoir marqué l'origine et la première cause d'un penchant qui a modifié toutes mes passions, et qui, les contenant par elles-mêmes, m'a toujours rendu paresseux à faire, par trop d'ardeur à désirer.

J'atteignis ainsi ma seizième année, inquiet, mécontent de tout et de moi, sans goût de mon état, sans plaisirs de mon âge, dévoré de désirs dont j'ignorois l'objet, pleurant sans sujet de larmes, soupirant sans savoir de quoi, enfin caressant tendrement mes chimères faute de rien voir autour de moi qui les valût. Les dimanches, mes camarades venoient me chercher après le prêche pour aller m'ébattre avec eux. Je leur aurois volontiers échappé si j'avois pu; mais une fois en train dans leurs jeux, j'étois plus ardent et j'allois plus loin qu'aucun autre; difficile à ébranler et à retenir. Ce fut là de tout temps ma disposition constante. Dans nos promenades hors de la ville, j'allois toujours en avant sans songer au retour, à moins que d'autres n'y songeassent pour moi. J'y fus pris deux fois ; les portes furent fermées avant que je pusse arriver. Le lendemain je fus traité comme on s'imagine ; et la seconde fois il me fut promis un tel accueil pour la troisième, que je résolus de ne m'y pas exposer. Cette troisième fois si redoutée arriva pourtant. Ma vigilance fut mise en défaut par un maudit capitaine appelé M. Minutoli, qui fermoit toujours la porte où il étoit de garde une demi-heure avant les autres. Je revenois avec deux camarades. A demi-lieue de la ville j'entends sonner la retraite, je double le pas ; j'entends battre la caisse, je cours à toutes jambes : j'arrive essoufflé, tout en nage ; le cœur me bat, je vois de loin les soldats à leur poste ; j'accours, je crie d'une voix étouffée. Il étoit trop tard. A vingt pas de l'avancée je vois lever le premier pont. Je frémis en voyant en l'air ces cornes terribles, sinistre et fatal augure du sort inévitable que ce moment commençoit pour moi.

Dans le premier transport de ma douleur, je me jetai sur le glacis et mordis la terre. Mes camarades, riant de leur malheur, prirent à l'instant leur parti. Je pris aussi le mien ; mais ce fut d'une autre manière. Sur le lieu même je jurai de ne retourner jamais chez mon maître ; et le lendemain, quand à l'heure de la découverte ils rentrèrent en ville, je leur dis adieu pour jamais, les priant seulement d'avertir en secret mon cousin Bernard de la résolution que j'avois prise et du lieu où il pourroit me voir encore une fois.

A mon entrée en apprentissage, étant plus séparé de lui, je le vis moins : toutefois durant quelque temps nous nous rassemblions les dimanches ; mais insensiblement chacun prit d'autres habitudes, et nous nous vîmes plus rarement. Je suis persuadé que sa mère contribua beaucoup à ce changement. Il étoit, lui, un garçon *du haut*; moi, chétif apprenti, je n'étois plus qu'un enfant *de Saint-Gervais*[1]. Il n'y avoit plus entre nous d'égalité malgré la naissance ; c'étoit déroger que de me fréquenter. Cependant les liaisons ne cessèrent point tout-à-fait entre nous ; et comme c'étoit un garçon d'un bon naturel, il suivoit quelquefois son cœur malgré les leçons de sa mère. Instruit de ma résolution, il accourut, non pour m'en dissuader ou la partager, mais pour jeter, par de petits présents, quelque agrément dans ma fuite ; car mes propres ressources ne pouvoient me

---

[1] * « Genève est située sur un coteau, et le sommet de ce coteau sur lequel on a construit, dans le dix-huitième siècle, de belles maisons, est devenu le quartier recherché ; de là la distinction des gens *du haut* et des gens *du bas*, et le reproche de vanité chez les uns et de jalousie chez les autres ; ce qui a fait dire que si la ville eût été plate, il n'y auroit jamais eu de dissensions. » *Histoire de Genève*, par Picot, *préface*, p. vij. Le quartier de Saint-Gervais, situé dans la partie basse, est un des plus considérables et des plus peuplés.

mener fort loin. Il me donna entre autres une petite épée, dont j'étois fort épris, et que j'ai portée jusqu'à Turin, où le besoin m'en fit défaire, et où je me la passai, comme on dit, au travers du corps. Plus j'ai réfléchi depuis à la manière dont il se conduisit avec moi dans ce moment critique, plus je me suis persuadé qu'il suivit les instructions de sa mère, et peut-être de son père; car il n'est pas possible que de lui-même il n'eût fait quelque effort pour me retenir, ou qu'il n'eût été tenté de me suivre : mais point. Il m'encouragea dans mon dessein plutôt qu'il ne m'en détourna; puis, quand il me vit bien résolu, il me quitta sans beaucoup de larmes. Nous ne nous sommes jamais écrit ni revus. C'est dommage : il étoit d'un caractère essentiellement bon; nous étions faits pour nous aimer.

Avant de m'abandonner à la fatalité de ma destinée, qu'on me permette de tourner un moment les yeux sur celle qui m'attendoit naturellement si j'étois tombé dans les mains d'un meilleur maître. Rien n'étoit plus convenable à mon humeur, ni plus propre à me rendre heureux, que l'état tranquille et obscur d'un bon artisan, dans certaines classes surtout, telle qu'est à Genève celle des graveurs. Cet état, assez lucratif pour donner une subsistance aisée, et pas assez pour mener à la fortune, eût borné mon ambition pour le reste de mes jours, et, me laissant un loisir honnète pour cultiver des goûts modérés, il m'eût contenu dans ma sphère sans m'offrir aucun moyen d'en sortir. Ayant une imagination assez riche pour orner de ses chimères tous les états, assez puissante pour me transporter, pour ainsi dire, à mon gré de l'un à l'autre, il m'importoit peu dans lequel je fusse en effet. Il ne pouvoit y avoir si loin du lieu où j'étois au premier château en Espagne, qu'il ne me fût aisé de m'y établir. De cela seul il suivoit que l'état le plus simple, celui qui donnoit le moins de tracas et de soins, celui qui laissoit l'esprit le plus libre, étoit celui qui me convenoit le mieux; et c'étoit précisément le mien. J'aurois passé dans le sein de ma religion, de ma patrie, de ma famille, et de mes amis, une vie paisible et douce, telle qu'il la falloit à mon caractère, dans l'uniformité d'un travail de mon goût et d'une société selon mon cœur. J'aurois été bon chrétien, bon citoyen, bon père de famille, bon ami, bon ouvrier, bon homme en toute chose. J'aurois aimé mon état, je l'aurois honoré peut-être ; et, après avoir passé une vie obscure et simple, mais égale et douce, je serois mort paisiblement dans le sein des miens. Bientôt oublié, sans doute, j'aurois été regretté du moins aussi long-temps qu'on se seroit souvenu de moi.

Au lieu de cela... Quel tableau vais-je faire ! Ah! n'anticipons point sur les misères de ma vie; je n'occuperai que trop mes lecteurs de ce triste sujet.

FIN DU PREMIER LIVRE.

LIVRE SECOND.

(1728 — 1731.)

Autant le moment où l'effroi me suggéra le projet de fuir m'avoit paru triste, autant celui où je l'exécutai me parut charmant. Encore enfant, quitter mon pays, mes parents, mes appuis, mes ressources ; laisser un apprentissage à moitié fait sans savoir mon métier assez pour en vivre ; me livrer aux horreurs de la misère sans voir aucun moyen d'en sortir ; dans l'âge de la foiblesse et de l'innocence, m'exposer à toutes les tentations du vice et du désespoir ; chercher au loin les maux, les erreurs, les piéges ; l'esclavage et la mort, sous un joug bien plus inflexible que celui que je n'avois pu souffrir : c'étoit là ce que j'allois faire ; c'étoit la perspective que j'aurois dû envisager. Que celle que je me peignois étoit différente ! L'indépendance que je croyois avoir acquise étoit le seul sentiment qui m'affectoit. Libre et maître de moi-même, je croyois pouvoir tout faire, atteindre à tout : je n'avois qu'à m'élancer pour m'élever et voler dans les airs. J'entrois avec sécurité dans le vaste espace du monde ; mon mérite alloit le remplir; à chaque pas j'allois trouver des festins, des trésors, des aventures, des amis prêts à me servir, des maîtresses empressées à me plaire : en me montrant j'allois occuper de moi l'univers, non pas pourtant l'univers tout entier, je l'en dispensois en quelque sorte, il ne m'en falloit pas tant; une société charmante me suffisoit sans m'embarrasser du reste. Ma modération m'inscrivoit dans une sphère étroite, mais délicieusement choisie, où j'étois assuré de régner. Un seul château bornoit mon ambition : favori du seigneur et de la dame, amant de la demoiselle, ami du frère et protecteur des voisins, j'étois content; il ne m'en falloit pas davantage.

En attendant ce modeste avenir, j'errai quelques jours autour de la ville, logeant chez des paysans de ma connoissance, qui tous me reçurent avec plus de bonté que n'auroient fait des urbains. Ils m'accueilloient, me logeoient, me nourrissoient trop bonnement pour en avoir le mérite. Cela ne pouvoit pas s'appeler faire l'aumône; ils n'y mettoient pas assez l'air de la supériorité.

A force de voyager et de parcourir le monde, j'allai jusqu'à Confignon, terres de Savoie à deux lieues de Genève. Le curé s'appeloit M. de Pontverre. Ce nom fameux dans l'histoire de la république me frappa beaucoup. J'étois curieux de voir comment étoient faits les descendants des gentilshommes de la Cuiller¹. J'allai voir M. de Pontverre : il me reçut bien, me parla de l'hérésie de Genève, de l'autorité de la sainte mère Église, et me donna à dîner. Je trouvai peu de choses à répondre à des arguments qui finissoient ainsi, et je jugeai que des curés chez qui l'on dînoit si bien valoient tout au moins nos ministres. J'étois certainement plus savant que M. de Pontverre, tout gentilhomme qu'il étoit ; mais j'étois trop bon con-

¹ Sans Jacob Spon, le nom de Pontverre, si fameux dans l'histoire de la république, ne seroit connu que par tradition, dans la banlieue de Genève, et comme un chef de parti. Il en seroit de même des *gentilshommes de la Cuiller*, entièrement oubliés aujourd'hui. « C'étoit, au rapport de Spon, une confrérie qui fut ins-
« tituée en 1527, dans un château du pays de Vaud, où quelques
« gentilshommes, mangeant de la bouillie avec des cuillers de
« bruyère, se vantèrent d'en faire autant à ceux de Genève qu'ils
« *mangeroient à la cuiller*. Chacun pendit la sienne à son cou
« pour signal. Ils choisirent pour capitaine François de Pontverre,
« sieur de Terny, brave et intrépide guerrier. Ces gentilshommes,
« tous sujets du duc de Savoie, étoient ennemis de la ville de
« Genève, à laquelle ils firent une infinité de maux, ruinant la
« campagne et maltraitant ceux qui apportoient des denrées. La
« nuit du 25 mars 1529 (nommée depuis *la nuit des échelles*),
« ils eurent le projet, au nombre de sept à huit cents, d'escalader
« la ville ; mais ils échouèrent dans leur entreprise. Ils la renou-
« velèrent sans succès en 1530, quoique protégés par l'évêque.
« La même année leurs châteaux furent brûlés. » Depuis cette
époque, il n'est plus question des *gentilshommes de la Cuiller*.
Leur capitaine Pontverre étant entré dans Genève, le 2 janvier 1529,
fut reconnu, poursuivi, et se cacha dans un hôpital, sous un
lit. Forcé d'en sortir pour se défendre, il fut tué. Voyez *Histoire de Genève*, édition de 1730, in-4°, tome I, page 190 et suivantes.

vive pour être si bon théologien; et son vin de Frangi, qui me parut excellent, argumentoit si victorieusement pour lui, que j'aurois rougi de fermer la bouche à un si bon hôte. Je cédois donc, ou du moins je ne résistois pas en face. A voir les ménagements dont j'usois, on m'auroit cru faux. On se fût trompé; je n'étois qu'honnête, cela est certain. La flatterie ou plutôt la condescendance, n'est pas toujours un vice, elle est plus souvent une vertu, surtout dans les jeunes gens. La bonté avec laquelle un homme nous traite nous attache à lui : ce n'est pas pour l'abuser qu'on lui cède, c'est pour ne pas l'attrister, pour ne pas lui rendre le mal pour le bien. Quel intérêt avoit M. de Pontverre à m'accueillir, à me bien traiter, à vouloir me convaincre? nul autre que le mien propre. Mon jeune cœur se disoit cela. J'étois touché de reconnoissance et de respect pour le bon prêtre. Je sentois ma supériorité, je ne voulois pas l'en accabler pour prix de son hospitalité. Il n'y avoit point de motif hypocrite à cette conduite : je ne songeois point à changer de religion; et, bien loin de me familiariser si vite avec cette idée, je ne l'envisageois qu'avec une horreur qui devoit l'écarter de moi pour long-temps : je voulois seulement ne point fâcher ceux qui me caressoient dans cette vue; je voulois cultiver leur bienveillance, et leur laisser l'espoir du succès en paroissant moins armé que je ne l'étois en effet. Ma faute en cela ressembloit à la coquetterie des honnêtes femmes, qui quelquefois, pour parvenir à leurs fins, savent, sans rien permettre ni rien promettre, faire espérer plus qu'elles ne veulent tenir.

La raison, la pitié, l'amour de l'ordre, exigeoient assurément que, loin de se prêter à ma folie, on m'éloignât de ma perte où je courois, en me renvoyant dans ma famille. C'est là ce qu'auroit fait ou tâché de faire tout homme vraiment vertueux. Mais quoique M. de Pontverre fût un bon homme, ce n'étoit assurément pas un homme vertueux; au contraire, c'étoit un dévot qui ne connoissoit d'autre vertu que d'adorer les images et de dire le rosaire; une espèce de missionnaire qui n'imaginoit rien de mieux, pour le bien de la foi, que de faire des libelles contre les ministres de Genève. Loin de penser à me renvoyer chez moi, il profita du désir que j'avois de m'en éloigner, pour me mettre hors d'état d'y retourner quand même il m'en prendroit envie. Il y avoit tout à parier qu'il m'envoyoit périr de misère ou devenir un vaurien. Ce n'étoit point là ce qu'il voyoit: il voyoit une ame ôtée à l'hérésie et rendue à l'Église. Honnête homme ou vaurien, qu'importoit cela pourvu que j'allasse à la messe? Il ne faut pas croire, au reste, que cette façon de penser soit particulière aux catholiques; elle est celle de toute religion dogmatique où l'on fait l'essentiel non de faire, mais de croire.

Dieu vous appelle, me dit M. de Pontverre : allez à Annecy; vous y trouverez une bonne dame bien charitable, que les bienfaits du roi mettent en état de retirer d'autres ames de l'erreur dont elle est sortie elle-même. Il s'agissoit de madame de Warens, nouvelle convertie, que les prêtres forçoient en effet de partager, avec la canaille qui venoit vendre sa foi, une pension de deux mille francs que lui donnoit le roi de Sardaigne. Je me sentois fort humilié d'avoir besoin d'une bonne dame bien charitable. J'aimois fort qu'on me donnât mon nécessaire, mais non pas qu'on me fît la charité; et une dévote n'étoit pas pour moi fort attirante. Toutefois, pressé par M. de Pontverre, par la faim qui me talonnoit, bien aise aussi de faire un voyage et d'avoir un but, je prends mon parti, quoique avec peine, et je pars pour Annecy. J'y pouvois être aisément en un jour; mais je ne me pressois pas, j'en mis trois. Je ne voyois pas un château à droite ou à gauche sans aller chercher l'aventure que j'étois sûr qui m'y attendoit. Je n'osois entrer dans le château ni heurter, car j'étois fort timide, mais je chantois sous la fenêtre qui avoit le plus d'apparence, fort surpris, après m'être long-temps époumoné, de ne voir paroître ni dames ni demoiselles qu'attirât la beauté de ma voix ou le sel de mes chansons, vu que j'en savois d'admirables que mes camarades m'avoient apprises, et que je chantois admirablement.

J'arrive enfin : je vois madame de Warens. Cette époque de ma vie a décidé de mon caractère; je ne puis me résoudre à la passer légèrement. J'étois au milieu de ma seizième année. Sans être ce qu'on appelle un beau garçon, j'étois bien pris dans ma petite taille; j'avois un joli pied, une jambe fine, l'air dégagé, la physionomie animée, la bouche mignonne [1], les sourcils et les cheveux noirs, les yeux petits et même enfoncés, mais qui lançoient avec force le feu dont mon sang étoit embrasé. Malheureusement je ne savois rien de tout cela, et de ma vie il ne m'est arrivé de songer à ma figure que lorsqu'il n'étoit plus temps d'en tirer parti. Ainsi j'avois avec la timidité de mon âge celle d'un naturel très-aimant, toujours troublé par la crainte de déplaire. D'ailleurs, quoique j'eusse l'esprit assez orné, n'ayant jamais vu le monde, je manquois totalement de manières; et mes connoissances, loin d'y suppléer, ne servoient qu'à m'intimider davantage en me faisant sentir combien j'en manquois.

Craignant donc que mon abord ne prévînt pas en ma faveur, je pris autrement mes avantages, et je fis une belle lettre en style d'orateur, où, cousant des phrases de livres avec des locutions d'apprenti, je déployois toute mon éloquence pour capter la bienveillance de madame de Warens. J'enfermai la lettre de M. de Pontverre dans la

[1] Var. « ...Mignonne avec de vilaines dents. »

mienne, et je partis pour cette terrible audience. Je ne trouvai point madame de Warens; on me dit qu'elle venoit de sortir pour aller à l'église. C'étoit le jour des Rameaux de l'année 1728 [1]. Je cours pour la suivre : je la vois, je l'atteins, je lui parle.... Je dois me souvenir du lieu, je l'ai souvent depuis mouillé de mes larmes et couvert de mes baisers. Que ne puis-je entourer d'un balustre d'or cette heureuse place! que n'y puis-je attirer les hommages de toute la terre! Quiconque aime à honorer les monuments du salut des hommes n'en devroit approcher qu'à genoux.

C'étoit un passage derrière sa maison, entre un ruisseau à main droite qui la séparoit du jardin, et le mur de la cour à gauche, conduisant par une fausse porte à l'église des cordeliers. Prête à entrer dans cette porte, madame de Warens se retourne à ma voix. Que devins-je à cette vue! Je m'étois figuré une vieille dévote bien rechignée; la bonne dame de M. de Pontverre ne pouvoit être autre chose à mon avis. Je vois un visage pétri de grâces, de beaux yeux bleus pleins de douceur, un teint éblouissant, le contour d'une gorge enchanteresse. Rien n'échappa au rapide coup d'œil du jeune prosélyte; car je devins à l'instant le sien, sûr qu'une religion prêchée par de tels missionnaires ne pouvoit manquer de mener en paradis. Elle prend en souriant la lettre que je lui pré-

[1] Le 21 mars.

sente d'une main tremblante, l'ouvre, jette un coup d'œil sur celle de M. de Pontverre, revient à la mienne, qu'elle lit tout entière, et qu'elle eût relue encore si son laquais ne l'eût avertie qu'il étoit temps d'entrer. Eh! mon enfant, me dit-elle d'un ton qui me fit tressaillir, vous voilà courant le pays bien jeune; c'est dommage en vérité. Puis, sans attendre ma réponse, elle ajouta : Allez chez moi m'attendre; dites qu'on vous donne à déjeuner; après la messe j'irai causer avec vous.

Louise-Éléonore de Warens étoit une demoiselle de La Tour de Pil, noble et ancienne famille de Vevai, ville du pays de Vaud. Elle avoit épousé fort jeune M. de Warens de la maison de Loys, fils aîné de M. de Villardin, de Lausanne. Ce mariage, qui ne produisit point d'enfants, n'ayant pas trop réussi, madame de Warens, poussée par quelque chagrin domestique, prit le temps que le roi Victor Amédée étoit à Évian, pour passer le lac et venir se jeter aux pieds de ce prince, abandonnant ainsi son mari, sa famille et son pays, par une étourderie assez semblable à la mienne, et qu'elle a eu tout le temps de pleurer aussi. Le roi, qui aimoit à faire le zélé catholique, la prit sous sa protection, lui donna une pension de quinze cents livres de Piémont, ce qui étoit beaucoup pour un prince aussi peu prodigue; et voyant que sur cet accueil on l'en croyoit amoureux, il l'envoya à Annecy, escortée par un détachement de ses gardes, où, sous la direction de Michel-Gabriel de Bernex, évêque titulaire de Genève, elle fit abjuration au couvent de la Visitation.

Il y avoit six ans qu'elle y étoit quand j'y vins, et elle en avoit alors vingt-huit, étant née avec le siècle. Elle avoit de ces beautés qui se conservent, parce qu'elles sont plus dans la physionomie que dans les traits; aussi la sienne étoit-elle encore dans tout son premier éclat. Elle avoit un air caressant et tendre, un regard très-doux, un sourire angélique, une bouche à la mesure de la mienne, des cheveux cendrés d'une beauté peu commune, et auxquels elle donnoit un tour négligé qui la rendoit très-piquante. Elle étoit petite de stature, courte même, et ramassée un peu dans sa taille, quoique sans difformité; mais il étoit impossible de voir une plus belle tête, un plus beau sein, de plus belles mains et de plus beaux bras.

Son éducation avoit été fort mêlée : elle avoit ainsi que moi perdu sa mère dès sa naissance; et, recevant indifféremment des instructions comme elles s'étoient présentées, elle avoit appris un peu de sa gouvernante, un peu de son père, un peu de ses maîtres, et beaucoup de ses amants, surtout d'un M. de Tavel, qui, ayant du goût et des connoissances, en orna la personne qu'il aimoit. Mais tant de genres différents se nuisirent les uns aux autres, et le peu d'ordre qu'elle y mit empêcha que ses diverses études n'étendissent la justesse naturelle de son esprit. Ainsi, quoiqu'elle eût quelques principes de philosophie et de physique, elle ne laissa pas de prendre le goût que son père avoit pour la médecine empirique et pour l'alchimie : elle faisoit des élixirs, des teintures, des baumes, des magistères; elle prétendoit avoir des secrets. Les charlatans, profitant de sa foiblesse, s'emparèrent d'elle, l'obsédèrent, la ruinèrent, et consumèrent, au milieu des fourneaux et des drogues, son esprit, ses talents et ses charmes, dont elle eût pu faire les délices des meilleures sociétés.

Mais si de vils fripons abusèrent de son éducation mal dirigée pour obscurcir les lumières de sa raison, son excellent cœur fut à l'épreuve et demeura toujours le même : son caractère aimant et doux, sa sensibilité pour les malheureux, son inépuisable bonté, son humeur gaie, ouverte et franche, ne s'altérèrent jamais; et même aux approches de la vieillesse, dans le sein de l'indigence, des maux, des calamités diverses, la sérénité de sa belle ame lui conserva jusqu'à la fin de sa vie toute la gaieté de ses plus beaux jours.

Ses erreurs lui vinrent d'un fonds d'activité inépuisable qui vouloit sans cesse de l'occupation. Ce n'étoient pas des intrigues de femmes qu'il lui falloit, c'étoient des entreprises à faire et à diriger. Elle étoit née pour les grandes affaires. A sa place madame de Longueville n'eût été qu'une tracassière; à la place de madame de Longueville elle eût gouverné l'état. Ses talents ont été déplacés; et ce qui eût fait sa gloire dans une situation plus élevée a fait sa perte dans celle où elle a vécu. Dans les choses qui étoient à sa portée, elle étendoit toujours son plan dans sa tête et voyoit toujours son objet en grand. Cela faisoit qu'employant des moyens proportionnés à ses vues plus qu'à ses forces, elle échouoit par la faute des autres; et son projet venant à manquer, elle étoit ruinée où d'autres n'auroient presque rien perdu. Ce goût des affaires, qui lui fit tant de maux, lui fit du moins un grand bien dans son asile monastique, en l'empêchant de s'y fixer pour le reste de ses jours comme elle en étoit tentée. La vie uniforme et simple des religieuses, leur petit cailletage de parloir, tout cela ne pouvoit flatter un esprit toujours en mouvement, qui, formant chaque jour de nouveaux systèmes, avoit besoin de liberté pour s'y livrer. Le bon évêque de Bernex, avec moins d'esprit que François de Sales, lui ressembloit sur bien des points; et madame de Warens, qu'il appeloit sa fille, et qui ressembloit à madame de Chantal sur beaucoup d'autres, eût pu lui ressembler encore dans sa retraite, si son goût ne l'eût détournée de l'oisiveté d'un couvent. Ce ne fut point manque de zèle si cette aimable femme ne se livra pas aux menues pratiques de dévotion qui sembloient convenir à une nouvelle convertie vivant sous la direction d'un prélat. Quel qu'eût été le motif de son changement de religion, elle fut sincère dans celle qn'elle avoit embrassée. Elle a pu se repentir d'avoir commis la faute, mais non pas désirer d'en revenir. Elle n'est pas seulement morte bonne catholique, elle a vécu telle de bonne foi; et j'ose affirmer, moi qui pense avoir lu dans le fond de son ame, que c'étoit uniquement par aversion pour les simagrées qu'elle ne faisoit point en public la dévote : elle avoit une piété trop solide pour affecter de la dévotion. Mais ce n'est pas ici le lieu de m'étendre sur ses principes; j'aurai d'autres occasions d'en parler.

Que ceux qui nient la sympathie des ames expliquent, s'ils peuvent, comment, de la première entrevue, du premier mot, du premier regard, madame de Warens m'inspira non seulement le plus vif attachement, mais une confiance parfaite et qui ne s'est jamais démentie. Supposons que ce que j'ai senti pour elle fût véritablement de l'amour, ce qui paroîtra tout au moins douteux à qui suivra l'histoire de nos liaisons; comment cette passion fut-elle accompagnée, dès sa naissance, des sentiments qu'elle inspire le moins, la paix du cœur, le calme, la sénérité, la sécurité, l'assurance? Comment, en approchant pour la première fois d'une femme aimable, polie, éblouissante, d'une dame d'un état supérieur au mien, dont je n'avois jamais abordé la pareille, de celle dont dépendoit mon sort en quelque sorte par l'intérêt plus ou moins grand qu'elle y prendroit; comment, dis-je avec tout cela me trouvai-je à l'instant aussi libre, aussi à mon aise que si j'eusse été parfaitement sûr de lui plaire? Comment n'eus-je pas un moment d'embarras, de timidité, de gêne? Naturellement honteux, décontenancé, n'ayant jamais vu le monde, comment pris-je avec elle, du premier jour, du premier instant, les manières faciles, le langage tendre, le ton familier que j'avois dix ans après, lorsque la plus grande intimité l'eut rendu naturel? A-t-on de l'amour, je ne dis pas sans désirs, j'en avois; mais sans inquiétude, sans jalousie? Ne veut-on pas au moins apprendre de l'objet qu'on aime si l'on est aimé? C'est une question qu'il ne m'est pas plus venu dans l'esprit de lui faire une fois en ma vie que de me demander à moi-même si je m'aimois; et jamais elle n'a été plus curieuse avec moi. Il y eut certainement quelque chose de singulier dans mes sentiments pour cette charmante femme, et l'on y trouvera dans la suite des bizarreries auxquelles on ne s'attend pas.

Il fut question de ce que je deviendrois; et pour en causer plus à loisir, elle me retint à dîner. Ce fut le premier repas de ma vie où j'eusse manqué d'appétit; et sa femme de chambre, qui nous servoit, dit aussi que j'étois le premier voyageur de mon âge et de mon étoffe qu'elle en eût vu manquer. Cette remarque, qui ne me nuisit pas dans l'esprit de sa maîtresse, tomboit un peu à plomb sur un gros manant qui dînoit avec nous, et qui dévora lui tout seul un repas honnête pour six personnes. Pour moi, j'étois dans un ravissement qui ne me permettoit pas de manger. Mon cœur se nourrissoit d'un sentiment tout nouveau dont il occupoit tout mon être; il ne me laissoit des esprits pour nulle autre fonction.

Madame de Warens voulut savoir les détails de ma petite histoire : je retrouvai pour la lui conter tout le feu que j'avois perdu chez mon maître. Plus j'intéressois cette excellente ame en ma faveur, plus elle plaignoit le sort auquel j'allois m'exposer. Sa tendre compassion se marquoit dans son air, dans son regard, dans ses gestes. Elle n'osoit m'exhorter à retourner à Genève; dans sa position c'eût été un crime de lèse-catholicité, et elle n'ignoroit pas combien elle étoit surveillée et combien ses discours étoient pesés. Mais elle me parloit d'un ton si touchant de l'affliction de mon père, qu'on voyoit bien qu'elle eût approuvé que j'allasse le consoler. Elle ne savoit pas combien sans y songer elle plaidoit contre elle-même. Outre que ma résolution étoit prise, comme je crois l'avoir dit, plus je la trouvois éloquente, persuasive, plus ses discours m'alloient au cœur, et moins je pouvois me résoudre à me détacher d'elle. Je sentois que retourner à Genève étoit mettre entre elle et moi une barrière presque insurmontable, à moins de revenir à la démarche que j'avois faite, et à laquelle mieux valoit me tenir tout d'un coup. Je m'y tins donc. Madame de Warens, voyant ses efforts inutiles, ne les poussa pas jusqu'à se compromettre; mais elle me dit avec un regard de commisération : Pauvre petit, tu dois aller où Dieu t'appelle; mais quand tu seras grand, tu te souviendras de moi. Je crois qu'elle ne pensoit pas elle-même que cette prédiction s'accompliroit si cruellement.

La difficulté restoit tout entière. Comment subsister si jeune hors de mon pays? A peine à la moitié de mon apprentissage, j'étois bien loin de savoir mon métier. Quand je l'aurois su, je n'en aurois pu vivre en Savoie, pays trop pauvre pour avoir des arts. Le manant qui dînoit pour nous, forcé de faire une pause pour reposer sa mâchoire, ouvrit un avis qu'il disoit venir du ciel, et qui, à juger par les suites, venoit bien plutôt du côté contraire : c'étoit que j'allasse à Turin, où, dans un hospice établi pour l'instruction des catéchumènes, j'aurois, dit-il, la vie temporelle et spirituelle, jusqu'à ce qu'entré dans le sein de l'Église je trouvasse, par la charité des bonnes ames, une place qui me convînt. A l'égard des frais du voyage, continua mon homme, sa grandeur monseigneur l'évêque ne manquera pas, si madame lui propose cette sainte œuvre, de vouloir charitablement y pourvoir; et madame la baronne, qui est si charitable, dit-il en s'inclinaut sur son assiette, s'empressera sûrement d'y contribuer aussi.

Je trouvois toutes ces charités bien dures : j'avois le cœur serré, je ne disois rien ; et madame de Warens, sans saisir ce projet avec autant d'ardeur qu'il étoit offert, se contenta de répondre que chacun devoit contribuer au bien selon son pouvoir, et qu'elle en parleroit à monseigneur : mais mon diable d'homme, qui craignoit qu'elle n'en parlât pas à son gré, et qui avoit son petit intérêt dans cette affaire, courut prévenir les aumôniers, et emboucha si bien les bons prêtres, que quand madame de Warens, qui craignoit pour moi ce voyage, en voulut parler à l'évêque, elle trouva que c'étoit une affaire arrangée, et il lui remit à l'instant l'argent destiné pour mon petit viatique. Elle n'osa insister pour me faire rester : j'approchois d'un âge ou une femme du sien ne pouvoit décemment vouloir retenir un jeune homme auprès d'elle.

Mon voyage étant ainsi réglé par ceux qui prenoient soin de moi, il fallut bien me soumettre, et c'est même ce que je fis sans beaucoup de répugnance. Quoique Turin fût plus loin que Genève, je jugeai qu'étant la capitale elle avoit avec Annecy des relations plus étroites qu'une ville étrangère d'état et de religion : et puis, partant pour obéir à madame de Warens, je me regardois comme vivant toujours sous sa direction ; c'étoit plus que de vivre à son voisinage. Enfin l'idée d'un grand voyage flattoit ma manie ambulante, qui déjà commençoit à se déclarer. Il me paroissoit beau de passer les monts à mon âge, et de m'élever au-dessus de mes camarades de toute la hauteur des Alpes. Voir du pays est un appât auquel un Génevois ne résiste guère. Je donnai donc mon consentement. Mon manant devoit partir dans deux jours avec sa femme. Je leur fus confié et recommandé. Ma bourse leur fut remise, renforcée par madame de Warens, qui de plus me donna secrètement un petit pécule, auquel elle joignit d'amples instructions, et nous partîmes le mercredi saint.

Le lendemain de mon départ d'Annecy, mon père y arriva courant à ma piste avec un M. Rival, son ami, horloger comme lui, homme d'esprit, bel esprit même, qui faisoit des vers mieux que La Motte, et parloit presque aussi bien que lui; de plus, parfaitement honnête homme, mais dont la littérature déplacée n'aboutit qu'à faire un de ses fils comédien.

Ces messieurs virent madame de Warens, et se contentèrent de pleurer mon sort avec elle, au lieu de me suivre et de m'atteindre, comme ils l'auroient pu facilement, étant à cheval et moi à pied. La même chose était arrivée à mon oncle Bernard. Il étoit venu à Confignon; et de là, sachant que j'étois à Annecy, il s'en retourna à Genève. Il sembloit que mes proches conspirassent avec mon étoile pour me livrer au destin qui m'attendoit. Mon frère s'étoit perdu par une semblable négligence, et si bien perdu qu'on n'a jamais su ce qu'il étoit devenu.

Mon père n'étoit pas seulement un homme d'honneur, c'étoit un homme d'une probité sûre, et il avoit une de ces ames fortes qui font les grandes vertus; de plus, il étoit bon père surtout pour moi. Il m'aimoit très-tendrement; mais il aimoit aussi ses plaisirs, et d'autres goûts avoient un peu attiédi l'affection paternelle depuis que je vivois loin de lui. Il s'étoit remarié à Nyon ; et quoique sa femme ne fût plus en âge de me donner des frères, elle avoit des parents : cela faisoit une autre famille, d'autres objets, un nouveau ménage, qui ne rappeloit plus si souvent mon souvenir. Mon père vieillissoit, et n'avoit aucun bien pour soutenir sa vieillesse. Nous avions mon frère et moi quelque bien de ma mère, dont le revenu devoit appartenir à mon père durant notre éloignement. Cette idée ne s'offroit pas à lui directement, et ne l'empêchoit pas de faire son devoir; mais elle agissoit sourdement sans qu'il s'en aperçût lui-même, et ralentissoit quelquefois son zèle, qu'il eût poussé plus loin sans cela. Voilà, je crois, pourquoi, venu d'abord à Annecy sur mes traces, il ne me suivit pas jusqu'à Chambéri, où il étoit moralement sûr de m'atteindre. Voilà pourquoi encore, l'étant allé voir souvent depuis ma fuite, je reçus toujours de lui des caresses de père, mais sans grands efforts pour me retenir.

Cette conduite d'un père dont j'ai si bien connu la tendresse et la vertu m'a fait faire des réflexions sur moi-même qui n'ont pas peu contribué à me maintenir le cœur sain. J'en ai tiré cette grande maxime de morale, la seule peut-être d'usage dans la pratique, d'éviter les situations qui mettent nos devoirs en opposition avec nos intérêts, et qui nous montrent notre bien dans le mal d'autrui, sûr que, dans de telles situations, quelque sincère amour de la vertu qu'on y porte, on foiblit tôt ou tard sans s'en apercevoir; et l'on devient injuste et méchant dans le fait, sans avoir cessé d'être juste et bon dans l'ame.

Cette maxime fortement imprimée au fond de mon cœur, et mise en pratique, quoiqu'un peu tard, dans toute ma conduite, est une de celles qui m'ont donné l'air le plus bizarre et le plus fou dans le public, et surtout parmi mes connoissances. On m'a imputé de vouloir être original et faire autrement que les autres. En vérité je ne songeois guère à faire ni comme les autres ni autrement qu'eux. Je désirois sincèrement de faire ce qui étoit bien. Je me dérobois de toute ma force à des situations qui me donnassent un intérêt contraire à l'intérêt d'un autre homme, et par conséquent un désir secret, quoique involontaire, du mal de cet homme-là.

Il y a deux ans que milord Maréchal voulut me mettre dans son testament. Je m'y opposai de toute ma force. Je lui marquai que je ne voudrois pour rien au monde me savoir dans le testament de qui que ce fût, et beaucoup moins dans le sien. Il se rendit : maintenant il veut me faire une pension viagère, et je ne m'y oppose pas. On dira que je trouve mon compte à ce changement : cela peut être. Mais, ô mon bienfaiteur et mon père ! si j'ai le malheur de vous survivre, je sais qu'en vous perdant j'ai tout à perdre, et que je n'ai rien à gagner.

C'est là, selon moi, la bonne philosophie, la seule vraiment assortie au cœur humain. Je me pénètre chaque jour davantage de sa profonde solidité, et je l'ai retournée de différentes manières dans tous mes derniers écrits ; mais le public, qui est frivole, ne l'y a pas su remarquer. Si je survis assez à cette entreprise consommée pour en reprendre une autre, je me propose de donner dans la suite de l'Émile un exemple si charmant et si frappant de cette même maxime, que mon lecteur soit forcé d'y faire attention. Mais c'est assez de réflexions pour un voyageur, il est temps de reprendre ma route.

Je la fis plus agréablement que je n'aurois dû m'y attendre, et mon manant ne fut pas si bourru qu'il en avoit l'air. C'étoit un homme entre deux âges, portant en queue ses cheveux noirs grisonnants, l'air grenadier, la voix forte, assez gai, marchant bien, mangeant mieux, et qui faisoit toute sorte de métiers faute d'en savoir aucun. Il avoit proposé, je crois, d'établir à Annecy je ne sais quelle manufacture. Madame de Warens n'avoit pas manqué de donner dans le projet, et c'étoit pour tacher de le faire agréer au ministre qu'il faisoit, bien défrayé, le voyage de Turin. Notre homme avoit le talent d'intriguer en se fourrant toujours avec les prêtres, et faisant l'empressé pour les servir; il avoit pris à leur école un certain jargon dévot dont il usoit sans cesse, se piquant d'être un grand prédicateur. Il savoit même un passage latin de la Bible; et c'étoit comme s'il en avoit su mille, parce qu'il le répétoit mille fois le jour : du reste, manquant rarement d'argent quand il en savoit dans la bourse des autres; plus adroit pourtant que fripon, et qui, débitant d'un ton de racoleur ses capucinades, ressembloit à l'ermite Pierre prêchant la croisade le sabre au côté.

Pour madame Sabran, son épouse, c'étoit une assez bonne femme, plus tranquille le jour que la nuit. Comme je couchois toujours dans leur chambre, ses bruyantes insomnies m'éveilloient souvent et m'auroient éveillé bien davantage si j'en avois compris le sujet. Mais je ne m'en doutois pas même, et j'étois sur ce chapitre d'une bêtise qui a laissé à la seule nature tout le soin de mon instruction.

Je m'acheminois gaiement avec mon dévot guide et sa sémillante compagne. Nul accident ne troubla mon voyage : j'étois dans la plus heureuse situation de corps et d'esprit où j'aie été de mes jours. Jeune, vigoureux, plein de santé, de sécurité, de confiance en moi et aux autres, j'étois dans ce court mais précieux moment de la vie où sa plénitude expansive étend pour ainsi dire notre être par toutes nos sensations, et embellit à nos yeux la nature entière du charme de notre existence. Ma douce inquiétude avoit un objet qui la rendoit moins errante et fixoit mon imagination. Je me regardois comme l'ouvrage, l'élève, l'ami, presque l'amant de madame de Warens. Les choses obligeantes qu'elle m'avoit dites, les petites caresses qu'elle m'avoit faites, l'intérêt si tendre qu'elle avoit paru prendre à moi, ses regards charmants, qui me sembloient pleins d'amour parce qu'ils m'en inspiroient ; tout cela nourrissoit mes idées durant la marche, et me faisoit rêver délicieusement. Nulle crainte, nul doute sur mon sort ne troubloit ces rêveries. M'envoyer à Turin, c'étoit selon moi, s'engager à m'y faire vivre, à m'y placer convenablement. Je n'avois plus de souci sur moi-même ; d'autres s'étoient chargés de ce soin. Ainsi je marchois légèrement, allégé de ce poids ; les jeunes désirs, l'espoir enchanteur, les brillants projets remplissoient mon ame. Tous les objets que je voyois me sembloient les garants de ma prochaine félicité. Dans les maisons j'imaginois des festins rustiques; dans les prés, de folâtres jeux; le long des eaux, les bains, des promenades; la pêche; sur les arbres, des fruits délicieux; sous leur ombre, de voluptueux tête-à-tête; sur les montagnes, des cuves de lait et de crême, une oisiveté charmante, la paix, la simplicité, le plaisir d'aller sans savoir où. Enfin rien ne frappoit mes yeux sans porter à mon cœur quelque attrait de jouissance. La grandeur, la variété, la beauté réelle du spectacle, rendoient cet attrait digne de la raison; la vanité même y mêloit sa pointe. Si jeune aller en Italie, avoir déjà vu tant de pays, suivre Annibal à travers les monts, me paroissoit une gloire au-dessus de mon âge. Joignez à tout cela des stations fréquentes et bonnes, un grand appétit et de quoi le contenter; car en vérité ce n'étoit pas la peine de m'en faire faute, et sur le dîner de M. Sabran, le mien ne paroissoit pas.

Je ne me souviens pas d'avoir eu dans tout le cours de ma vie d'intervalle plus parfaitement exempt de soucis et de peine que celui des sept ou huit jours que nous mîmes à ce voyage; car le pas de madame Sabran, sur lequel il falloit régler le nôtre, n'en fit qu'une longue promenade. Ce souvenir m'a laissé le goût le plus vif pour tout ce qui s'y rapporte, surtout pour les montagnes et les voyages pédestres. Je n'ai voyagé à pied que dans mes beaux jours, et toujours avec délices. Bientôt les devoirs, les affaires, un bagage à porter, m'ont forcé de faire le monsieur et de prendre des voitures ; les soucis rongeants, les embarras, la gêne, y sont montés avec moi ; et dès-lors, au lieu qu'auparavant dans mes voyages je ne sentois que le plaisir d'aller, je n'ai plus senti que le besoin d'arriver. J'ai cherché long-temps, à Paris, deux camarades du même goût que moi qui voulussent consacrer chacun cinquante louis de sa bourse et un an de son temps à faire ensemble, à pied, le tour de l'Italie, sans autre équipage qu'un garçon qui portât avec nous un sac de nuit. Beaucoup de gens se sont présentés, enchantés de ce projet en apparence, mais au fond le prenant tous pour un pur château en Espagne, dont on cause en conversation sans vouloir l'exécuter en effet. Je me souviens que, parlant avec passion de ce projet avec Diderot et Grimm, je leur en donnai enfin la fantaisie. Je crus une fois l'affaire faite : le tout se réduisit à vouloir faire un voyage par écrit, dans lequel Grimm ne trouvoit rien de si plaisant que de faire faire à Diderot beaucoup d'impiétés, et de me faire fourrer à l'inquisition à sa place.

Mon regret d'arriver si vite à Turin fut tempéré par le plaisir de voir une grande ville, et par l'espoir d'y faire bientôt une figure digne de moi, car déjà les fumées de l'ambition me montoient à la tête; déjà je me regardois comme infiniment au-dessus de mon ancien état d'apprenti : j'étois bien loin de prévoir que dans peu j'allois être fort au-dessous.

Avant que d'aller plus loin, je dois au lecteur mon excuse ou ma justification tant sur les menus détails où je viens d'entrer que sur ceux où j'entrerai dans la suite, et qui n'ont rien d'intéressant à ses yeux. Dans l'entreprise que j'ai faite de me montrer tout entier au public, il faut que rien de moi ne lui reste obscur ou caché ; il faut que je me tienne incessamment sous ses yeux ; qu'il me suive dans tous les égarements de mon cœur, dans tous les recoins de ma vie ; qu'il ne me perde pas de vue un seul instant, de peur que, trouvant dans mon récit la moindre lacune, le moindre vide, et se demandant, Qu'a-t-il fait durant ce temps-là ? il ne m'accuse de n'avoir pas voulu tout dire. Je donne assez de prise à la malignité des hommes par mes récits, sans lui en donner encore par mon silence.

Mon petit pécule étoit parti : j'avois jasé, et mon indiscrétion ne fut pas pour mes conducteurs à pure perte. Madame Sabran trouva le moyen de m'arracher jusqu'à un petit ruban glacé d'argent que madame de Warens m'avoit donné pour ma petite épée, et que je regrettai plus que tout le reste ; l'épée même eût resté dans leurs mains si je m'étois moins obstiné. Ils m'avoient fidèlement défrayé dans la route, mais ils ne m'avoient rien laissé. J'arrive à Turin sans habits, sans argent, sans linge; et laissant très-exactement à mon seul mérite tout l'honneur de la fortune que j'allois faire.

J'avois des lettres, je les portai; et tout de suite je fus mené à l'hospice des catéchumènes pour y être instruit dans la religion pour laquelle on me vendoit ma subsistance. En entrant je vis une grosse porte à barreaux de fer, qui dès que je fus passé fut fermée à double tour sur mes talons. Ce début me parut plus imposant qu'agréable, et commençoit à me donner à penser, quand on me fit entrer dans une assez grande pièce. J'y vis pour tout meuble un autel de bois surmonté d'un grand crucifix au fond de la chambre, et autour quatre ou cinq chaises aussi de bois, et qui paroissoient avoir été cirées, mais qui seulement étoient luisantes à force de s'en servir et de les frotter. Dans cette salle d'assemblée étoient quatre ou cinq affreux bandits, mes camarades d'instruction, et qui sembloient plutôt des archers du diable que des aspirants à se faire enfants de Dieu. Deux de ces coquins étoient des Esclavons, qui se disoient Juifs et Maures, et qui, comme ils me l'avouèrent, passoient leur vie à courir l'Espagne et l'Italie, embrassant le christianisme et se faisant baptiser partout où le produit en valoit la peine. On ouvrit une autre porte de fer qui partageoit en deux un grand balcon régnant sur la cour. Par cette porte entrèrent nos sœurs les catéchumènes, qui comme moi s'alloient régénérer, non par le baptême, mais par une solennelle abjuration. C'étoient bien les plus grandes salopes et les plus vilaines coureuses qui jamais aient empuanti le bercail du Seigneur. Une seule me parut jolie et assez intéressante. Elle étoit à peu près de mon âge, peut-être un an ou deux de plus. Elle avoit des yeux fripons qui rencontroient quelquefois les miens. Cela m'inspira quelque désir de faire connoissance avec elle ; mais, pendant près de deux mois qu'elle demeura encore dans cette maison, où elle étoit depuis trois, il me fut absolument impossible de l'accoster, tant elle étoit recommandée à notre vieille geôlière, et obsédée par le saint missionnaire, qui travailloit à sa conversion avec plus de zèle que de diligence. Il falloit qu'elle fût extrêmement stupide, quoiqu'elle n'en eût pas l'air, car jamais instruction ne fut plus longue. Le saint homme ne la trouvoit toujours point en état d'abjurer. Mais elle s'ennuya de sa clôture, et dit qu'elle vouloit sortir, chrétienne ou non. Il fallut la prendre au mot tandis qu'elle consentoit encore à l'être, de peur qu'elle ne se mutinât et qu'elle ne le voulût plus.

La petite communauté fut assemblée en l'honneur du nouveau venu. On nous fit une courte exhortation ; à moi, pour m'engager à répondre à la grâce que Dieu me faisoit; aux autres, pour les inviter à m'accorder leurs prières et à m'édifier par leurs exemples. Après quoi, nos vierges étant rentrées dans leur clôture, j'eus le temps de m'étonner tout à mon aise de celle où je me trouvois.

Le lendemain matin on nous assembla de nouveau pour l'instruction; et ce fut alors que je commençai à réfléchir pour la première fois sur le pas que j'allois faire et sur les démarches qui m'y avoient entraîné.

J'ai dit, je répète et je répéterai peut-être encore une chose dont je suis tous les jours plus pénétré; c'est que si jamais enfant reçut une éducation raisonnable et saine, ç'a été moi. Né dans une famille que ses mœurs distinguoient du peuple, je n'avois reçu que des leçons de sagesse et des exemples d'honneur de tous mes parents. Mon père, quoique homme de plaisir, avoit non seulement une probité sûre, mais beaucoup de religion. Galant homme dans le monde, et chrétien dans l'intérieur, il m'avoit inspiré de bonne heure les sentiments dont il étoit pénétré. De mes trois tantes, toutes sages et vertueuses, les deux aînées étoient dévotes; et la troisième, fille à la fois pleine de grâce, d'esprit et de sens, l'étoit peut-être encore plus qu'elles, quoique avec moins d'ostentation. Du sein de cette estimable famille, je passai chez M. Lambercier, qui, bien qu'homme d'église et prédicateur, étoit croyant en dedans et faisoit presque aussi bien qu'il disoit. Sa sœur et lui cultivèrent, par des instructions douces et judicieuses, les principes de piété qu'ils trouvèrent dans mon cœur. Ces dignes gens employèrent pour cela des moyens si vrais, si discrets, si raisonnables, que, loin de m'ennuyer au sermon, je n'en sortois jamais sans être intérieurement touché et sans faire des résolutions de bien vivre, auxquelles je manquois rarement en y pensant. Chez ma tante Bernard la dévotion m'ennuyoit un peu plus, parce qu'elle en faisoit un métier. Chez mon maître je n'y pensois plus guère, sans pourtant penser différemment. Je ne trouvai point de jeunes gens qui me pervertissent. Je devins polisson, mais non libertin.

J'avois donc de la religion tout ce qu'un enfant à l'âge où j'étois en pouvoit avoir. J'en avois même davantage, car pourquoi déguiser ici ma pensée? Mon enfance ne fut point d'un enfant; je sentis, je pensai toujours en homme. Ce n'est qu'en grandissant que je suis rentré dans la classe ordinaire; en naissant, j'en étois sorti. L'on rira de me voir me donner modestement pour un prodige. Soit: mais quand on aura bien ri, qu'on trouve un enfant qu'à six ans les romans attachent, intéressent, transportent au point d'en pleurer à chaudes larmes; alors je sentirai ma vanité ridicule, et je conviendrai que j'ai tort.

Ainsi, quand j'ai dit qu'il ne falloit point parler aux enfants de religion si l'on vouloit qu'un jour ils en eussent, et qu'ils étoient incapables de connoître Dieu, même à notre manière, j'ai tiré mon sentiment de mes observations, non de ma propre expérience : je savois qu'elle ne concluoit rien pour les autres. Trouvez des Jean-Jacques Rousseau à six ans, et parlez-leur de Dieu à sept, je vous réponds que vous ne courez aucun risque.

On sent, je crois, qu'avoir de la religion, pour un enfant, et même pour un homme, c'est suivre celle où il est né. Quelquefois on en ôte ; rarement on y ajoute : la foi dogmatique est un fruit de l'éducation. Outre ce principe commun qui m'attachoit au culte de mes pères, j'avois l'aversion particulière à notre ville ¹ pour le catholicisme, qu'on nous donnoit pour une affreuse idolâtrie, et dont on nous peignoit le clergé sous les plus noires couleurs. Ce sentiment alloit si loin chez moi, qu'au commencement je n'entrevoyois jamais le dedans d'une église, je ne rencontrois jamais un prêtre en surplis, je n'entendois jamais la sonnette d'une procession sans un frémissement de terreur et d'effroi, qui me quitta bientôt dans les villes, mais qui souvent m'a repris dans les paroisses de campagne, plus semblables à celles où je l'avois

---

¹ Var. « Particulière alors à notre ville... » — Il est bien à croire que cet *alors* existoit dans le second manuscrit, et qu'il a été supprimé par les éditeurs de Genève.

d'abord éprouvé. Il est vrai que cette impression étoit singulièrement contrastée par le souvenir des caresses que les curés des environs de Genève font volontiers aux enfants de la ville. En même temps que la sonnette du viatique me faisoit peur, la cloche de la messe et de vêpres me rappeloit un déjeuner, un goûter, du beurre frais, des fruits, du laitage. Le bon dîner de M. de Pontverre avoit produit encore un grand effet. Ainsi je m'étois aisément étourdi sur tout cela. N'envisageant le papisme que par ses liaisons avec les amusements et la gourmandise, je m'étois apprivoisé sans peine avec l'idée d'y vivre ; mais celle d'y entrer solennellement ne s'étoit présentée à moi qu'en fuyant et dans un avenir éloigné. Dans ce moment il n'y eut plus moyen de prendre le change : je vis avec l'horreur la plus vive l'espèce d'engagement que j'avois pris et sa suite inévitable. Les futurs néophytes que j'avois autour de moi n'étoient pas propres à soutenir mon courage par leur exemple, et je ne pus me dissimuler que la sainte œuvre que j'allois faire n'étoit au fond que l'action d'un bandit. Tout jeune encore, je sentis que, quelque religion qui fût la vraie, j'allois vendre la mienne, et que, quand même je choisirois bien, j'allois au fond de mon cœur mentir au Saint-Esprit et mériter le mépris des hommes. Plus j'y pensois, plus je m'indignois contre moi-même ; et je gémissois du sort qui m'avoit amené là, comme si ce sort n'eût pas été mon ouvrage. Il y eut des moments où ces réflexions devinrent si fortes, que, si j'avois un instant trouvé la porte ouverte, je me serois certainement évadé; mais il ne me fut pas possible, et cette résolution ne tint pas non plus bien fortement.

Trop de désirs secrets la combattoient pour ne la pas vaincre. D'ailleurs l'obstination du dessein formé de ne pas retourner à Genève, la honte, la difficulté même de repasser les monts, l'embarras de me voir loin de mon pays sans amis, sans ressources; tout cela concouroit à me faire regarder comme un repentir tardif les remords de ma conscience : j'affectois de me reprocher ce que j'avois fait, pour excuser ce que j'allois faire. En aggravant les torts du passé j'en regardois l'avenir comme une suite nécessaire. Je ne me disois pas, Rien n'est fait encore, et tu peux être innocent si tu veux; mais je me disois, Gémis du crime dont tu t'es rendu coupable et que tu t'es mis dans la nécessité d'achever.

En effet, quelle rare force d'ame ne me falloit-il point à mon âge pour révoquer tout ce que jusque-là j'avois pu promettre ou laisser espérer, pour rompre les chaînes que je m'étois données, pour déclarer avec intrépidité que je voulois rester dans la religion de mes pères, au risque de tout ce qui en pouvoit arriver ! Cette vigueur n'étoit pas de mon âge, et il est peu probable qu'elle eût eu un heureux succès. Les choses étoient trop avancées pour qu'on voulût en avoir le démenti ; et plus ma résistance eût été grande, plus, de manière ou d'autre, on se fût fait une loi de la surmonter.

Le sophisme qui me perdit est celui de la plupart des hommes, qui se plaignent de manquer de force quand il est déjà trop tard pour en user. La vertu ne nous coûte que par notre faute; et si nous voulions être toujours sages, rarement aurionsnous besoin d'être vertueux. Mais des penchants faciles à surmonter nous entraînent sans résistance ; nous cédons à des tentations légères dont nous méprisons le danger. Insensiblement nous tombons dans des situations périlleuses, dont nous pouvions aisément nous garantir, mais dont nous ne pouvons plus nous tirer sans des efforts héroïques qui nous effraient, et nous tombons enfin dans l'abîme en disant à Dieu : Pourquoi m'as-tu fait si foible ? Mais malgré nous il répond à nos consciences : Je t'ai fait trop foible pour sortir du gouffre, parce que je t'ai fait assez fort pour n'y pas tomber.

Je ne pris pas précisément la résolution de me faire catholique; mais, voyant le terme encore éloigné, je pris le temps de m'apprivoiser à cette idée, et en attendant je me figurois quelque évènement imprévu qui me tireroit d'embarras. Je résolus, pour gagner du temps, de faire la plus belle défense qu'il me seroit possible. Bientôt ma vanité me dispensa de songer à ma résolution; et dès que je m'aperçus que j'embarrassois quelquefois ceux qui vouloient m'instruire, il ne m'en fallut pas davantage pour chercher à les terrasser tout-à-fait. Je mis même à cette entreprise un zèle bien ridicule; car, tandis qu'ils travailloient sur moi, je voulus travailler sur eux. Je croyois bonnement qu'il ne falloit que les convaincre pour les engager à se faire protestants.

Ils ne trouvèrent donc pas en moi tout-à-fait autant de facilité qu'ils en attendoient, ni du côté des lumières ni du côté de la volonté. Les protestants sont généralement mieux instruits que les catholiques. Cela doit être : la doctrine des uns exige la discussion, celle des autres la soumission. Le catholique doit adopter la décision qu'on lui donne, le protestant doit apprendre à se décider. On savoit cela; mais on n'attendoit ni de mon état ni de mon âge de grandes difficultés pour des gens exercés. D'ailleurs je n'avois point fait encore ma première communion ni reçu les instructions qui s'y rapportent : on le savoit encore; mais on ne savoit pas qu'en revanche j'avois été bien instruit chez M. Lambercier, et que de plus j'avois pardevers moi un petit magasin fort incommode à ces messieurs, dans l'histoire de l'Église et de l'Empire, que j'avois apprise presque par cœur chez mon père, et depuis à peu près oubliée, mais qui me revint à mesure que la dispute s'échauffoit.

Un vieux prêtre, petit mais assez vénérable, nous fit en commun la première conférence. Cette conférence étoit pour mes camarades un catéchisme plutôt qu'une controverse, et il avoit plus à faire à les instruire qu'à résoudre leurs objections. Il n'en fut pas de même avec moi. Quand mon tour vint, je l'arrêtai sur tout; je ne lui sauvai pas une des difficultés que je pus lui faire. Cela rendit la conférence fort longue et fort ennuyeuse pour les assistants. Mon vieux prêtre parloit beaucoup, s'échauffoit, battoit la campagne, et se tiroit d'affaire en disant qu'il n'entendoit pas bien le françois. Le lendemain, de peur que mes indiscrètes objections ne scandalisassent mes camarades, on me mit à part dans une autre chambre avec un autre prêtre, plus jeune, beau parleur, c'est-à-dire faiseur de longues phrases, et content de lui si jamais docteur le fut. Je ne me laissai pourtant pas trop subjuguer à sa mine imposante; et, sentant qu'après tout je faisois ma tâche, je me mis à lui répondre avec assez d'assurance et à le bourrer par-ci par-là du mieux que je pus. Il croyoit m'assommer avec saint Augustin, saint Grégoire et les autres pères, et il trouvoit, avec une surprise incroyable, que je maniois tous ces pères-là presque aussi légèrement que lui : ce n'étoit pas que je les eusse jamais lus, ni lui peut-être; mais j'en avois retenu beaucoup de passages tirés de mon Le Sueur; et sitôt qu'il m'en citoit un, sans disputer sur la citation je lui ripostois par un autre du même père, et qui souvent l'embarrassoit beaucoup. Il l'emportoit pourtant à la fin par deux raisons : l'une, qu'il étoit le plus fort, et que, me sentant pour ainsi dire à sa merci, je jugeai très-bien, quelque jeune que je fusse, qu'il ne falloit pas le pousser à bout; car je voyois assez que le vieux petit prêtre n'avoit pris en amitié ni mon érudition ni moi : l'autre raison étoit que le jeune avoit de l'étude, et que je n'en avois point. Cela faisoit qu'il mettoit dans sa manière d'argumenter une méthode que je ne pouvois pas suivre, et que, sitôt qu'il se sentoit pressé d'une objection imprévue, il la remettoit au lendemain, disant que je sortois du sujet présent. Il rejetoit même quelquefois toutes mes citations, soutenant qu'elles étoient fausses; et, s'offrant à m'aller chercher le livre, me défioit de les y trouver. Il sentoit qu'il ne risquoit pas grand'chose, et qu'avec toute mon érudition d'emprunt j'étois trop peu exercé à manier les livres, et trop peu latiniste pour trouver un passage dans un gros volume, quand même je serois assuré qu'il y est. Je le soupçonne même d'avoir usé de l'infidélité dont il accusoit les ministres, et d'avoir fabriqué quelquefois des passages pour se tirer d'une objection qui l'incommodoit.

Tandis que duroient ces petites ergoteries, et que les jours se passoient à disputer, à marmotter des prières et à faire le vaurien, il m'arriva une petite vilaine aventure assez dégoûtante, et qui faillit même à tourner fort mal pour moi.

Il n'y a point d'ame si vile et de cœur si barbare qui ne soit susceptible de quelque sorte d'attachement. L'un de ces deux bandits qui se disoient Maures me prit en affection. Il m'accostoit volontiers, causoit avec moi dans son baragouin franc, me rendoit de petits services, me faisoit part quelquefois de sa portion à table, et me donnoit surtout de fréquents baisers avec une ardeur qui m'étoit fort incommode. Quelque effroi que j'eusse naturellement de ce visage de pain d'épice orné d'une longue balafre, et de ce regard allumé qui sembloit plutôt furieux que tendre, j'endurois ces baisers en me disant en moi-même : Le pauvre homme a conçu pour moi une amitié bien vive; j'aurois tort de le rebuter. Il passoit par degré à des manières plus libres, et me tenoit quelquefois de si singuliers propos, que je croyois que la tête lui avoit tourné. Un soir il vouloit venir coucher avec moi; je m'y opposai disant que mon lit étoit trop petit. Il me pressa d'aller dans le sien; je le refusai encore : car ce misérable étoit si malpropre et puoit si fort le tabac mâché, qu'il me faisoit mal au cœur.

Le lendemain, d'assez bon matin, nous étions tous deux seuls dans la salle d'assemblée; il recommença ses caresses, mais avec des mouvements si violents qu'il en étoit effrayant. Enfin il voulut passer par degrés aux privautés les plus choquantes, et me forcer, en disposant de ma main, d'en faire autant. Je me dégageai impétueusement en poussant un cri et faisant un saut en arrière, et sans marquer ni indignation ni colère, car je n'avois pas la moindre idée de ce dont il s'agissoit : j'exprimai ma surprise et mon dégoût avec tant d'énergie, qu'il me laissa là : mais tandis qu'il achevoit de se démener, je vis partir vers la cheminée et tomber à terre je ne sais quoi de gluant et de blanchâtre qui me fit soulever le cœur. Je m'élançai sur le balcon, plus ému, plus troublé, plus effrayé même que je ne l'avois été de ma vie, et prêt à me trouver mal.

Je ne pouvois comprendre ce qu'avoit ce malheureux; je le crus atteint du haut mal, ou de quelque autre frénésie encore plus terrible; et véritablement je ne sache rien de plus hideux à voir pour quelqu'un de sang-froid que cet obscène et sale maintien, et ce visage affreux enflammé de la plus brutale concupiscence. Je n'ai jamais vu d'autre homme en pareil état; mais si nous sommes ainsi près des femmes, il faut qu'elles aient les yeux bien fascinés pour ne pas nous prendre en horreur.

Je n'eus rien de plus pressé que d'aller conter à tout le monde ce qui venoit de m'arriver. Notre vieille intendante me dit de me taire; mais je vis que cette histoire l'avoit fort affectée, et je l'entendois grommeler entre ses dents: *Can maledet!*

brutta bestia! Comme je ne comprenois pas pourquoi je devois me taire, j'allai toujours mon train malgré la défense, et je bavardai tant que le lendemain un des administrateurs vint de bon matin m'adresser une mercuriale assez vive, m'accusant de commettre l'honneur d'une maison sainte, et de faire beaucoup de bruit pour peu de mal.

Il prolongea sa censure en m'expliquant beaucoup de choses que j'ignorois, mais qu'il ne croyoit pas m'apprendre, persuadé que je m'étois défendu sachant ce qu'on me vouloit, mais n'y voulant pas consentir. Il me dit gravement que c'étoit une œuvre défendue comme la paillardise; mais dont au reste l'intention n'étoit pas plus offensante pour la personne qui en étoit l'objet, et qu'il n'y avoit pas de quoi s'irriter si fort pour avoir été trouvé aimable. Il me dit sans détour que lui-même, dans sa jeunesse, avoit eu le même honneur, et qu'ayant été surpris hors d'état de faire résistance, il n'avoit rien trouvé là de si cruel. Il poussa l'impudence jusqu'à se servir des propres termes; et, s'imaginant que la cause de ma résistance étoit la crainte de la douleur, il m'assura que cette crainte étoit vaine, et qu'il ne falloit pas s'alarmer de rien.

J'écoutois cet infâme avec un étonnement d'autant plus grand qu'il ne parloit point pour lui-même; il sembloit ne m'instruire que pour mon bien. Son discours lui paroissoit si simple, qu'il n'avoit pas même cherché le secret du tête-à-tête;

et nous avions en tiers un ecclésiastique que tout cela n'effarouchoit pas plus que lui. Cet air naturel m'en imposa tellement, que j'en vins à croire que c'étoit sans doute un usage admis dans le monde, et dont je n'avois pas eu plus tôt occasion d'être instruit. Cela fit que je l'écoutai sans colère, mais non sans dégoût. L'image de ce qui m'étoit arrivé, mais surtout de ce que j'avois vu, restoit si fortement empreinte dans ma mémoire, qu'en y pensant le cœur me soulevoit encore. Sans que j'en susse davantage, l'aversion de la chose s'étendit à l'apologiste; et je ne pus me contraindre assez pour qu'il ne vît pas le mauvais effet de ses leçons. Il me lança un regard peu caressant, et dès-lors il n'épargna rien pour me rendre le séjour de l'hospice désagréable. Il y parvint si bien, que, n'apercevant pour en sortir qu'une seule voie, je m'empressai de la prendre, autant que jusque-là je m'étois efforcé de l'éloigner.

Cette aventure me mit pour l'avenir à couvert des entreprises des chevaliers de la manchette; et la vue des gens qui passoient pour en être, me rappelant l'air et les gestes de mon effroyable Maure, m'a toujours inspiré tant d'horreur, que j'avois peine à la cacher. Au contraire, les femmes gagnèrent beaucoup dans mon esprit à cette comparaison : il me sembloit que je leur devois en tendresse de sentiments, en hommage de ma personne, la réparation des offenses de mon sexe, et la plus laide guenon devenoit à mes yeux un objet adorable, par le souvenir de ce faux Africain.

Pour lui, je ne sais ce qu'on put lui dire; il ne me parut pas que, excepté la dame Lorenza, personne le vît de plus mauvais œil qu'auparavant. Cependant il ne m'accosta ni ne me parla plus. Huit jours après, il fut baptisé en grande cérémonie, et habillé de blanc de la tête aux pieds, pour représenter la candeur de son ame régénérée. Le lendemain il sortit de l'hospice, et je ne l'ai jamais revu.

Mon tour vint un mois après; car il fallut tout ce temps-là pour donner à mes directeurs l'honneur d'une conversion difficile, et l'on me fit passer en revue tous les dogmes pour triompher de ma nouvelle docilité.

Enfin, suffisamment instruit et suffisamment disposé au gré de mes maîtres, je fus mené processionnellement à l'église métropolitaine de Saint-Jean pour y faire une abjuration solennelle, et recevoir les accessoires du baptême, quoiqu'on ne me rebaptisât pas réellement : mais comme ce sont à peu près les mêmes cérémonies, cela sert à persuader au peuple que les protestants ne sont pas chrétiens. J'étois revêtu d'une certaine robe grise, garnie de brandebourgs blancs, et destinée pour ces sortes d'occasions. Deux hommes portoient, devant et derrière moi, des bassins de cuivre, sur lesquels ils frappoient avec une clef, et où chacun mettoit son aumône au gré de sa dévotion ou de l'intérêt qu'il prenoit au nouveau converti. Enfin rien du faste catholique ne fut omis pour rendre la solennité plus édifiante pour le public, et plus humiliante pour moi. Il n'y eut que l'habit blanc, qui m'eût été fort utile, et qu'on ne me donna pas comme au Maure, attendu que je n'avois pas l'honneur d'être juif.

Ce ne fut pas tout : il fallut ensuite aller à l'inquisition recevoir l'absolution du crime d'hérésie, et rentrer dans le sein de l'Église avec la même cérémonie à laquelle Henri IV fut soumis par son ambassadeur. L'air et les manières du très-révérend père inquisiteur n'étoient pas propres à dissiper la terreur secrète qui m'avoit saisi en entrant dans cette maison. Après plusieurs questions sur ma foi, sur mon état, sur ma famille, il me demanda brusquement si ma mère étoit damnée. L'effroi me fit réprimer le premier mouvement de mon indignation ; je me contentai de répondre que je voulois espérer qu'elle ne l'étoit pas, et que Dieu avoit pu l'éclairer à sa dernière heure. Le moine se tut, mais il fit une grimace qui ne me parut point du tout un signe d'approbation.

Tout cela fait, au moment où je pensois être enfin placé selon mes espérances, on me mit à la porte avec un peu plus de vingt francs en petite monnoie qu'avoit produits ma quête. On me recommanda de vivre en bon chrétien, d'être fidèle à la grâce; on me souhaita bonne fortune, on ferma sur moi la porte, et tout disparut.

Ainsi s'éclipsèrent en un instant toutes mes grandes espérances, et il ne me resta de la démarche intéressée que je venois de faire que le souvenir d'avoir été apostat[1] et dupe tout à la fois. Il est aisé de juger quelle brusque révolution dut se faire dans mes idées, lorsque de mes brillants projets de fortune je me vis tomber dans la plus complète misère, et qu'après avoir délibéré le matin sur le choix du palais que j'habiterois, je me vis le soir réduit à coucher dans la rue. On croira que je commençai par me livrer à un désespoir d'autant plus cruel que le regret de mes fautes devoit s'irriter en me reprochant que tout mon malheur étoit mon ouvrage. Rien de tout cela. Je venois pour la première fois de ma vie d'être enfermé pendant plus de deux mois; le premier sentiment que je goûtai fut celui de la liberté que j'avois recouvrée. Après un long esclavage, redevenu maître de moi-même et de mes actions, je me voyois au milieu d'une grande ville abondante en ressources, pleine de gens de condition dont mes talents et mon mérite ne pouvoient manquer

---

[1] Rousseau étoit à peine âgé de seize ans. Il en avoit quarante lorsqu'il rentra dans la religion de ses pères, prétendant qu'on devoit toujours rester dans celle où l'on était né. Voyez dans *la Correspondance* (octobre 1768) une lettre intéressante sur ce sujet.

de me faire accueillir sitôt que j'en serois connu. J'avois de plus tout le temps d'attendre, et vingt francs que j'avois dans ma poche me sembloient un trésor qui ne pouvoit s'épuiser. J'en pouvois disposer à mon gré sans rendre compte à personne. C'étoit la première fois que je m'étois vu si riche. Loin de me livrer au découragement et aux larmes, je ne fis que changer d'espérances, et l'amour-propre n'y perdit rien. Jamais je ne me sentis tant de confiance et de sécurité : je croyois déjà ma fortune faite, et je trouvois beau de n'en avoir l'obligation qu'à moi seul.

La première chose que je fis fut de satisfaire ma curiosité en parcourant toute la ville, quand ce n'eût été que pour faire un acte de ma liberté. J'allai voir monter la garde ; les instruments militaires me plaisoient beaucoup. Je suivis des processions ; j'aimois le faux-bourdon des prêtres. J'allai voir le palais du roi : j'en approchois avec crainte ; mais voyant d'autres gens entrer, je fis comme eux ; on me laissa faire. Peut-être dus-je cette grâce au petit paquet que j'avois sous le bras. Quoi qu'il en soit, je conçus une grande opinion de moi-même en me trouvant dans ce palais ; déjà je m'en regardois presque comme un habitant. Enfin, à force d'aller et venir, je me lassai ; j'avois faim ; il faisoit chaud : j'entrai chez une marchande de laitage ; on me donna de la giuncà, du lait caillé ; et avec deux grisses de cet excellent pain de Piémont, que j'aime plus qu'aucun autre, je fis pour mes cinq ou six sous un des bons dîners que j'aie faits de mes jours.

Il fallut chercher un gîte. Comme je savois déjà assez de piémontois pour me faire entendre, il ne fut pas difficile à trouver, et j'eus la prudence de le choisir plus selon ma bourse que selon mon goût. On m'enseigna[1] dans la rue du Pô la femme d'un soldat qui retiroit à un sou par nuit des domestiques hors de service. Je trouvai chez elle un grabat vide, et je m'y établis. Elle étoit jeune et nouvellement mariée, quoiqu'elle eût déjà cinq ou six enfants. Nous couchâmes tous dans la même chambre, la mère, les enfants, les hôtes : et cela dura de cette façon tant que je restai chez elle. Au demeurant c'étoit une bonne femme, jurant comme un charretier, toujours débraillée et décoiffée, mais douce de cœur, officieuse, qui me prit en amitié, et qui même me fut utile.

Je passai plusieurs jours à me livrer uniquement au plaisir de l'indépendance et de la curiosité. J'allois errant dedans et dehors la ville, furetant, visitant tout ce qui me paroissoit curieux et nouveau ; et tout l'étoit pour un jeune homme sortant de sa niche, qui n'avoit jamais vu de capitale. J'étois surtout fort exact à faire ma cour, et j'assistois régulièrement tous les matins à la messe du roi. Je trouvois beau de me voir dans la même cha-

---

[1] Var. « On m'indiqua. »

pelle avec ce prince et sa suite : mais ma passion pour la musique, qui commençoit à se déclarer, avoit plus de part à mon assiduité que la pompe de la cour, qui, bientôt vue et toujours la même, ne frappe pas long-temps. Le roi de Sardaigne avoit alors la meilleure symphonie de l'Europe : Somis, Desjardins, les Bezuzzi, y brilloient alternativement. Il n'en falloit pas tant pour attirer un jeune homme que le jeu du moindre instrument, pourvu qu'il fût juste, transportoit d'aise. Du reste je n'avois pour la magnificence qui frappoit mes yeux qu'une admiration stupide et sans convoitise. La seule chose qui m'intéressât dans tout l'éclat de la cour étoit de voir s'il n'y auroit point là quelque jeune princesse qui méritât mon hommage, et avec laquelle je pusse faire un roman.

Je faillis en commencer un dans un état moins brillant, mais où, si je l'eusse mis à fin, j'aurois trouvé des plaisirs mille fois plus délicieux.

Quoique je vécusse avec beaucoup d'économie, ma bourse insensiblement s'épuisoit. Cette économie, au reste, étoit moins l'effet de la prudence que d'une simplicité de goût que même aujourd'hui l'usage des grandes tables n'a point altérée. Je ne connoissois pas et je ne connois pas encore de meilleure chère que celle d'un repas rustique. Avec du laitage, des œufs, des herbes, du fromage, du pain bis et du vin passable, on est toujours sûr de me bien régaler ; mon bon appétit fera le reste quand un maître-d'hôtel et des laquais autour de moi ne me rassasieront pas de leur importun aspect. Je faisois alors de beaucoup meilleurs repas avec six ou sept sous de dépense, que je ne les ai faits depuis à six ou sept francs. J'étois donc sobre, faute d'être tenté de ne pas l'être : encore ai-je tort d'appeler tout cela sobriété, car j'y mettois toute la sensualité possible. Mes poires, ma giuncà, mon fromage, mes grisses, et quelques verres d'un gros vin de Montferrat à couper par tranches, me rendoient le plus heureux des gourmands. Mais encore avec tout cela pouvoit-on voir la fin de vingt livres. C'étoit ce que j'apercevois plus sensiblement de jour en jour ; et, malgré l'étourderie de mon âge, mon inquiétude sur l'avenir alla bientôt jusqu'à l'effroi. De tous mes châteaux en Espagne il ne me resta que celui de trouver une occupation qui me fît vivre, encore n'étoit-il pas facile à réaliser. Je songeai à mon ancien métier; mais je ne le savois pas assez pour aller travailler chez un maître, et les maîtres même n'abondoient pas à Turin. Je pris donc, en attendant mieux, le parti d'aller m'offrir de boutique en boutique pour graver un chiffre ou des armes sur de la vaisselle, espérant tenter les gens par le bon marché en me mettant à leur discrétion. Cet expédient ne fut pas fort heureux. Je fus presque partout éconduit; et ce que je trouvois à faire étoit si peu de chose, qu'à peine y gagnaije quelques repas. Un jour cependant, passant d'assez bon matin dans la Contrà nova, je vis, à travers les vitres d'un comptoir, une jeune marchande de si bonne grâce et d'un air si attirant, que, malgré ma timidité près des dames, je n'hésitai pas d'entrer, et de lui offrir mon petit talent. Elle ne me rebuta point, me fit asseoir, conter ma petite histoire, me plaignit, me dit d'avoir bon courage, et que les bons chrétiens ne m'abandonneroient pas; puis, tandis qu'elle envoyoit chercher chez un orfèvre du voisinage les outils dont j'avois dit avoir besoin, elle monta dans sa cuisine, et m'apporta elle-même à déjeuner. Ce début me parut de bon augure; la suite ne le démentit pas. Elle parut contente de mon petit travail, encore plus de mon petit babil quand je me fus un peu rassuré; car elle étoit brillante et parée, et, malgré son air gracieux, cet éclat m'en avoit imposé. Mais son accueil plein de bonté, son ton compatissant, ses manières douces et caressantes, me mirent bientôt à mon aise. Je vis que je réussissois, et cela me fit réussir davantage. Mais quoique Italienne, et trop jolie pour n'être pas un peu coquette, elle étoit pourtant si modeste, et moi si timide, qu'il étoit difficile que cela vînt sitôt à bien. On ne nous laissa pas le temps d'achever l'aventure. Je ne m'en rappelle qu'avec plus de charmes les courts moments que j'ai passés auprès d'elle ; et je puis dire y avoir goûté dans leurs prémices les plus doux ainsi que les plus purs plaisirs de l'amour.

C'étoit une brune extrêmement piquante, mais dont le bon naturel peint sur son joli visage rendoit la vivacité touchante. Elle s'appeloit madame Basile. Son mari, plus âgé qu'elle et passablement jaloux, la laissoit, durant ses voyages, sous la garde d'un commis trop maussade pour être séduisant, et qui ne laissoit pas d'avoir des prétentions pour son compte, qu'il ne montroit guère que par sa mauvaise humeur. Il en prit beaucoup contre moi, quoique j'aimasse à l'entendre jouer de la flûte, dont il jouoit assez bien. Ce nouvel Égisthe grognoit toujours quand il me voyoit entrer chez sa dame : il me traitoit avec un dédain qu'elle lui rendoit bien. Il sembloit même qu'elle se plût, pour le tourmenter, à me caresser en sa présence ; et cette sorte de vengeance, quoique fort de mon goût, l'eût été bien plus dans le tête-à-tête. Mais elle ne la poussoit pas jusque-là, ou du moins ce n'étoit pas de la même manière. Soit qu'elle me trouvât trop jeune, soit qu'elle ne sût point faire les avances, soit qu'elle voulût sérieusement être sage, elle avoit alors une sorte de réserve qui n'étoit pas repoussante, mais qui m'intimidoit sans que je susse pourquoi. Quoique je ne me sentisse pas pour elle ce respect aussi vrai que tendre que j'avois pour madame de Warens, je me sentois plus de crainte et bien moins de familiarité. J'étois embarrassé, tremblant ; je n'osois la regarder, je n'osois respirer auprès d'elle; cependant je craignois plus que la mort de m'en éloigner. Je dévorois d'un œil avide tout ce que je pouvois regarder sans être aperçu, les fleurs de sa robe, le bout de son joli pied, l'intervalle d'un bras ferme et blanc qui paroissoit entre son gant et sa manchette, et celui qui se faisoit quelquefois entre son tour de gorge et son mouchoir. Chaque objet ajoutoit à l'impression des autres. A force de regarder ce que je pouvois voir, et même au-delà, mes yeux se troubloient, ma poitrine s'oppressoit, ma respiration, d'instant en instant plus embarrassée, me donnoit beaucoup de peine à gouverner, et tout ce que je pouvois faire étoit de filer sans bruit des soupirs fort incommodes dans le silence où nous étions assez souvent. Heureusement madame Basile, occupée à son ouvrage, ne s'en apercevoit pas, à ce qu'il me sembloit. Cependant je voyois quelquefois, par une sorte de sympathie, son fichu se renfler assez fréquemment. Ce dangereux spectacle achevoit de me perdre; et, quand j'étois prêt à céder à mon transport, elle m'adressoit quelque mot d'un ton tranquille qui me faisoit rentrer en moi-même à l'instant.

Je la vis plusieurs fois seule de cette manière, sans que jamais un mot, un geste, un regard même trop expressif marquât entre nous la moindre intelligence. Cet état, très-tourmentant pour moi, faisoit cependant mes délices, et à peine dans la simplicité de mon cœur pouvois-je imaginer pourquoi j'étois si tourmenté. Il paroissoit que ces petits tête-à-tête ne lui déplaisoient pas non plus, du moins elle en rendoit les occasions assez fréquentes; soin bien gratuit assurément de sa part pour l'usage qu'elle en faisoit et qu'elle m'en laissoit faire.

Un jour qu'ennuyée des sots colloques du commis, elle avoit monté dans sa chambre, je me hâtai, dans l'arrière-boutique où j'étois, d'achever ma petite tâche et je la suivis. Sa chambre étoit entr'ouverte; j'y entrai sans être aperçu. Elle brodoit près d'une fenêtre, ayant en face le côté de la chambre opposé à la porte. Elle ne pouvoit me voir entrer, ni m'entendre, à cause du bruit que des chariots faisoient dans la rue. Elle se mettoit toujours bien : ce jour-là sa parure approchoit de la coquetterie. Son attitude étoit gracieuse, sa tête un peu baissée laissoit voir la blancheur de son cou; ses cheveux relevés avec élégance étoient ornés de fleurs. Il régnoit dans toute sa figure un charme que j'eus le temps de considérer, et qui me mit hors de moi. Je me jetai à genoux à l'entrée de la chambre en tendant les bras vers elle d'un mouvement passionné, bien sûr qu'elle ne pouvoit m'entendre; et ne pensant pas qu'elle pût me voir : mais il y avoit à la cheminée une glace qui me trahit. Je ne sais quel effet ce transport fit sur elle : elle ne me regarda point, ne me parla point ; mais, tournant à demi la tête, d'un simple mouvement de doigt elle me montra la natte à ses pieds. Tressaillir, pousser un cri, m'élancer à la place qu'elle m'avoit marquée, ne fut pour moi qu'une même chose : mais ce qu'on auroit peine à croire est que dans cet état je n'osai rien entreprendre au-delà, ni dire un seul mot, ni lever les yeux sur elle, ni la toucher même, dans une attitude aussi contrainte, pour m'appuyer un instant sur ses genoux. J'étois muet, immobile ; mais non pas tranquille assurément : tout marquoit en moi l'agitation, la joie, la reconnoissance, les ardents désirs incertains dans leur objet, et contenus par la frayeur de déplaire sur laquelle mon jeune cœur ne pouvoit se rassurer.

Elle ne paroissoit ni plus tranquille ni moins timide que moi. Troublée de me voir là, interdite de m'y avoir attiré, et commençant à sentir toute la conséquence d'un signe parti sans doute avant la réflexion, elle ne m'accueilloit ni ne me repoussoit ; elle n'ôtoit pas les yeux de dessus son ouvrage, elle tâchoit de faire comme si elle ne m'eût pas vu à ses pieds : mais toute ma bêtise ne m'empêchoit pas de juger qu'elle partageoit mon embarras, peut-être mes désirs, et qu'elle étoit retenue par une honte semblable à la mienne, sans que cela me donnât la force de la surmonter. Cinq ou six ans qu'elle avoit de plus que moi devoient, selon moi, mettre de son côté toute la hardiesse, et je me disois que, puisqu'elle ne faisoit rien pour exciter la mienne, elle ne vouloit pas que j'en eusse. Même encore aujourd'hui je trouve que je pensois juste, et sûrement elle avoit trop d'esprit pour ne pas voir qu'un novice tel que moi avoit besoin non seulement d'être encouragé, mais d'être instruit.

Je ne sais comment eût fini cette scène vive et muette, ni combien de temps j'aurois demeuré immobile dans cet état ridicule et délicieux, si nous n'eussions été interrompus. Au plus fort de mes agitations, j'entendis ouvrir la porte de la cuisine, qui touchoit la chambre où nous étions, et madame Basile alarmée me dit vivement de la voix et du geste : Levez-vous, voici Rosina. En me levant en hâte, je saisis une main qu'elle me tendoit, et j'y appliquai deux baisers brûlants, au second desquels je sentis cette charmante main se presser un peu contre mes lèvres. De mes jours je n'eus un si doux moment : mais l'occasion que j'avois perdue ne revint plus, et nos jeunes amours en restèrent là.

C'est peut-être pour cela même que l'image de cette aimable femme est restée empreinte au fond de mon cœur en traits si charmants. Elle s'y est même embellie à mesure que j'ai mieux connu le monde et les femmes. Pour peu qu'elle eût eu d'expérience, elle s'y fût prise autrement pour animer un petit garçon : mais si son cœur étoit foible, il étoit honnête; elle cédoit involontairement au penchant qui l'entraînoit : c'étoit, selon toute apparence, sa première infidélité, et j'aurois peut-être eu plus à faire à vaincre sa honte que la mienne. Sans en être venu là, j'ai goûté près d'elle des douceurs inexprimables. Rien de tout ce que m'a fait sentir la possession des femmes ne vaut les deux minutes que j'ai passées à ses pieds sans même oser toucher à sa robe. Non, il n'y a point de jouissances pareilles à celle que peut donner une honnête femme qu'on aime; tout est faveur auprès d'elle. Un petit signe du doigt, une main légèrement pressée contre ma bouche, sont les seules faveurs que je reçus jamais de madame Basile, et le souvenir de ces faveurs si légères me transporte encore en y pensant.

Les deux jours suivants j'eus beau guetter un nouveau tête-à-tête, il me fut impossible d'en trouver le moment, et je n'aperçus de sa part aucun soin pour le ménager. Elle eut même le maintien non plus froid, mais plus retenu qu'à l'ordinaire ; et je crois qu'elle évitoit mes regards de peur de ne pouvoir assez gouverner les siens. Son maudit commis fut plus désolant que jamais : il devint même railleur, goguenard; il me dit que je ferois mon chemin près des dames. Je tremblois d'avoir commis quelque indiscrétion ; et, me regardant déjà comme d'intelligence avec elle, je voulus couvrir du mystère un goût qui jusqu'alors n'en avoit pas grand besoin. Cela me rendit plus circonspect à saisir les occasions de le satisfaire; et à force de les vouloir sûres, je n'en trouvai plus du tout.

Voici encore une autre folie romanesque dont jamais je n'ai pu me guérir, et qui, jointe à ma timidité naturelle, a beaucoup démenti les prédictions du commis. J'aimois trop sincèrement, trop parfaitement, j'ose dire, pour pouvoir aisément être heureux. Jamais passions ne furent en même temps plus vives et plus pures que les miennes; jamais amour ne fut plus tendre, plus vrai, plus désintéressé. J'aurois mille fois sacrifié mon bonheur à celui de la personne que j'aimois; sa réputation m'étoit plus chère que ma vie, et jamais pour tous les plaisirs de la jouissance je n'aurois voulu compromettre un moment son repos. Cela m'a fait apporter tant de soins, tant de secret, tant de précaution dans mes entreprises, que jamais aucune n'a pu réussir. Mon peu de succès près des femmes est toujours venu de les trop aimer.

Pour revenir au flûteur Égisthe, ce qu'il y avoit de singulier étoit qu'en devenant plus insupportable le traître sembloit devenir plus complaisant. Dès le premier jour que sa dame m'avoit pris en affection, elle avoit songé à me rendre utile dans le magasin. Je savois passablement l'arithmétique; elle lui avoit proposé de m'apprendre à tenir les livres : mais mon bourru reçut très-mal la proposition, craignant peut-être d'être supplanté. Ainsi tout mon travail après mon burin étoit de transcrire quelques comptes et mémoires, de mettre au net quelques livres, et de traduire quelques lettres de commerce d'italien en français. Tout d'un coup mon homme s'avisa de revenir à la proposition faite et rejetée, et dit qu'il m'apprendroit les comptes à parties doubles ; et qu'il vouloit me mettre en état d'offrir mes services à M. Basile quand il seroit de retour. Il y avoit dans son ton, dans son air, je ne sais quoi de faux, de malin, d'ironique, qui ne me donnoit pas de la confiance. Madame Basile, sans attendre sa réponse, lui dit sèchement que je lui étois obligé de ses offres, qu'elle espéroit que la fortune favoriseroit enfin mon mérite, et que ce seroit grand dommage qu'avec tant d'esprit je ne fusse qu'un commis.

Elle m'avoit dit plusieurs fois qu'elle vouloit me faire faire une connoissance qui pourroit m'être utile. Elle pensoit assez sagement pour sentir qu'il étoit temps de me détacher d'elle. Nos muettes déclarations s'étoient faites le jeudi : le dimanche elle donna un dîner, où je me trouvai et où se trouva aussi un jacobin de bonne mine auquel elle me présenta. Le moine me traita très-affectueusement, me félicita sur ma conversion ; et me dit plusieurs choses sur mon histoire qui m'apprirent qu'elle la lui avoit détaillée ; puis me donnant deux petits coups d'un revers de main sur la joue, il me dit d'être sage, d'avoir bon courage, et de l'aller voir, que nous causerions plus à loisir ensemble. Je jugeai, par les égards que tout le monde avoit pour lui, que c'étoit un homme de considération, et par le ton paternel qu'il prenoit avec madame Basile, qu'il étoit son confesseur. Je me rappelle bien aussi que sa décente familiarité étoit mêlée de marques d'estime et même de respect pour sa pénitente, qui me firent alors moins d'impression qu'elles ne m'en font aujourd'hui. Si j'avois eu plus d'intelligence, combien j'eusse été touché d'avoir pu rendre sensible une jeune femme respectée par son confesseur !

La table ne se trouva pas assez grande pour le nombre que nous étions ; il en fallut une petite, où j'eus l'agréable tête-à-tête [1] de monsieur le commis. Je n'y perdis rien du côté des attentions et de la bonne chère ; il y eut bien des assiettes envoyées à la petite table dont l'intention n'étoit sûrement pas pour lui. Tout alloit très-bien jusque-là : les femmes étoient fort gaies, les hommes fort galants ; madame Basile faisoit les honneurs avec une grâce charmante. Au milieu du dîner, l'on entend arrêter une chaise à la porte ; quelqu'un monte, c'est M. Basile. Je le vois comme s'il entroit actuellement, en habit d'écarlate à boutons

---

[1] Var. « L'agréable vis-à-vis. »

d'or, couleur que j'ai prise en aversion depuis ce jour-là. M. Basile étoit un grand et bel homme qui se présentoit très-bien. Il entre avec fracas, et de l'air de quelqu'un qui surprend son monde, quoiqu'il n'y eût là que de ses amis. Sa femme lui saute au cou, lui prend les mains, lui fait mille caresses qu'il reçoit sans les lui rendre. Il salue la compagnie, on lui donne un couvert, il mange. A peine avoit-on commencé de parler de son voyage, que, jetant les yeux sur la petite table, il demande d'un ton sévère ce que c'est que ce petit garçon qu'il aperçoit là. Madame Basile le lui dit tout naïvement. Il demande si je loge dans la maison. On lui dit que non. Pourquoi non? reprend-il grossièrement: puisqu'il s'y tient le jour il peut bien y rester la nuit. Le moine prit la parole; et, après un éloge grave et vrai de madame Basile, il fit le mien en peu de mots; ajoutant que, loin de blâmer la pieuse charité de sa femme, il devoit s'empresser d'y prendre part, puisque rien n'y passoit les bornes de la discrétion. Le mari répliqua d'un ton d'humeur, dont il cachoit la moitié, contenu par la présence du moine, mais qui suffit pour me faire sentir qu'il avoit des instructions sur mon compte, et que le commis m'avoit servi de sa façon.

A peine étoit-on hors de table, que celui-ci, dépêché par son bourgeois, vint en triomphe me signifier de sa part de sortir à l'instant de chez lui, et de n'y remettre les pieds de ma vie. Il assaisonna sa commission de tout ce qui pouvoit la rendre insultante et cruelle. Je partis sans rien dire, mais le cœur navré, moins de quitter cette aimable femme que de la laisser en proie à la brutalité de son mari. Il avoit raison, sans doute, de ne vouloir pas qu'elle fût infidèle : mais, quoique sage et bien née, elle étoit Italienne, c'est-à-dire sensible et vindicative; et il avoit tort, ce me semble, de prendre avec elle les moyens les plus propres à s'attirer le malheur qu'il craignoit.

Tel fut le succès de ma première aventure. Je voulus essayer de repasser deux ou trois fois dans la rue, pour revoir au moins celle que mon cœur regrettoit sans cesse; mais au lieu d'elle je ne vis que son mari et le vigilant commis, qui, m'ayant aperçu, me fit, avec l'aune de la boutique, un geste plus expressif qu'attirant. Me voyant si bien guetté, je perdis courage, et n'y passai plus. Je voulus aller voir au moins le patron qu'elle m'avoit ménagé. Malheureusement je ne savois pas son nom. Je rôdai plusieurs fois inutilement autour du couvent, pour tâcher de le rencontrer. Enfin d'autres évènements m'ôtèrent les charmants souvenirs de madame Basile, et dans peu je l'oubliai si bien, qu'aussi simple et aussi novice qu'auparavant je ne restai pas même affriandé de jolies femmes.

Cependant ses libéralités avoient un peu remonté mon petit équipage, très-modestement toutefois, et avec la précaution d'une femme prudente, qui regardoit plus à la propreté qu'à la parure, et qui vouloit m'empêcher de souffrir, et non pas me faire briller. Mon habit, que j'avois apporté de Genève, étoit bon et portable encore ; elle y ajouta seulement un chapeau et quelque linge. Je n'avois point de manchettes ; elle ne voulut point m'en donner, quoique j'en eusse bonne envie. Elle se contenta de me mettre en état de me tenir propre, et c'est un soin qu'il ne fallut pas me recommander tant que je parus devant elle.

Peu de jours après ma catastrophe, mon hôtesse, qui, comme j'ai dit, m'avoit pris en amitié, me dit qu'elle m'avoit peut-être trouvé une place, et qu'une dame de condition vouloit me voir. A ce mot, je me crus tout de bon dans les hautes aventures : car j'en revenois toujours là. Celle-ci ne se trouva pas aussi brillante que je me l'étois figuré. Je fus chez cette dame avec le domestique qui lui avoit parlé de moi. Elle m'interrogea, m'examina : je ne lui déplus pas ; et tout de suite j'entrai à son service, non pas tout-à-fait en qualité de favori, mais en qualité de laquais. Je fus vêtu de la couleur de ses gens ; la seule distinction fut qu'ils portoient l'aiguillette, et qu'on ne me la donna pas : comme il n'y avoit point de galons à sa livrée, cela faisoit à peu près un habit bourgeois. Voilà le terme inattendu auquel aboutirent enfin toutes mes grandes espérances.

Madame la comtesse de Vercellis, chez qui j'entrai, étoit veuve et sans enfants : son mari étoit Piémontois; pour elle je l'ai toujours crue Savoyarde, ne pouvant imaginer qu'une Piémontoise parlât si bien françois, et eût un accent si pur. Elle étoit entre deux âges, d'une figure fort noble, d'un esprit orné, aimant la littérature françoise, et s'y connoissant. Elle écrivoit beaucoup, et toujours en françois. Ses lettres avoient le tour et presque la grâce de celles de madame de Sévigné; on auroit pu s'y tromper à quelques-unes. Mon principal emploi, et qui ne me déplaisoit pas, étoit de les écrire sous sa dictée, un cancer au sein, qui la faisoit beaucoup souffrir, ne lui permettant pas d'écrire elle-même.

Madame de Vercellis avoit non seulement beaucoup d'esprit, mais une ame élevée et forte. J'ai suivi sa dernière maladie; je l'ai vue souffrir et mourir sans jamais marquer un instant de foiblesse, sans faire le moindre effort pour se contraindre, sans sortir de son rôle de femme, et sans se douter qu'il y eût à cela de la philosophie; mot qui n'étoit pas encore à la mode, et qu'elle ne connoissoit même pas dans le sens qu'il porte aujourd'hui. Cette force de caractère alloit quelquefois jusqu'à la sécheresse. Elle m'a toujours paru aussi peu sensible pour autrui que pour elle-même; et quand elle faisoit du bien aux malheureux, c'étoit pour faire ce qui étoit bien en soi, plutôt que par une véritable commisération. J'ai un peu éprouvé de cette insensibilité pendant les trois mois que j'ai passés auprès d'elle. Il étoit naturel qu'elle prît en affection un jeune homme de quelque espérance, qu'elle avoit incessamment sous les yeux, et qu'elle songeât, se sentant mourir, qu'après elle il auroit besoin de secours et d'appui : cependant, soit qu'elle ne me jugeât pas digne d'une attention particulière, soit que les gens qui l'obsédoient ne lui aient permis de songer qu'à eux, elle ne fit rien pour moi.

Je me rappelle pourtant fort bien qu'elle avoit marqué quelque curiosité de me connoître. Elle m'interrogeoit quelquefois : elle étoit bien aise que je lui montrasse les lettres que j'écrivois à madame de Warens, que je lui rendisse compte de mes sentimens. Mais elle ne s'y prenoit assurément pas bien pour les connoître, en ne me montrant jamais les siens. Mon cœur aimoit à s'épancher, pourvu qu'il sentît que c'étoit dans un autre. Des interrogations sèches et froides, sans aucun signe d'approbation ni de blâme sur mes réponses, ne me donnoient aucune confiance. Quand rien ne m'apprenoit si mon babil plaisoit ou déplaisoit, j'étois toujours en crainte; et je cherchois moins à montrer ce que je pensois qu'à ne rien dire qui pût me nuire. J'ai remarqué depuis que cette manière sèche d'interroger les gens pour les connoître est un tic assez commun chez les femmes qui se piquent d'esprit. Elles s'imaginent qu'en ne laissant point paroître leur sentiment, elles parviendront à mieux pénétrer le vôtre : mais elles ne voient pas qu'elles ôtent par-là le courage de le montrer. Un homme qu'on interroge commence par cela seul à se mettre en garde; et s'il croit que, sans prendre à lui un véritable intérêt, on ne veut que le faire jaser, il ment, ou se tait, ou redouble d'attention sur lui-même, et aime encore mieux passer pour un sot que d'être dupe de votre curiosité. Enfin c'est toujours un mauvais moyen de lire dans le cœur des autres que d'affecter de cacher le sien.

Madame de Vercellis ne m'a jamais dit un mot qui sentît l'affection, la pitié, la bienveillance. Elle m'interrogeoit froidement; je répondois avec réserve. Mes réponses étoient si timides qu'elle dut les trouver basses et s'en ennuya. Sur la fin elle ne me questionnoit plus, ne me parloit plus que pour son service. Elle me jugea moins sur ce que j'étois que sur ce qu'elle m'avoit fait, et à force de ne voir en moi qu'un laquais, elle m'empêcha de lui paroître autre chose.

Je crois que j'éprouvai dès-lors ce jeu malin des intérêts cachés qui m'a traversé toute ma vie, et qui m'a donné une aversion bien naturelle pour l'ordre apparent qui les produit. Madame de Vercellis, n'ayant point d'enfants, avoit pour héritier son neveu le comte de La Roque, qui lui faisoit assidûment sa cour. Outre cela, ses principaux domestiques, qui la voyoient tirer à sa fin, ne s'oublioient pas, et il y avoit tant d'empressés autour d'elle, qu'il étoit difficile qu'elle eût du temps pour penser à moi. A la tête de sa maison étoit un nommé M. Lorenzi, homme adroit, dont la femme, encore plus adroite, s'étoit tellement insinuée dans les bonnes grâces de sa maîtresse, qu'elle étoit plutôt chez elle sur le pied d'une amie que d'une femme à ses gages. Elle lui avoit donné pour femme de chambre une nièce à elle appelée mademoiselle Pontal, fine mouche, qui se donnoit des airs de demoiselle suivante, et aidoit sa tante à obséder si bien leur maîtresse, qu'elle ne voyoit que par leurs yeux et n'agissoit que par leurs mains. Je n'eus pas le bonheur d'agréer à ces trois personnes : je leur obéissois, mais je ne les servois pas; je n'imaginois pas qu'outre le service de notre commune maîtresse, je dusse être encore le valet de ses valets. J'étois d'ailleurs une espèce de personnage inquiétant pour eux. Ils voyoient bien que je n'étois pas à ma place; ils craignoient que madame ne le vît aussi, et que ce qu'elle feroit pour m'y mettre ne diminuât leurs portions : car ces sortes de gens, trop avides pour être justes, regardent tous les legs qui sont pour d'autres comme pris sur leur propre bien. Ils se réunirent donc pour m'écarter de ses yeux. Elle aimoit à écrire des lettres; c'étoit un amusement pour elle dans son état : ils l'en dégoûtèrent et l'en firent détourner par le médecin, en la persuadant que cela la fatiguoit. Sous prétexte que je n'entendois pas le service, on employoit au lieu de moi deux gros manants de porteurs de chaises autour d'elle : enfin l'on fit si bien, que, quand elle fit son testament, il y avoit huit jours que je n'étois entré dans sa chambre. Il est vrai qu'après cela j'y entrai comme auparavant; et j'y fus même plus assidu que personne, car les douleurs de cette pauvre femme me déchiroient; la constance avec laquelle elle les souffroit me la rendoit extrêmement respectable et chère; et j'ai bien versé dans sa chambre des larmes sincères, sans qu'elle ni personne s'en aperçût.

Nous la perdîmes enfin. Je la vis expirer. Sa vie avoit été celle d'une femme d'esprit et de sens; sa mort fut celle d'un sage. Je puis dire qu'elle me rendit la religion catholique aimable par la sérénité d'ame avec laquelle elle en remplit les devoirs sans négligence et sans affectation. Elle étoit naturellement sérieuse. Sur la fin de sa maladie elle prit une sorte de gaieté trop égale pour être jouée, et qui n'étoit qu'un contre-poids donné par la raison même contre la tristesse de son état. Elle ne garda le lit que les deux derniers jours, et ne cessa de s'entretenir paisiblement avec tout le monde.

Enfin, ne parlant plus, et déjà dans les combats de l'agonie, elle fit un gros pet. Bon! dit-elle en se retournant, femme qui pète n'est pas morte. Ce furent les derniers mots qu'elle prononça.

Elle avoit légué un an de leurs gages à ses bas domestiques; mais n'étant point couché sur l'état de sa maison, je n'eus rien. Cependant le comte de La Roque me fit donner trente livres, et me laissa l'habit neuf que j'avois sur le corps, et que M. Lorenzi vouloit m'ôter. Il promit même de chercher à me placer et me permit de l'aller voir. J'y fus deux ou trois fois sans pouvoir lui parler. J'étois facile à rebuter, je n'y retournai plus. On verra bientôt que j'eus tort.

Que n'ai-je achevé tout ce que j'avois à dire de mon séjour chez madame de Vercellis! Mais bien que mon apparente situation demeurât la même, je ne sortis pas de sa maison comme j'y étois entré. J'en emportai les longs souvenirs du crime et l'insupportable poids des remords dont au bout de quarante ans ma conscience est encore chargée, et dont l'amer sentiment, loin de s'affoiblir, s'irrite à mesure que je vieillis. Qui croiroit que la faute d'un enfant pût avoir des suites aussi cruelles? C'est de ces suites plus que probables que mon cœur ne sauroit se consoler. J'ai peut-être fait périr dans l'opprobre et dans la misère une fille aimable, honnête, estimable, et qui sûrement valoit beaucoup mieux que moi.

Il est bien difficile que la dissolution d'un ménage n'entraîne un peu de confusion dans la maison, et qu'il ne s'égare bien des choses : cependant, telle étoit la fidélité des domestiques et la vigilance de monsieur et madame Lorenzi, que rien ne se trouva de manque sur l'inventaire. La seule demoiselle Pontal perdit un petit ruban couleur de rose et argent, déjà vieux. Beaucoup d'autres meilleures choses étoient à ma portée; ce ruban seul me tenta, je le volai, et comme je ne le cachois guère, on me le trouva bientôt. On voulut savoir où je l'avois pris. Je me trouble, je balbutie, et enfin je dis, en rougissant, que c'est Marion qui me l'a donné. Marion étoit une jeune Mauriennoise dont madame de Vercellis avoit fait sa cuisinière, quand, cessant de donner à manger, elle avoit renvoyé la sienne, ayant plus besoin de bons bouillons que de ragoûts fins. Non seulement Marion étoit jolie, mais elle avoit une fraîcheur de coloris qu'on ne trouve que dans les montagnes, et surtout un air de modestie et de douceur qui faisoit qu'on ne pouvoit la voir sans l'aimer; d'ailleurs bonne fille, sage, et d'une fidélité à toute épreuve. C'est ce qui surprit quand je la nommai. L'on n'avoit guère moins de confiance en moi qu'en elle, et l'on jugea qu'il importoit de vérifier lequel étoit le fripon des deux. On la fit venir : l'assemblée étoit nombreuse, le comte de La Roque y étoit. Elle arrive, on lui montre le ruban : je la charge effrontément; elle reste interdite, se tait, me jette un regard qui auroit désarmé les démons, et auquel mon barbare cœur résiste. Elle nie enfin avec assurance, mais sans emportement; m'apostrophe, m'exhorte à rentrer en moi-même, à ne pas déshonorer une fille innocente qui ne m'a jamais fait de mal ; et moi, avec une impudence infernale, je confirme ma déclaration, et lui soutiens en face qu'elle m'a donné le ruban. La pauvre fille se mit à pleurer, et ne me dit que ces mots : Ah! Rousseau, je vous croyois un bon caractère. Vous me rendez bien malheureuse; mais je ne voudrois pas être à votre place. Voilà tout. Elle continua de se défendre avec autant de simplicité que de fermeté, mais sans se permettre jamais contre moi la moindre invective. Cette modération, comparée à mon ton décidé, lui fit tort. Il ne sembloit pas naturel de supposer d'un côté une audace aussi diabolique, et de l'autre une aussi angélique douceur. On ne parut pas se décider absolument, mais les préjugés étoient pour moi. Dans le tracas où l'on étoit on ne se donna pas le temps d'approfondir la chose; et le comte de La Roque, en nous renvoyant tous deux, se contenta de dire que la conscience du coupable vengeroit assez l'innocent. Sa prédiction n'a pas été vaine; elle ne cesse pas un seul jour de s'accomplir.

J'ignore ce que devint cette victime de ma calomnie; mais il n'y a pas d'apparence qu'elle ait après cela trouvé facilement à se bien placer. Elle emportoit une imputation cruelle à son honneur de toutes manières. Le vol n'étoit qu'une bagatelle, mais enfin c'étoit un vol, et, qui pis est, employé à séduire un jeune garçon : enfin le mensonge et l'obstination ne laissoient rien à espérer de celle en qui tant de vices étoient réunis. Je ne regarde pas même la misère et l'abandon comme le plus grand danger auquel je l'aie exposée. Qui sait, à son âge, où le découragement de l'innocence avilie a pu la porter? et, si le remords d'avoir pu la rendre malheureuse est insupportable, qu'on juge de celui d'avoir pu la rendre pire que moi!

Ce souvenir cruel me trouble quelquefois, et me bouleverse au point de voir dans mes insomnies cette pauvre fille venir me reprocher mon crime comme s'il n'étoit commis que d'hier. Tant que j'ai vécu tranquille il m'a moins tourmenté; mais au milieu d'une vie orageuse il m'ôte la plus douce consolation des innocents persécutés : il me fait bien sentir ce que je crois avoir dit dans quelque ouvrage, que le remords s'endort durant un destin prospère, et s'aigrit dans l'adversité. Cependant je n'ai jamais pu prendre sur moi de décharger mon cœur de cet aveu dans le sein d'un ami. La plus étroite intimité ne me l'a jamais fait faire à personne, pas même à madame de Warens. Tout ce que j'ai pu faire a été d'avouer que j'avois à me reprocher une action atroce, mais jamais je n'ai dit en quoi elle consistoit. Ce poids est donc resté jusqu'à ce jour sans allégement sur ma conscience; et je puis dire que le désir de m'en délivrer en quelque sorte a beaucoup contribué à la résolution que j'ai prise d'écrire mes confessions.

J'ai procédé rondement dans celle que je viens de faire, et l'on ne trouvera sûrement pas que j'aie ici pallié la noirceur de mon forfait. Mais je ne remplirois pas le but de ce livre [1], si je n'exposois en même temps mes dispositions intérieures, et que je craignisse de m'excuser en ce qui est conforme à la vérité. Jamais la méchanceté ne fut plus loin de moi que dans ce cruel moment; et lorsque je chargeai cette malheureuse fille, il est bizarre mais il est vrai que mon amitié pour elle en fut la cause. Elle étoit présente à ma pensée; je m'excusai sur le premier objet qui s'offrit. Je l'accusai d'avoir fait ce que je voulois faire, et de m'avoir donné le ruban, parce que mon intention étoit de le lui donner. Quand je la vis paroître ensuite, mon cœur fut déchiré, mais la présence de tant de monde fut plus forte que mon repentir. Je craignois peu la punition, je ne craignois que la honte; mais je la craignois plus que la mort, plus que le crime, plus que tout au monde. J'aurois voulu

---

[1] Var. « Mais je ne remplirois pas non plus ma tâche, si... »

m'enfoncer, m'étouffer dans le centre de la terre : l'invincible honte l'emporta sur tout, la honte seule fit mon impudence; et plus je devenois criminel, plus l'effroi d'en convenir me rendoit intrépide. Je ne voyois que l'horreur d'être reconnu, déclaré publiquement, moi présent, voleur, menteur, calomniateur. Un trouble universel m'ôtoit tout autre sentiment. Si l'on m'eût laissé revenir à moi-même, j'aurois infailliblement tout déclaré. Si M. de La Roque m'eût pris à part, qu'il m'eût dit, Ne perdez pas cette pauvre fille; si vous êtes coupable, avouez-le-moi; je me serois jeté à ses pieds dans l'instant, j'en suis parfaitement sûr. Mais on ne fit que m'intimider quand il falloit me donner du courage. L'âge est encore une attention qu'il est juste de faire; à peine étois-je sorti de l'enfance, ou plutôt j'y étois encore. Dans la jeunesse les véritables noirceurs sont plus criminelles encore que dans l'âge mûr; mais ce qui n'est que foiblesse l'est beaucoup moins, et ma faute au fond n'étoit guère autre chose. Aussi son souvenir m'afflige-t-il moins à cause du mal en lui-même qu'à cause de celui qu'il a dû causer. Il m'a même fait ce bien de me garantir pour le reste de ma vie de tout acte tendant au crime, par l'impression terrible qui m'est restée du seul que j'aie jamais commis; et je crois sentir que mon aversion pour le mensonge me vient en grande partie du regret d'en avoir pu faire un aussi noir. Si c'est un crime qui puisse être expié, comme j'ose le croire, il doit l'être par tant de malheurs dont la fin de ma vie est accablée, par quarante ans de droiture et d'honneur dans des occasions difficiles; et la pauvre Marion trouve tant de vengeurs en ce monde, que, quelque grande qu'ait été mon offense envers elle, je crains peu d'en emporter la coulpe avec moi. Voilà ce que j'avois à dire sur cet article. Qu'il me soit permis de n'en reparler jamais.

FIN DU SECOND LIVRE.

LIVRE TROISIÈME.

(1728—1731.)

Sorti de chez madame de Vercellis à peu près comme j'y étois entré, je retournai chez mon ancienne hôtesse, et j'y restai cinq ou six semaines, durant lesquelles la santé, la jeunesse et l'oisiveté me rendirent souvent mon tempérament importun. J'étois inquiet, distrait, rêveur; je pleurois, je soupirois, je désirois un bonheur dont je n'avois pas l'idée, et dont je sentois pourtant la privation. Cet état ne peut se décrire; et peu d'hommes même le peuvent imaginer, parce que la plupart ont prévenu cette plénitude de vie, à la fois tourmentante et délicieuse, qui, dans l'ivresse du désir, donne un avant-goût de la jouissance. Mon sang allumé remplissoit incessamment mon cerveau de filles et de femmes : mais, n'en sentant pas le véritable usage, je les occupois bizarrement en idée à mes fantaisies sans en savoir rien faire de plus; et ces idées tenoient mes sens dans une activité très-incommode, dont, par bonheur, elles ne m'apprenoient point à me délivrer. J'aurois donné ma vie pour retrouver un quart d'heure une demoiselle Goton. Mais ce n'étoit plus le temps où les jeux de l'enfance alloient là comme d'eux-mêmes. La honte, compagne de la conscience du mal, étoit venue avec les années; elle avoit accru ma timidité naturelle au point de la rendre invincible; et jamais, ni dans ce temps-là ni depuis, je n'ai pu parvenir à faire une proposition lascive, que celle à qui je la faisois ne m'y ait en quelque sorte contraint par ses avances, quoique sachant qu'elle n'étoit pas scrupuleuse, et presque assuré d'être pris au mot.

Mon agitation crut au point que, ne pouvant contenter mes désirs, je les attisois par les plus extravagantes manœuvres. J'allois chercher des allées sombres, des réduits cachés, où je pusse m'exposer de loin aux personnes du sexe dans l'état où j'aurois voulu être auprès d'elles. Ce qu'elles voyoient n'étoit pas l'objet obscène, je n'y songeois même pas; c'étoit l'objet ridicule. Le sot plaisir que j'avois de l'étaler à leurs yeux ne peut se décrire. Il n'y avoit de là plus qu'un pas à faire pour sentir le traitement désiré, et je ne doute pas que quelque résolue ne m'en eût, en passant, donné l'amusement, si j'eusse eu l'audace d'attendre. Cette folie eut une catastrophe à peu près aussi comique, mais moins plaisante pour moi.

Un jour j'allai m'établir au fond d'une cour, dans laquelle étoit un puits où les filles de la maison venoient souvent chercher de l'eau. Dans ce fond il y avoit une petite descente qui menoit à des caves par plusieurs communications. Je sondai dans l'obscurité ces allées souterraines, et, les trouvant longues et obscures, je jugeai qu'elles ne finissoient point, et que, si j'étois vu et surpris, j'y trouverois un refuge assuré. Dans cette confiance, j'offrois aux filles qui venoient au puits un spectable plus risible que séducteur. Les plus sages feignirent de ne rien voir; d'autres se mirent à rire; d'autres se crurent insultées et firent du bruit. Je me sauvai dans ma retraite : j'y fus suivi. J'entendis une voix d'homme sur laquelle je n'avois pas compté, et qui m'alarma. Je m'enfonçai dans les souterrains, au risque de m'y perdre : le bruit, les voix, la voix d'homme, me suivoient toujours. J'avois compté sur l'obscurité, je vis de la lumière. Je frémis, je m'enfonçai davantage. Un mur m'arrêta, et, ne pouvant aller plus loin, il fallut attendre là ma destinée. En un moment je fus atteint et saisi par un grand homme portant une grande moustache, un grand chapeau, un grand sabre, escorté de quatre ou cinq vieilles femmes armées chacune d'un manche à balai, parmi lesquelles j'aperçus la petite coquine qui m'avoit décelé, et qui vouloit sans doute me voir au visage.

L'homme au sabre, en me prenant par le bras, me demanda rudement ce que je faisois là. On conçoit que ma réponse n'étoit pas prête. Je me remis cependant; et, m'évertuant dans ce moment critique, je tirai de ma tête un expédient romanesque qui me réussit. Je lui dis, d'un ton suppliant, d'avoir pitié de mon âge et de mon état; que j'étois un jeune étranger de grande naissance, dont le cerveau s'étoit dérangé; que je m'étois échappé de la maison paternelle parce qu'on vouloit m'enfermer; que j'étois perdu s'il me faisoit connoître; mais que, s'il vouloit bien me laisser aller, je pourrois peut-être un jour reconnoître cette grâce. Contre toute attente, mon discours et mon air firent effet : l'homme terrible en fut touché; et après une réprimande assez courte, il me laissa doucement aller sans me questionner davantage. A l'air dont la jeune et les vieilles me virent partir, je jugeai que l'homme que j'avois tant craint m'étoit fort utile, et qu'avec elles seules je n'en aurois pas été quitte à si bon marché. Je les entendis murmurer je ne sais quoi dont je ne me souciois guère; car, pourvu que le sabre et l'homme ne s'en mêlassent pas, j'étois bien sûr, leste et vigoureux comme j'étois, de me délivrer de leurs tricots et d'elles.

Quelques jours après, passant dans une rue avec un jeune abbé, mon voisin, j'allai donner du nez contre l'homme au sabre. Il me reconnut, et, me contrefaisant d'un ton railleur : « Je suis « prince, me dit-il, je suis prince, et moi je suis « un coïon : mais que son altesse n'y revienne pas. » Il n'ajouta rien de plus, et je m'esquivai en baissant la tête et le remerciant, dans mon cœur, de sa discrétion. J'ai jugé que ces maudites vieilles lui avoient fait honte de sa crédulité. Quoi qu'il en soit, tout Piémontois qu'il étoit, c'étoit un bon homme, et jamais je ne pense à lui sans un mouvement de reconnoissance : car l'histoire étoit si plaisante, que, pour le seul désir de faire rire, tout autre à sa place m'eût déshonoré. Cette aventure, sans avoir les suites que j'en pouvois craindre, ne laissa pas de me rendre sage pour long-temps.

Mon séjour chez madame de Vercellis m'avoit procuré quelques connoissances, que j'entretenois dans l'espoir qu'elles pourroient m'être utiles. J'allois voir quelquefois entre autres un abbé savoyard appelé M. Gaime, précepteur des enfants du comte de Mellarède. Il étoit jeune encore et peu répandu, mais plein de bon sens, de probité, de lumières, et l'un des plus honnêtes hommes que j'aie connus. Il ne me fut d'aucune ressource pour l'objet qui m'attiroit chez lui; il n'avoit pas assez de crédit pour me placer : mais je trouvai près de lui des avantages plus précieux qui m'ont profité toute ma vie, les leçons de la saine morale, et les maximes de la droite raison. Dans l'ordre successif de mes goûts et de mes idées, j'avois toujours été trop haut ou trop bas, Achille ou Thersite, tantôt héros et tantôt vaurien. M. Gaime prit le soin de me mettre à ma place et de me montrer à moi-même sans m'épargner ni me décourager.

Il me parla très-honorablement de mon naturel et de mes talents : mais il ajouta qu'il en voyoit naître les obstacles qui m'empêcheroient d'en tirer parti ; de sorte qu'ils devoient, selon lui, bien moins me servir de degrés pour monter à la fortune que de ressources pour m'en passer. Il me fit un tableau vrai de la vie humaine, dont je n'avois que de fausses idées; il me montra comment, dans un destin contraire, l'homme sage peut toujours tendre au bonheur et courir au plus près du vent pour y parvenir ; comment il n'y a point de vrai bonheur sans sagesse, et comment la sagesse est de tous les états. Il amortit beaucoup mon admiration pour la grandeur en me prouvant que ceux qui dominoient les autres n'étoient ni plus sages ni plus heureux qu'eux. Il me dit une chose qui m'est souvent revenue à la mémoire ; c'est que si chaque homme pouvoit lire dans les cœurs de tous les autres, il y auroit plus de gens qui voudroient descendre que de ceux qui voudroient monter. Cette réflexion, dont la vérité frappe et qui n'a rien d'outré, m'a été d'un grand usage dans le cours de ma vie pour me faire tenir à ma place paisiblement. Il me donna les premières vraies idées de l'honnête, que mon génie ampoulé n'avoit saisi que dans ses excès. Il me fit sentir que l'enthousiasme des vertus sublimes étoit peu d'usage dans la société ; qu'en s'élançant trop haut on étoit sujet aux chutes ; que la continuité des petits devoirs toujours bien remplis ne demandoit pas moins de force que les actions héroïques; qu'on en tiroit meilleur parti pour l'honneur et pour le bonheur; et qu'il valoit infiniment mieux avoir toujours l'estime des hommes que quelquefois leur admiration.

Pour établir les devoirs de l'homme il falloit bien remonter à leurs principes. D'ailleurs le pas que je venois de faire, et dont mon état présent étoit la suite, nous conduisoit à parler de religion. L'on conçoit déjà que l'honnête M. Gaime est, du moins en grande partie, l'original du Vicaire savoyard. Seulement, la prudence l'obligeant à parler avec plus de réserve, il s'expliqua moins ouvertement sur certains points; mais au reste ses maximes, ses sentiments, ses avis, furent les mêmes, et, jusqu'au conseil de retourner dans ma patrie, tout fut comme je l'ai rendu depuis au public. Ainsi, sans m'étendre sur des entretiens dont chacun peut voir la substance, je dirai que ses leçons, sages, mais d'abord sans effet, furent dans mon cœur un germe de vertu et de religion qui ne s'y étouffa jamais, et qui n'attendoit, pour fructifier, que les soins d'une main plus chérie.

Quoique alors ma conversion fût peu solide, je ne laissois pas d'être ému. Loin de m'ennuyer de ses entretiens, j'y pris goût à cause de leur clarté, de leur simplicité, et surtout d'un certain intérêt de cœur dont je sentois qu'ils étoient pleins.

J'ai l'ame aimante, et je me suis toujours attaché aux gens moins à proportion du bien qu'ils m'ont fait que de celui qu'ils m'ont voulu, et c'est sur quoi mon tact ne me trompe guère. Aussi je m'affectionnois véritablement à M. Gaime; j'étois pour ainsi dire son second disciple; et cela me fit pour le moment même l'inestimable bien de me détourner de la pente au vice où m'entraînoit mon oisiveté.

Un jour que je ne pensois à rien moins, on vint me chercher de la part du comte de La Roque. A force d'y aller et de ne pouvoir lui parler, je m'étois ennuyé, je n'y allois plus : je crus qu'il m'avoit oublié, ou qu'il lui étoit resté de mauvaises impressions de moi. Je me trompois. Il avoit été témoin plus d'une fois du plaisir avec lequel je remplissois mon devoir auprès de sa tante; il le lui avoit même dit, et il m'en reparla quand moi-même je n'y songeois plus. Il me reçut bien, me dit que, sans m'amuser de promesses vagues, il avoit cherché à me placer; qu'il avoit réussi, qu'il me mettoit en chemin de devenir quelque chose, que c'étoit à moi de faire le reste; que la maison où il me faisoit entrer étoit puissante et considérée, que je n'avois pas besoin d'autres protecteurs pour m'avancer; et que, quoique traité d'abord en simple domestique, comme je venois de l'être, je pouvois être assuré que, si l'on me jugeoit par mes sentiments et par ma conduite au-dessus de cet état, on étoit disposé à ne m'y pas laisser. La fin de ce discours démentit cruellement les brillantes espérances que le commencement m'avoit données. Quoi! toujours laquais! me dis-je en moi-même avec un dépit amer que la confiance effaça bientôt. Je me sentois trop peu fait pour cette place pour craindre qu'on m'y laissât.

Il me mena chez le comte de Gouvon, premier écuyer de la reine, et chef de l'illustre maison de Solar. L'air de dignité de ce respectable vieillard me rendit plus touchante l'affabilité de son accueil. Il m'interrogea avec intérêt, et je lui répondis avec sincérité. Il dit au comte de La Roque que j'avois une physionomie agréable et qui promettoit de l'esprit; qu'il lui paroissoit qu'en effet je n'en manquois pas, mais que ce n'étoit pas là tout, et qu'il falloit voir le reste : puis, se tournant vers moi : Mon enfant, me dit-il, presque en toutes choses les commencements sont rudes; les vôtres ne le seront pourtant pas beaucoup. Soyez sage, et cherchez à plaire ici à tout le monde; voilà, quant à présent, votre unique emploi : du reste ayez bon courage; on veut prendre soin de vous. Tout de suite il passa chez la marquise de Breil, sa belle-fille, et me présenta à elle, puis à l'abbé de Gouvon, son fils. Ce début me parut de bon augure. J'en savois assez déjà pour juger qu'on ne fait pas tant de façon à la réception d'un laquais. En effet on ne me traita pas comme tel. J'eus la table de l'office; on ne me donna point d'habit de livrée; et le comte de Favria, jeune étourdi, m'ayant voulu faire monter derrière son carrosse, son grand-père défendit que je montasse derrière aucun carrosse, et que je suivisse personne hors de la maison. Cependant je servois à table, et je faisois à peu près au dedans le service d'un laquais; mais je le faisois en quelque façon librement, sans être attaché nommément à personne. Hors quelques lettres qu'on me dictoit, et des images que le comte de Favria me faisoit découper, j'étois presque le maître de tout mon temps dans la journée. Cette épreuve, dont je ne m'apercevois pas, étoit assurément très-dangereuse : elle n'étoit pas même fort humaine ; car cette grande oisiveté pouvoit me faire contracter des vices que je n'aurois pas eus sans cela.

Mais c'est ce qui très-heureusement n'arriva point. Les leçons de M. Gaime avoient fait impression sur mon cœur, et j'y pris tant de goût que je m'échappois quelquefois pour aller les entendre encore. Je crois que ceux qui me voyoient sortir ainsi furtivement ne devinoient guère où j'allois. Il ne se peut rien de plus sensé que les avis qu'il me donna sur ma conduite. Mes commencements furent admirables; j'étois d'une assiduité, d'une attention, d'un zèle, qui charmoient tout le monde. L'abbé Gaime m'avoit sagement averti de modérer cette première ferveur, de peur qu'elle ne vînt à se relâcher et qu'on n'y prît garde. Votre début, me dit-il, est la règle de ce qu'on exigera de vous : tâchez de vous ménager de quoi faire plus dans la suite, mais gardez-vous de faire jamais moins.

Comme on ne m'avoit guère examiné sur mes petits talents et qu'on ne me supposoit que ceux que m'avoit donnés la nature, il ne paroissoit pas, malgré ce que le comte de Gouvon m'avoit pu dire, qu'on songeât à tirer parti de moi. Des affaires vinrent à la traverse, et je fus à peu près oublié. Le marquis de Breil, fils du comte de Gouvon, étoit alors ambassadeur à Vienne. Il survint des mouvements à la cour qui se firent sentir dans la famille, et l'on y fut quelques semaines dans une agitation qui ne laissoit guère le temps de penser à moi. Cependant jusque-là je m'étois peu relâché. Une chose me fit du bien et du mal, en m'éloignant de toute dissipation extérieure, mais en me rendant un peu plus distrait sur mes devoirs.

Mademoiselle de Breil étoit une jeune personne à peu près de mon âge, bien faite, assez belle, très-blanche, avec des cheveux très-noirs, et, quoique brune, portant sur son visage cet air de douceur des blondes auquel mon cœur n'a jamais résisté. L'habit de cour, si favorable aux jeunes personnes, marquoit sa jolie taille, dégageoit sa poitrine et ses épaules, et rendoit son teint encore plus éblouissant par le deuil qu'on portoit alors. On dira que ce n'est pas à un domestique de s'apercevoir de ces choses-là. J'avois tort, sans doute ; mais je m'en apercevois toutefois, et même je n'étois pas le seul. Le maître-d'hôtel et les valets de chambre en parloient quelquefois à table avec une grossièreté qui me faisoit cruellement souffrir. La tête ne me tournoit pourtant pas au point d'être amoureux tout de bon. Je ne m'oubliois point ; je me tenois à ma place, et mes désirs même ne s'émancipoient pas. J'aimois à voir mademoiselle de Breil, à lui entendre dire quelques mots qui marquoient de l'esprit, du sens, de l'honnêteté : mon ambition, bornée au plaisir de la servir, n'alloit point au-delà de mes droits. A table j'étois attentif à chercher l'occasion de les faire valoir. Si son laquais quittoit un moment sa chaise, à l'instant on m'y voyoit établi : hors de là je me tenois vis-à-vis d'elle ; je cherchois dans ses yeux ce qu'elle alloit demander, j'épiois le moment de changer son assiette. Que n'aurois-je point fait pour qu'elle daignât m'ordonner quelque chose, me regarder, me dire un seul mot ! mais point : j'avois la mortification d'être nul pour elle ; elle ne s'apercevoit pas même que j'étois là. Cependant son frère, qui m'adressoit quelquefois la parole à table, m'ayant dit je ne sais quoi de peu obligeant, je lui fis une réponse si fine et si bien tournée, qu'elle y fit attention, et jeta les yeux sur moi. Ce coup d'œil, qui fut court, ne laissa pas de me transporter. Le lendemain l'occasion se présenta d'en obtenir un second, et j'en profitai. On donnoit ce jour-là un grand dîner, où, pour la première fois, je vis avec beaucoup d'étonnement le maître-d'hôtel servir l'épée au côté et le chapeau sur la tête. Par hasard on vint à parler de la devise de la maison de Solar, qui étoit sur la tapisserie avec les armoiries. *Tel fiert qui ne tue pas.* Comme les Piémontois ne sont pas pour l'ordinaire consommés dans la langue françoise, quelqu'un trouva dans cette devise une faute d'orthographe, et dit qu'au mot *fiert* il ne falloit point de *t*.

Le vieux comte de Gouvon alloit répondre; mais ayant jeté les yeux sur moi, il vit que je souriois sans oser rien dire : il m'ordonna de parler. Alors je dis que je ne croyois pas que le *t* fût de trop; que *fiert* étoit un vieux mot françois qui ne venoit pas du mot *ferus*, fier, menaçant, mais du verbe *ferit*, il frappe, il blesse; qu'ainsi la devise ne me paroissoit pas dire, tel menace, mais *tel frappe qui ne tue pas.*

Tout le monde me regardoit et se regardoit sans rien dire. On ne vit de la vie un pareil étonnement. Mais ce qui me flatta davantage fut de voir clairement sur le visage de mademoiselle de Breil un air de satisfaction. Cette personne si dédaigneuse daigna me jeter un second regard qui valoit tout au moins le premier; puis, tournant les yeux vers son grand-papa, elle sembloit attendre avec une sorte d'impatience la louange qu'il me devoit, et qu'il me donna en effet si pleine et entière et d'un air si content, que toute la table s'empressa de faire chorus. Ce moment fut court, mais délicieux à tous égards. Ce fut un de ces moments trop rares qui replacent les choses dans leur ordre naturel, et vengent le mérite avili des outrages de la fortune. Quelques minutes après, mademoiselle de Breil, levant derechef les yeux sur moi, me pria, d'un ton de voix aussi timide qu'affable, de lui donner à boire. On juge que je ne la fis pas attendre; mais en approchant je fus saisi d'un tel tremblement, qu'ayant trop rempli le verre, je répandis une partie de l'eau sur l'assiette et même sur elle. Son frère me demanda étourdiment pourquoi je tremblois si fort. Cette question ne servit pas à me rassurer, et mademoiselle de Breil rougit jusqu'au blanc des yeux.

Ici finit le roman, où l'on remarquera, comme avec madame Basile et dans toute la suite de ma vie, que je ne suis pas heureux dans la conclusion de mes amours. Je m'affectionnai inutilement à l'antichambre de madame de Breil : je n'obtins plus une seule marque d'attention de la part de sa fille. Elle sortoit et entroit sans me regarder, et moi j'osois à peine lever les yeux sur elle. J'étois même si bête et si maladroit, qu'un jour qu'elle avoit en passant laissé tomber son gant, au lieu de m'élancer sur ce gant que j'aurois voulu couvrir de baisers, je n'osai sortir de ma place, et je laissai ramasser le gant par un gros butor de valet que j'aurois volontiers écrasé. Pour achever de m'intimider, je m'aperçus que je n'avois pas le bonheur d'agréer à madame de Breil. Non seulement elle ne m'ordonnoit rien, mais elle n'acceptoit jamais mon service ; et deux fois, me trouvant¹ dans son antichambre, elle me demanda d'un ton fort sec si je n'avois rien à faire. Il fallut renoncer à cette chère antichambre. J'en eus d'abord du regret ; mais les distractions vinrent à la traverse, et bientôt je n'y pensai plus.

J'eus de quoi me consoler du dédain de madame de Breil par les bontés de son beau-père, qui s'aperçut enfin que j'étois là. Le soir du dîner dont j'ai parlé, il eut avec moi un entretien d'une demi-heure, dont il parut content et dont je fus enchanté. Ce bon vieillard, quoique homme d'esprit, en avoit moins que madame de Vercellis, mais il avoit plus d'entrailles, et je réussis mieux auprès de lui. Il me dit de m'attacher à l'abbé de Gouvon son fils, qui m'avoit pris en affection ; que cette affection, si j'en profitois, pouvoit m'être utile, et me faire acquérir ce qui me manquoit pour les vues qu'on avoit sur moi. Dès le lende-

¹ Van. « Deux fois, passant avec sa fille et me trouvant... »

main matin je volai chez monsieur l'abbé. Il ne me reçut point en domestique ; il me fit asseoir au coin de son feu, et, m'interrogeant avec la plus grande douceur, il vit bientôt que mon éducation, commencée sur tant de choses, n'étoit achevée sur aucune. Trouvant surtout que j'avois peu de latin, il entreprit de m'en enseigner davantage. Nous convînmes que je me rendrois chez lui tous les matins, et je commençai dès le lendemain. Ainsi, par une de ces bizarreries qu'on trouvera souvent dans le cours de ma vie, en même temps au-dessus et au-dessous de mon état, j'étois disciple et valet dans la même maison, et dans ma servitude j'avois cependant un précepteur d'une naissance à ne l'être que des enfants des rois.

M. l'abbé de Gouvon étoit un cadet destiné par sa famille à l'épiscopat, et dont par cette raison l'on avoit poussé les études plus qu'il n'est ordinaire aux enfants de qualité. On l'avoit envoyé à l'université de Sienne, où il avoit resté plusieurs années, et dont il avoit rapporté une assez forte dose de cruscantisme [1] pour être à peu près à Turin ce qu'étoit jadis à Paris l'abbé de Dangeau. Le dégoût de la théologie l'avoit jeté dans les belles-lettres ; ce qui est très-ordinaire en Italie à ceux qui courent la carrière de la prélature. Il avoit lu

---

[1] * *Cruscantisme* est ici synonyme de *purisme*. Les Italiens désignent par le mot *cruscante* celui qui affecte de n'employer d'autres mots que ceux adoptés par l'académie *della Crusca*.

les poètes, il faisoit passablement les vers latins et italiens. En un mot il avoit le goût qu'il falloit pour former le mien et mettre quelque choix dans le fatras dont je m'étois farci la tête. Mais, soit que mon babil lui eût fait quelque illusion sur mon savoir, soit qu'il ne pût supporter l'ennui du latin élémentaire, il me mit d'abord beaucoup trop haut; et à peine m'eut-il fait traduire quelques fables de Phèdre, qu'il me jeta dans Virgile, où je n'entendois presque rien. J'étois destiné, comme on verra dans la suite, à rapprendre souvent le latin et à ne le savoir jamais. Cependant je travaillois avec assez de zèle, et monsieur l'abbé me prodiguoit ses soins avec une bonté dont le souvenir m'attendrit encore. Je passois avec lui une bonne partie de la matinée, tant pour mon instruction que pour son service; non pour celui de sa personne, car il ne souffrit jamais que je lui en rendisse aucun, mais pour écrire sous sa dictée et pour copier; et ma fonction de secrétaire me fut plus utile que celle d'écolier. Non seulement j'appris ainsi l'italien dans sa pureté, mais je pris du goût pour la littérature et quelque discernement des bons livres qui ne s'acquéroit pas chez la Tribu, et qui me servit beaucoup dans la suite quand je me mis à travailler seul.

Ce temps fut celui de ma vie où, sans projets romanesques, je pouvois le plus raisonnablement me livrer à l'espoir de parvenir. Monsieur l'abbé, très-content de moi, le disoit à tout le monde ; et son père m'avoit pris dans une affection singulière ; que le comte de Favria m'apprit qu'il avoit parlé de moi au roi. Madame de Breil elle-même avoit quitté pour moi son air méprisant. Enfin je devins une espèce de favori dans la maison, à la grande jalousie des autres domestiques, qui, me voyant honoré des instructions du fils de leur maître, sentoient bien que ce n'étoit pas pour rester long-temps leur égal.

Autant que j'ai pu juger des vues qu'on avoit sur moi par quelques mots lâchés à la volée, et auxquels je n'ai réfléchi qu'après coup, il m'a paru que la maison de Solar, voulant courir la carrière des ambassades, et peut-être s'ouvrir de loin celle du ministère, auroit été bien aise de se former d'avance un sujet qui eût du mérite et des talents, et qui, dépendant uniquement d'elle, eût pu dans la suite obtenir sa confiance et la servir utilement. Ce projet du comte de Gouvon étoit noble, judicieux, magnanime, et vraiment digne d'un grand seigneur bienfaisant et prévoyant : mais, outre que je n'en voyois pas alors toute l'étendue ; il étoit trop sensé pour ma tête, et demandoit un trop long assujettissement. Ma folle ambition ne cherchoit la fortune qu'à travers les aventures ; et, ne voyant point de femmes à tout cela, cette manière de parvenir me paroissoit lente, pénible et triste ; tandis que j'aurois dû la trouver d'autant plus honorable et sûre que les femmes ne s'en mêloient pas, l'espèce de mérite qu'elles protègent ne valant assurément pas celui qu'on me supposoit.

Tout alloit à merveille. J'avois obtenu, presque arraché, l'estime de tout le monde : les épreuves étoient finies ; et l'on me regardoit généralement dans la maison comme un jeune homme de la plus grande espérance, qui n'étoit pas à sa place et qu'on s'attendoit d'y voir arriver. Mais ma place n'étoit pas celle qui m'étoit assignée par les hommes, et j'y devois parvenir par des chemins bien différents. Je touche à un de ces traits caractéristiques qui me sont propres, et qu'il suffit de présenter au lecteur sans y ajouter de réflexion.

Quoiqu'il y eût à Turin beaucoup de nouveaux convertis de mon espèce, je ne les aimois pas et n'en avois jamais voulu voir aucun. Mais j'avois vu quelques Génevois qui ne l'étoient pas, entre autres un M. Mussard, surnommé Tord-Gueule, peintre en miniature, et un peu mon parent. Ce M. Mussard déterra ma demeure chez le comte de Gouvon, et vint m'y voir avec un autre Génevois appelé Bâcle, dont j'avois été camarade durant mon apprentissage. Ce Bâcle étoit un garçon très-amusant, très-gai, plein de saillies bouffonnes que son âge rendoit agréables. Me voilà tout d'un coup engoué de M. Bâcle, mais engoué au point de ne pouvoir le quitter. Il alloit partir bientôt pour s'en retourner à Genève. Quelle perte j'allois faire! J'en sentis bien toute la grandeur. Pour mettre du moins à profit le temps qui m'étoit laissé, je ne le quittois plus, ou plutôt il ne me quittoit pas lui-même; car la tête ne me tourna pas d'abord au point d'aller hors de l'hôtel passer la journée avec lui sans congé : mais bientôt, voyant qu'il m'obsédoit entièrement, on lui défendit la porte; et je m'échauffai si bien, qu'oubliant tout hors mon ami Bâcle, je n'allois ni chez monsieur l'abbé ni chez monsieur le comte, et l'on ne me voyoit plus dans la maison. On me fit des réprimandes que je n'écoutai pas. On me menaça de me congédier. Cette menace fut ma perte : elle me fit entrevoir qu'il étoit possible que Bâcle ne s'en allât pas seul. Dès-lors je ne vis plus d'autre plaisir, d'autre sort, d'autre bonheur, que celui de faire un pareil voyage : et je ne voyois à cela que l'ineffable félicité du voyage, au bout duquel pour surcroît j'entrevoyois madame de Warens, mais dans un éloignement immense ; car pour retourner à Genève c'est à quoi je ne pensai jamais. Les monts, les prés, les bois, les ruisseaux, les villages, se succédoient sans fin et sans cesse avec de nouveaux charmes ; ce bienheureux trajet sembloit devoir absorber ma vie entière. Je me rappelois avec délices combien ce même voyage m'avoit paru charmant en venant : que devoit-ce être lorsqu'à tout l'attrait de l'indépendance se joindroit celui de faire route avec un camarade de mon âge, de mon goût et de bonne humeur, sans gêne, sans devoir, sans contrainte, sans obligation d'aller ou rester que comme il nous plairoit! Il falloit être fou pour sacrifier une pareille fortune à des projets d'ambition d'une exécution lente, difficile, incertaine, et qui, les supposant réalisés un jour, ne valoient pas dans tout leur éclat un quart d'heure de vrai plaisir et de liberté dans la jeunesse.

Plein de cette sage fantaisie, je me conduisis si bien que je vins à bout de me faire chasser, et en vérité ce ne fut pas sans peine. Un soir, comme je rentrois, le maître-d'hôtel me signifia mon congé de la part de monsieur le comte. C'étoit précisément ce que je demandois; car, sentant malgré moi l'extravagance de ma conduite, j'y ajoutois, pour m'excuser, l'injustice et l'ingratitude, croyant mettre ainsi les gens dans leur tort, et me justifier à moi-même un parti pris par nécessité. On me dit de la part du comte de Favria d'aller lui parler le lendemain matin avant mon départ; et comme on voyoit que, la tête m'ayant tourné, j'étois capable de n'en rien faire, le maître-d'hôtel remit après cette visite à me donner quelque argent qu'on m'avoit destiné, et qu'assurément j'avois fort mal gagné; car, ne voulant pas me laisser dans l'état de valet, on ne m'avoit pas fixé de gages.

Le comte de Favria, tout jeune et tout étourdi qu'il étoit, me tint en cette occasion les discours les plus sensés, et j'oserois presque dire les plus tendres, tant il m'exposa d'une manière flatteuse et touchante les soins de son oncle et les intentions de son grand-père. Enfin après m'avoir mis vivement devant les yeux tout ce que je sacrifiois pour courir à ma perte, il m'offrit de faire ma paix, exigeant pour toute condition que je ne visse plus ce petit malheureux qui m'avoit séduit.

Il étoit si clair qu'il ne disoit pas tout cela de lui-même, que, malgré mon stupide aveuglement, je sentis toute la bonté de mon vieux maître, et j'en fus touché : mais ce cher voyage étoit trop empreint dans mon imagination pour que rien pût en balancer le charme. J'étois tout-à-fait hors de sens : je me raffermis, je m'endurcis, je fis le fier, et je répondis arrogamment que, puisqu'on m'avoit donné mon congé, je l'avois pris, qu'il n'étoit plus temps de s'en dédire, et que quoi qu'il pût m'arriver en ma vie, j'étois bien résolu de ne jamais me faire chasser deux fois d'une maison. Alors ce jeune homme, justement irrité, me donna les noms que je méritois, me mit hors de sa chambre par les épaules, et me ferma la porte aux talons. Moi, je sortis triomphant, comme si je venois d'emporter la plus grande victoire ; et de peur d'avoir un second combat à soutenir, j'eus l'indignité de partir sans aller remercier monsieur l'abbé de ses bontés.

Pour concevoir jusqu'où mon délire alloit dans ce moment, il faudroit connoître à quel point mon cœur est sujet à s'échauffer sur les moindres choses, et avec quelle force il se plonge dans l'imagination de l'objet qui l'attire, quelque vain que soit quelquefois cet objet. Les plans les plus bizarres, les plus enfantins, les plus fous, viennent caresser mon idée favorite, et me montrer de la vraisemblance à m'y livrer. Croiroit-on qu'à près de dix-neuf ans on puisse fonder sur une fiole vide la subsistance du reste de ses jours? Or écoutez.

L'abbé de Gouvon m'avoit fait présent, il y avoit quelques semaines, d'une petite fontaine de héron, fort jolie [1], et dont j'étois transporté. A force de faire jouer cette fontaine et de parler de notre voyage, nous pensâmes, le sage Bâclé et moi, que l'une pourroit bien servir à l'autre et le prolonger. Qu'y avoit-il dans le monde d'aussi curieux qu'une fontaine de héron? Ce principe fut le fondement

---

[1] * Son véritable nom est *fontaine de Hiéron*, ainsi nommée de son inventeur Hiéron d'Alexandrie, et perfectionnée par Niewentit. C'est une petite machine ou instrument de physique dont la description se trouve dans tous les dictionnaires ou traités élémentaires de cette science, et où, par une combinaison de tuyaux et de bassins placés l'un au-dessus de l'autre, l'air comprimé, agissant sur la surface de l'eau dans un des bassins supérieurs, élève celle-ci sans cause apparente, et la fait sortir en forme de jet.

sur lequel nous bâtîmes l'édifice de notre fortune. Nous devions dans chaque village assembler les paysans autour de notre fontaine ; et là les repas et la bonne chère devoient nous tomber avec d'autant plus d'abondance que nous étions persuadés, l'un et l'autre, que les vivres ne coûtent rien à ceux qui les recueillent, et que quand ils n'en gorgent pas les passants, c'est pure mauvaise volonté de leur part. Nous n'imaginions partout que festins et noces, comptant que, sans débourser que le vent de nos poumons et l'eau de notre fontaine, elle pouvoit nous défrayer en Piémont, en Savoie, en France, et par tout le monde. Nous faisions des projets de voyage qui ne finissoient point, et nous dirigions d'abord notre course au nord, plutôt pour le plaisir de passer les Alpes que pour la nécessité supposée de nous arrêter enfin quelque part.

(1731—1732.) Tel fut le plan sur lequel je me mis en campagne, abandonnant sans regret mon protecteur, mon précepteur, mes études, mes espérances, et l'attente d'une fortune presque assurée, pour commencer la vie d'un vrai vagabond. Adieu la capitale ; adieu la cour, l'ambition, la vanité, l'amour, les belles, et toutes les grandes aventures dont l'espoir m'avoit amené l'année précédente. Je pars avec ma fontaine et mon ami Bâcle, la bourse légèrement garnie, mais le cœur saturé de joie, et ne songeant qu'à jouir de cette ambulante félicité à laquelle j'avois tout à coup borné mes brillants projets.

Je fis cet extravagant voyage presque aussi agréablement toutéfois que je m'y étois attendu, mais non pas tout-à-fait de la même manière ; car bien que notre fontaine amusât quelques moments dans les cabarets les hôtesses et leurs servantes, il n'en falloit pas moins payer en sortant. Mais cela ne nous troubloit guère, et nous ne songions à tirer parti tout de bon de cette ressource que quand l'argent viendroit à nous manquer. Un accident nous en évita la peine : la fontaine se cassa près de Bramant ; et il en étoit temps, car nous sentions, sans oser nous le dire, qu'elle commençoit à nous ennuyer. Ce malheur nous rendit plus gais qu'auparavant, et nous rîmes beaucoup de notre étourderie, d'avoir oublié que nos habits et nos souliers s'useroient, ou d'avoir cru les renouveler avec le jeu de notre fontaine. Nous continuâmes notre voyage aussi alégrement que nous l'avions commencé, mais filant un peu plus droit vers le terme, où notre bourse tarissante nous faisoit une nécessité d'arriver.

A Chambéri je devins pensif, non sur la sottise que je venois de faire, jamais homme ne prit sitôt ni si bien son parti sur le passé, mais sur l'accueil qui m'attendoit chez madame de Warens ; car j'envisageois exactement sa maison comme ma maison paternelle. Je lui avois écrit mon entrée chez le comte de Gouvon; elle savoit sur quel pied j'y étois; et, en m'en félicitant, elle m'avoit donné des leçons très-sages sur la manière dont je devois correspondre aux bontés qu'on avoit pour moi. Elle regardoit ma fortune comme assurée si je ne la détruisois pas par ma faute. Qu'alloit-elle dire en me voyant arriver? Il ne me vint pas même à l'esprit qu'elle pût me fermer sa porte: mais je craignois le chagrin que j'allois lui donner; je craignois ses reproches, plus durs pour moi que la misère. Je résolus de tout endurer en silence et de tout faire pour l'apaiser. Je ne voyois plus dans l'univers qu'elle seule: vivre dans sa disgrâce étoit une chose qui ne se pouvoit pas.

Ce qui m'inquiétoit le plus étoit mon compagnon de voyage, dont je ne voulois pas lui donner le surcroît, et dont je craignois de ne pouvoir me débarrasser aisément. Je préparai cette séparation en vivant assez froidement avec lui la dernière journée. Le drôle me comprit; il étoit plus fou que sot. Je crus qu'il s'affecteroit de mon inconstance; j'eus tort, mon ami Bâcle ne s'affectoit de rien. A peine en entrant à Annecy avions-nous mis le pied dans la ville qu'il me dit: Te voilà chez toi, m'embrassa, me dit adieu, fit une pirouette, et disparut. Je n'ai jamais plus entendu parler de lui. Notre connoissance et notre amitié durèrent en tout environ six semaines, mais les suites en dureront autant que moi.

Que le cœur me battit en approchant de la maison de madame de Warens! mes jambes trembloient sous moi, mes yeux se couvroient d'un voile, je ne voyois rien, je n'entendois rien, je n'aurois reconnu personne; je fus contraint de m'arrêter plusieurs fois pour respirer et reprendre mes sens. Étoit-ce la crainte de ne pas obtenir les secours dont j'avois besoin qui me troubloit à ce point? À l'âge où j'étois, la peur de mourir de faim donne-t-elle de pareilles alarmes? Non, non; je le dis avec autant de vérité que de fierté, jamais en aucun temps de ma vie il n'appartint à l'intérêt ni à l'indigence de m'épanouir ou de me serrer le cœur. Dans le cours d'une vie inégale et mémorable par ses vicissitudes, souvent sans asile et sans pain, j'ai toujours vu du même œil l'opulence et la misère. Au besoin, j'aurois pu mendier ou voler comme un autre, mais non pas me troubler pour en être réduit là. Peu d'hommes ont autant gémi que moi, peu ont autant versé de pleurs dans leur vie; mais jamais la pauvreté ni la crainte d'y tomber ne m'ont fait pousser un soupir ni répandre une larme. Mon ame, à l'épreuve de la fortune, n'a connu de vrais biens ni de vrais maux que ceux qui ne dépendent pas d'elle; et c'est quand rien ne m'a manqué pour le nécessaire que je me suis senti le plus malheureux des mortels.

A peine parus-je aux yeux de madame de Warens que son air me rassura. Je tressaillis au premier son de sa voix; je me précipite à ses pieds, et dans les transports de la plus vive joie je colle ma bouche sur sa main. Pour elle, j'ignore si elle avoit su de mes nouvelles; mais je vis peu de surprise sur son visage, et je n'y vis aucun chagrin. Pauvre petit, me dit-elle d'un ton caressant, te revoilà donc? Je savois bien que tu étois trop jeune pour ce voyage; je suis bien aise au moins qu'il n'ait pas aussi mal tourné que j'avois craint. Ensuite elle me fit conter mon histoire; qui ne fut pas longue, et que je lui fis très-fidèlement, en supprimant cependant quelques articles, mais au reste sans m'épargner ni m'excuser.

Il fut question de mon gîte. Elle consulta sa femme de chambre. Je n'osois respirer durant cette délibération; mais quand j'entendis que je coucherois dans la maison, j'eus peine à me contenir, et je vis porter mon petit paquet dans la chambre qui m'étoit destinée, à peu près comme Saint-Preux vit remiser sa chaise chez madame de Wolmar. J'eus pour surcroît le plaisir d'apprendre que cette faveur ne seroit point passagère; et dans un moment où l'on me croyoit attentif à toute autre chose, j'entendis qu'elle disoit: On dira ce qu'on voudra; mais puisque la Providence me le renvoie, je suis déterminée à ne pas l'abandonner.

Me voilà donc enfin établi chez elle. Cet établissement ne fut pourtant pas encore celui dont je date les jours heureux de ma vie, mais il servit à le préparer. Quoique cette sensibilité de cœur qui nous fait vraiment jouir de nous soit l'ouvrage de la nature, et peut-être un produit de l'organisation, elle a besoin de situations qui la développent. Sans ces causes occasionelles, un homme né très-sensible ne sentiroit rien, et mourroit sans avoir connu son être. Tel à peu près j'avois été jusqu'alors, et tel j'aurois toujours été peut-être, si je n'avois jamais connu madame de Warens, où si, même l'ayant connue, je n'avois pas vécu assez long-temps auprès d'elle pour contracter la douce habitude des sentiments affectueux qu'elle m'inspira. J'oserai le dire, qui ne sent que l'amour ne sent pas ce qu'il y a de plus doux dans la vie. Je connois un autre sentiment, moins impétueux peut-être, mais plus délicieux mille fois, qui quelquefois est joint à l'amour, et qui souvent en est séparé. Ce sentiment n'est pas non plus l'amitié seule; il est plus voluptueux, plus tendre : je n'imagine pas qu'il puisse agir pour quelqu'un du même sexe; du moins je fus ami si jamais homme le fut, et je ne l'éprouvai jamais près d'aucun de mes amis. Ceci n'est pas clair, mais il le deviendra dans la suite; les sentiments ne se décrivent bien que par leurs effets.

Elle habitoit une vieille maison, mais assez grande pour avoir une belle pièce de réserve, dont elle fit sa chambre de parade, et qui fut celle où l'on me logea. Cette chambre étoit sur le passage dont j'ai parlé, où se fit notre première entrevue ; et au-delà du ruisseau et des jardins on découvroit la campagne. Cet aspect n'étoit pas pour le jeune habitant une chose indifférente. C'étoit depuis Bossey la première fois que j'avois du vert devant mes fenêtres. Toujours masqué par des murs, je n'avois eu sous les yeux que des toits ou le gris des rues. Combien cette nouveauté me fut sensible et douce! elle augmenta beaucoup mes dispositions à l'attendrissement. Je faisois de ce charmant paysage encore un des bienfaits de ma chère patrone : il me sembloit qu'elle l'avoit mis là tout exprès pour moi ; je m'y plaçois paisiblement auprès d'elle ; je la voyois partout entre les fleurs et la verdure ; ses charmes et ceux du printemps se confondoient à mes yeux. Mon cœur, jusqu'alors comprimé, se trouvoit plus au large dans cet espace, et mes soupirs s'exhaloient plus librement parmi ces vergers.

On ne trouvoit pas chez madame de Warens la magnificence que j'avois vue à Turin ; mais on y trouvoit la propreté, la décence et une abondance patriarcale avec laquelle le faste ne s'allie jamais. Elle avoit peu de vaisselle d'argent, point de porcelaine, point de gibier dans sa cuisine, ni dans sa cave de vins étrangers ; mais l'une et l'autre étoient bien garnies au service de tout le monde, et dans des tasses de faïence elle donnoit d'excellent café. Quiconque la venoit voir étoit invité à dîner avec elle ou chez elle ; et jamais ouvrier, messager ou passant ne sortoit sans manger ou boire. Son domestique étoit composé d'une femme de chambre fribourgeoise assez jolie, appelée Merceret, d'un valet de son pays appelé Claude Anet, dont il sera question dans la suite, d'une cuisinière, et de deux porteurs de louage quand elle alloit en visite, ce qu'elle faisoit rarement. Voilà bien des choses pour deux mille livres de rente ; cependant son petit revenu bien ménagé eût pu suffire à tout cela dans un pays où la terre est très-bonne et l'argent très-rare. Malheureusement l'économie ne fut jamais sa vertu favorite : elle s'endettoit, elle payoit ; l'argent faisoit la navette et tout alloit.

La manière dont son ménage étoit monté étoit précisément celle que j'aurois choisie : on peut croire que j'en profitois avec plaisir. Ce qui m'en plaisoit moins étoit qu'il falloit rester très-long-temps à table. Elle supportoit avec peine la première odeur du potage et des mets ; cette odeur la faisoit presque tomber en défaillance, et ce dégoût duroit long-temps. Elle se remettoit peu à peu, causoit et ne mangeoit point. Ce n'étoit qu'au bout d'une demi-heure qu'elle essayoit le premier morceau. J'aurois dîné trois fois dans cet intervalle ; mon repas étoit fait long-temps avant qu'elle eût commencé le sien. Je recommençois de compagnie ; ainsi je mangeois pour deux, et ne m'en trouvois pas plus mal. Enfin je me livrois d'autant plus au doux sentiment du bien-être que j'éprouvois auprès d'elle, que ce bien-être dont je jouissois n'étoit mêlé d'aucune inquiétude sur les moyens de le soutenir. N'étant point encore dans l'étroite confidence de ses affaires, je les supposois en état d'aller toujours sur le même pied. J'ai retrouvé les mêmes agréments dans sa maison par la suite ; mais, plus instruit de sa situation réelle, et voyant qu'ils anticipoient sur ses rentes, je ne les ai plus goûtés si tranquillement. La prévoyance a toujours gâté chez moi la jouissance. J'ai vu l'avenir à pure perte ; je n'ai jamais pu l'éviter.

Dès le premier jour, la familiarité la plus douce s'établit entre nous au même degré où elle a continué tout le reste de sa vie. Petit fut mon nom ; Maman fut le sien ; et toujours nous demeurâmes Petit et Maman, même quand le nombre des années en eut presque effacé la différence entre nous. Je trouve que ces deux noms rendent à merveille l'idée de notre ton, la simplicité de nos manières, et surtout la relation de nos cœurs. Elle fut pour moi la plus tendre des mères, qui jamais ne chercha son plaisir, mais toujours mon bien ; et si les sens entrèrent dans mon attachement pour elle, ce n'étoit pas pour en changer la nature, mais pour le rendre seulement plus exquis, pour m'enivrer du charme d'avoir une maman jeune et jolie qu'il m'étoit délicieux de caresser : je dis caresser au pied de la lettre, car jamais elle n'imagina de m'épargner les baisers ni les plus tendres caresses maternelles, et jamais il n'entra dans mon cœur d'en abuser. On dira que nous avons pourtant eu à la fin des relations d'une autre espèce; j'en conviens; mais il faut attendre, je ne puis tout dire à la fois.

Le coup d'œil de notre première entrevue fut le seul moment vraiment passionné qu'elle m'ait jamais fait sentir; encore ce moment fut-il l'ouvrage de la surprise. Mes regards indiscrets n'alloient jamais furetant sous son mouchoir, quoiqu'un embonpoint mal caché dans cette place eût bien pu les y attirer. Je n'avois ni transports ni désirs auprès d'elle; j'étois dans un calme ravissant, jouissant sans savoir de quoi. J'aurois ainsi passé ma vie et l'éternité même sans m'ennuyer un instant. Elle est la seule personne avec qui je n'ai jamais senti cette sécheresse de conversation qui me fait un supplice du devoir de la soutenir. Nos tête-à-tête étoient moins des entretiens qu'un babil intarissable, qui pour finir avoit besoin d'être interrompu. Loin de me faire une loi de parler, il falloit plutôt m'en faire une de me taire. A force de méditer ses projets elle tomboit souvent dans la rêverie. Eh bien! je la laissois rêver, je me taisois, je la contemplois, et j'étois le plus heureux des hommes. J'avois encore un tic fort singulier. Sans prétendre aux faveurs du tête-à-tête, je le recherchois sans cesse, et j'en jouissois avec une passion qui dégénéroit en fureur quand des importuns venoient le troubler. Sitôt que quelqu'un arrivoit, homme ou femme, il n'importoit pas, je sortois en murmurant, ne pouvant souffrir de rester en tiers auprès d'elle. J'allois compter les minutes dans son antichambre, maudissant mille fois ces éternels visiteurs, et ne pouvant concevoir ce qu'ils avoient tant à dire, parce que j'avois à dire encore plus.

Je ne sentois toute la force de mon attachement pour elle que quand je ne la voyois pas. Quand je la voyois je n'étois que content; mais mon inquiétude en son absence alloit au point d'être douloureuse. Le besoin de vivre avec elle me donnoit des élans d'attendrissement qui souvent alloient jusqu'aux larmes. Je me souviendrai toujours qu'un jour de grande fête, tandis qu'elle étoit à vêpres, j'allai me promener hors de la ville, le cœur plein de son image et du désir ardent de passer mes jours auprès d'elle. J'avois assez de sens pour voir que quant à présent cela n'étoit pas possible, et qu'un bonheur que je goûtois si bien seroit court. Cela donnoit à ma rêverie une tristesse qui n'avoit pourtant rien de sombre, et qu'un espoir flatteur tempéroit. Le son des cloches, qui m'a toujours singulièrement affecté, le chant des oiseaux, la beauté du jour, la douceur du paysage, les maisons éparses et champêtres dans lesquelles je plaçois en idée notre commune demeure; tout cela me frappoit tellement d'une impression vive, tendre, triste et touchante, que je me vis comme en extase transporté dans cet heureux temps et dans cet heureux séjour où mon cœur, possédant toute la félicité qui pouvoit lui plaire, la goûtoit dans des ravissements inexprimables, sans songer même à la volupté des sens. Je ne me souviens pas de m'être élancé jamais dans l'avenir avec plus de force et d'illusion que je fis alors; et ce qui m'a frappé le plus dans le souvenir de cette rêverie, quand elle s'est réalisée, c'est d'avoir retrouvé des objets tels exactement que je les avois imaginés. Si jamais rêve d'un homme éveillé eut l'air d'une vision prophétique, ce fut assurément celui-là [1]. Je n'ai été déçu que dans sa durée imaginaire; car les jours, et les ans, et la vie entière, s'y passoient dans une inaltérable tranquillité; au lieu qu'en effet tout cela n'a duré qu'un moment. Hélas! mon plus constant bonheur fut en songe : son accomplissement fut presque à l'instant suivi du réveil.

Je ne finirois pas si j'entrois dans le détail de toutes les folies que le souvenir de cette chère maman me faisoit faire quand je n'étois plus sous ses yeux. Combien de fois j'ai baisé mon lit en songeant qu'elle y avoit couché; mes rideaux, tous

---

[1] * Voyez ci-après, livre VI, le récit d'une promenade faite un jour de Saint-Louis, avec madame de Warens, lorsqu'elle habitoit les Charmettes.

les meubles de ma chambre, en songeant qu'ils étoient à elle, que sa belle main les avoit touchés; le plancher même sur lequel je me prosternois en songeant qu'elle y avoit marché ! Quelquefois même en sa présence il m'échappoit des extravagances que le plus violent amour seul sembloit pouvoir inspirer. Un jour à table, au moment qu'elle avoit mis un morceau dans sa bouche, je m'écrié que j'y vois un cheveu : elle rejette le morceau sur son assiette; je m'en saisis avidement et l'avale. En un mot, de moi à l'amant le plus passionné il n'y avoit qu'une différence unique, mais essentielle, et qui rend mon état presque inconcevable à la raison.

J'étois revenu d'Italie, non tout-à-fait comme j'y étois allé, mais comme peut-être jamais à mon âge on n'en est revenu. J'en avois rapporté non ma virginité, mais mon pucelage. J'avois senti le progrès des ans; mon tempérament inquiet s'étoit enfin déclaré, et sa première éruption, très-involontaire, m'avoit donné sur ma santé des alarmes qui peignent mieux que toute autre chose l'innocence dans laquelle j'avois vécu jusqu'alors. Bientôt rassuré, j'appris ce dangereux supplément qui trompe la nature, et sauve aux jeunes gens de mon humeur beaucoup de désordres aux dépens de leur santé, de leur vigueur, et quelquefois de leur vie. Ce vice, que la honte et la timidité trouvent si commode, a de plus un grand attrait pour les imaginations vives; c'est de disposer, pour ainsi dire, à leur gré, de tout le sexe, et de faire servir à leurs plaisirs la beauté qui les tente sans avoir besoin d'obtenir son aveu. Séduit par ce funeste avantage, je travaillois à détruire la bonne constitution qu'avoit rétablie en moi la nature, et à qui j'avois donné le temps de se bien former. Qu'on ajoute à cette disposition le local de ma situation présente; logé chez une jolie femme, caressant son image au fond de mon cœur, la voyant sans cesse dans la journée; le soir entouré d'objets qui me la rappellent, couché dans un lit où je sais qu'elle a couché. Que de stimulants! tel lecteur qui se les représente me regarde déjà comme à demi mort. Tout au contraire, ce qui devoit me perdre fut précisément ce qui me sauva, du moins pour un temps. Enivré du charme de vivre auprès d'elle, du désir ardent d'y passer mes jours, absente ou présente, je voyois toujours en elle une tendre mère, une sœur chérie, une délicieuse amie, et rien de plus. Je la voyois toujours ainsi, toujours la même, et ne voyois jamais qu'elle. Son image, toujours présente à mon cœur, n'y laissoit place à nulle autre; elle étoit pour moi la seule femme qui fût au monde; et l'extrême douceur des sentiments qu'elle m'inspiroit, ne laissant pas à mes sens le temps de s'éveiller pour d'autres, me garantissoit d'elle et de tout son sexe. En un mot, j'étois sage parce que je l'aimois. Sur ces effets, que je rends mal, dise qui pourra de quelle espèce étoit mon attachement pour elle. Pour moi, tout ce que je puis dire c'est que s'il paroît déjà fort extraordinaire, dans la suite il le paroîtra beaucoup plus.

Je passois mon temps le plus agréablement du monde, occupé des choses qui me plaisoient le moins. C'étoient des projets à rédiger; des mémoires à mettre au net, des recettes à transcrire; c'étoient des herbes à trier, des drogues à piler, des alambics à gouverner. Tout à travers tout cela venoient des foules de passants, de mendiants, de visites de toute espèce. Il falloit entretenir tout à la fois un soldat, un apothicaire, un chanoine, une belle dame, un frère lai. Je pestois, je grommelois, je jurois, je donnois au diable toute cette maudite cohue. Pour elle, qui prenoit tout en gaieté, mes fureurs la faisoient rire aux larmes; et ce qui la faisoit rire encore plus étoit de me voir d'autant plus furieux que je ne pouvois moi-même m'empêcher de rire. Ces petits intervalles où j'avois le plaisir de grogner étoient charmants; et s'il survenoit un nouvel importun durant la querelle, elle en savoit encore tirer parti pour l'amusement en prolongeant malicieusement la visite, et me jetant des coups d'œil pour lesquels je l'aurois volontiers battue. Elle avoit peine à s'abstenir d'éclater en me voyant, contraint et retenu par la bienséance, lui faire des yeux de possédé, tandis qu'au fond de mon cœur, et même en dépit de moi, je trouvois tout cela très-comique.

Tout cela, sans me plaire en soi, m'amusoit pourtant parce qu'il faisoit partie d'une manière d'être qui m'étoit charmante. Rien de ce qui se faisoit autour de moi, rien de tout ce qu'on me faisoit faire n'étoit selon mon goût, mais tout étoit selon mon cœur. Je crois que je serois parvenu à aimer la médecine, si mon dégoût pour elle n'eût fourni des scènes folâtres qui nous égayoient sans cesse : c'est peut-être la première fois que cet art a produit un pareil effet. Je prétendois connoître à l'odeur un livre de médecine, et ce qu'il y a de plaisant est que je m'y trompois rarement. Elle me faisoit goûter des plus détestables drogues. J'avois beau fuir ou vouloir me défendre; malgré ma résistance et mes horribles grimaces, malgré moi et mes dents, quand je voyois ses jolis doigts barbouillés s'approcher de ma bouche il falloit finir par l'ouvrir et sucer. Quand tout son petit ménage étoit rassemblé dans la même chambre, à nous entendre courir et crier au milieu des éclats de rire, on eût cru qu'on y jouoit quelque farce, et non pas qu'on y faisoit de l'opiat ou de l'élixir.

Mon temps ne se passoit pourtant pas tout entier à ces polissonneries. J'avois trouvé quelques livres dans la chambre que j'occupois; le Spectateur, Puffendorf, Saint-Évremond, la Henriade. Quoique je n'eusse plus mon ancienne fureur de lecture, par désœuvrement je lisois un peu de tout cela. Le Spectateur surtout me plut beaucoup, et me fit du bien. M. l'abbé de Gouvon m'avoit appris à lire moins avidement et avec plus de de réflexion; la lecture me profitoit mieux. Je m'accoutumois à réfléchir sur l'élocution, sur les constructions élégantes; je m'exerçois à discerner le françois pur de mes idiomes provinciaux. Par exemple, je fus corrigé d'une faute d'orthographe, que je faisois avec tous nos Génevois, par ces deux vers de la Henriade :

Soit qu'un ancien respect pour le sang de leur maître
Parlât encore pour lui dans le cœur de ces traîtres.

Ce mot *parlât*, qui me frappa, m'apprit qu'il falloit un *t* à la troisième personne du subjonctif, au lieu qu'auparavant je l'écrivois et prononçois *parla* comme le parfait de l'indicatif.

Quelquefois je causois avec maman de mes lectures; quelquefois je lisois auprès d'elle : j'y prenois grand plaisir; je m'exerçois à bien lire, et cela me fut utile aussi. J'ai dit qu'elle avoit l'esprit orné : il étoit alors dans toute sa fleur. Plusieurs gens de lettres s'étoient empressés à lui plaire, et lui avoient appris à juger des ouvrages d'esprit. Elle avoit, si je puis parler ainsi, le goût un peu protestant; elle ne parloit que de Bayle, et faisoit grand cas de Saint-Évremond, qui depuis long-temps étoit mort en France. Mais cela n'empêchoit pas qu'elle ne connût la bonne littérature et qu'elle n'en parlât fort bien. Elle avoit été élevée dans des sociétés choisies; et, venue en Savoie encore jeune, elle avoit perdu dans le commerce charmant de la noblesse du pays ce ton maniéré du pays de Vaud, où les femmes prennent le bel esprit pour l'esprit du monde, et ne savent parler que par épigrammes.

Quoiqu'elle n'eût vu la cour qu'en passant, elle y avoit jeté un coup d'œil rapide qui lui avoit suffi pour la connoître. Elle s'y conserva toujours des amis, et, malgré de secrètes jalousies, malgré les murmures qu'excitoient sa conduite et ses dettes, elle n'a jamais perdu sa pension. Elle avoit l'expérience du monde, et l'esprit de réflexion qui fait tirer parti de cette expérience. C'étoit le sujet favori de ses conversations, et c'étoit précisément, vu mes idées chimériques, la sorte d'instruction dont j'avois le plus grand besoin. Nous lisions ensemble La Bruyère : il lui plaisoit plus que La Rochefoucauld, livre triste et désolant, principalement dans la jeunesse, où l'on n'aime pas à voir l'homme comme il est. Quand elle moralisoit, elle se perdoit quelquefois un peu dans les espaces; mais, en lui baisant de temps en temps la bouche ou les mains, je prenois patience, et ses longueurs ne m'ennuyoient pas.

Cette vie étoit trop douce pour pouvoir durer. Je le sentois, et l'inquiétude de la voir finir étoit la seule chose qui en troubloit la jouissance. Tout en folâtrant, maman m'étudioit, m'observoit, m'interrogeoit, et bâtissoit pour ma fortune force projets dont je me serois bien passé. Heureusement, ce n'étoit pas le tout de connoître mes penchants, mes goûts, mes petits talents; il falloit trouver ou faire naître les occasions d'en tirer parti, et tout cela n'étoit pas l'affaire d'un jour. Les préjugés même qu'avoit conçus la pauvre femme en faveur de mon mérite reculoient les moments de le mettre en œuvre, en la rendant plus difficile sur le choix des moyens. Enfin tout alloit au gré de mes désirs, grâce à la bonne opinion qu'elle avoit de moi : mais il en fallut rabattre, et dès lors adieu la tranquillité. Un de ses parents, appelé M. d'Aubonne, la vint voir. C'étoit un homme de beaucoup d'esprit, intrigant, génie à projets comme elle, mais qui ne s'y ruinoit pas, une espèce d'aventurier. Il venoit de proposer au cardinal de Fleury un plan de loterie très-composée, qui n'avoit pas été goûté. Il alloit le proposer à la cour de Turin, où il fut adopté et mis en exécution. Il s'arrêta quelque temps à Annecy, et y devint amoureux de madame l'intendante, qui étoit une personne fort aimable, fort de mon goût, et la seule que je visse avec plaisir chez maman. M. d'Aubonne me vit; sa parente lui parla de moi : il se chargea de m'examiner, de voir à quoi j'étois propre, et, s'il me trouvoit de l'étoffe, de chercher à me placer.

Madame de Warens m'envoya chez lui deux ou trois matins de suite, sous prétexte de quelque commission, et sans me prévenir de rien. Il s'y prit très-bien pour me faire jaser, se familiarisa avec moi, me mit à mon aise autant qu'il étoit possible, me parla de niaiseries et de toutes sortes de sujets, le tout sans paroître m'observer, sans la moindre affectation, et comme si, se plaisant avec moi, il eût voulu converser sans gêne. J'étois enchanté de lui. Le résultat de ses observations fut que, malgré ce que promettoient mon extérieur et ma physionomie animée, j'étois sinon tout-à-fait inepte, au moins un garçon de peu d'esprit, sans idées, presque sans acquis, très-borné en un mot à tous égards, et que l'honneur de devenir quelque jour curé de village étoit la plus haute fortune à laquelle je dusse aspirer. Tel fut le compte qu'il rendit de moi à madame de Warens. Ce fut la seconde ou troisième fois que je fus ainsi jugé : ce ne fut pas la dernière, et l'arrêt de M. Masseron a souvent été confirmé.

La cause de ces jugements tient trop à mon caractère pour n'avoir pas ici besoin d'explication ; car en conscience on sent bien que je ne puis sincèrement y souscrire, et qu'avec toute l'impartialité possible, quoi qu'aient pu dire messieurs Masseron, d'Aubonne et beaucoup d'autres, je ne les saurois prendre au mot.

Deux choses presque inalliables s'unissent en

moi sans que j'en puisse concevoir la manière : un tempérament très-ardent, des passions vives, impétueuses, et des idées lentes à naître, embarrassées et qui ne se présentent jamais qu'après coup. On diroit que mon cœur et mon esprit n'appartiennent pas au même individu. Le sentiment, plus prompt que l'éclair, vient remplir mon ame; mais au lieu de m'éclairer, il me brûle et m'éblouit. Je sens tout et je ne vois rien. Je suis emporté, mais stupide ; il faut que je sois de sang-froid pour penser. Ce qu'il y a d'étonnant est que j'ai cependant le tact assez sûr, de la pénétration, de la finesse même, pourvu qu'on m'attende : je fais d'excellents impromptu à loisir, mais sur le temps je n'ai jamais rien fait ni dit qui vaille. Je ferois une fort jolie conversation par la poste, comme on dit que les Espagnols jouent aux échecs. Quand je lus le trait d'un duc de Savoie qui se retourna, faisant route, pour crier, *A votre gorge, marchand de Paris*, je dis, Me voilà.

Cette lenteur de penser jointe à cette vivacité de sentir, je ne l'ai pas seulement dans la conversation, je l'ai même seul et quand je travaille. Mes idées s'arrangent dans ma tête avec la plus incroyable difficulté : elles y circulent sourdement, elles y fermentent jusqu'à m'émouvoir, m'échauffer, me donner des palpitations; et, au milieu de toute cette émotion, je ne vois rien nettement; je ne saurois écrire un seul mot, il faut que j'attende. Insensiblement ce grand mouvement s'apaise, ce chaos se débrouille, chaque chose vient se mettre à sa place, mais lentement, et après une longue et confuse agitation. N'avez-vous point vu quelquefois l'opéra en Italie? Dans les changements de scène il règne sur ces grands théâtres un désordre désagréable et qui dure assez long-temps; toutes les décorations sont entremêlées; on voit de toutes parts un tiraillement qui fait peine, on croit que tout va renverser : cependant peu à peu tout s'arrange, rien ne manque, et l'on est tout surpris de voir succéder à ce long tumulte un spectacle ravissant. Cette manœuvre est à peu près celle qui se fait dans mon cerveau quand je veux écrire. Si j'avois su premièrement attendre, et puis rendre dans leur beauté les choses qui s'y sont ainsi peintes, peu d'auteurs m'auroient surpassé.

De là vient l'extrême difficulté que je trouve à écrire. Mes manuscrits, raturés, barbouillés, mêlés, indéchiffrables, attestent la peine qu'ils m'ont coûtée. Il n'y en a pas un qu'il ne m'ait fallu transcrire quatre ou cinq fois avant de le donner à la presse. Je n'ai jamais pu rien faire la plume à la main vis-à-vis d'une table et de mon papier; c'est à la promenade, au milieu des rochers et des bois, c'est la nuit dans mon lit et durant mes insomnies, que j'écris dans mon cerveau : l'on peut juger avec quelle lenteur, surtout pour un homme absolument dépourvu de mémoire verbale, et qui de la vie n'a pu retenir six vers par cœur. Il y a telle de mes périodes que j'ai tournée et retournée cinq ou six nuits dans ma tête avant qu'elle fût en état d'être mise sur le papier. De là vient encore que je réussis mieux aux ouvrages qui demandent du travail qu'à ceux qui veulent être faits avec une certaine légèreté, comme les lettres, genre dont je n'ai jamais pu prendre le ton, et dont l'occupation me met au supplice. Je n'écris point de lettres sur les moindres sujets qui ne me coûtent des heures de fatigue, ou, si je veux écrire de suite ce qui me vient, je ne sais ni commencer ni finir; ma lettre est un long et confus verbiage; à peine m'entend-on quand on la lit.

Non seulement les idées me coûtent à rendre, elles me coûtent même à recevoir. J'ai étudié les hommes, et je me crois assez bon observateur: cependant je ne sais rien voir de ce que je vois; je ne vois bien que ce que je me rappelle, et je n'ai de l'esprit que dans mes souvenirs. De tout ce qu'on dit, de tout ce qu'on fait, de tout ce qui se passe en ma présence, je ne sens rien, je ne pénètre rien. Le signe extérieur est tout ce qui me frappe. Mais ensuite tout cela me revient: je me rappelle le lieu, le temps, le ton, le regard, le geste, la circonstance; rien ne m'échappe. Alors, sur ce qu'on a fait ou dit, je trouve ce qu'on a pensé; et il est rare que je me trompe.

Si peu maître de mon esprit seul avec moi-même, qu'on juge de ce que je dois être dans la conversation, où, pour parler à propos, il faut penser à la fois et sur-le-champ à mille choses. La seule idée de tant de convenances, dont je suis sûr d'oublier au moins quelqu'une, suffit pour m'intimider. Je ne comprends pas même comment on ose parler dans un cercle; car à chaque mot il faudroit passer en revue tous les gens qui sont là; il faudroit connoître tous leurs caractères, savoir leurs histoires, pour être sûr de ne rien dire qui puisse offenser quelqu'un. Là-dessus, ceux qui vivent dans le monde ont un grand avantage : sachant mieux ce qu'il faut taire, ils sont plus sûrs de ce qu'ils disent; encore leur échappe-t-il souvent des balourdises. Qu'on juge de celui qui tombe là des nues : il lui est presque impossible de parler une minute impunément. Dans le tête-à-tête, il y a un autre inconvénient que je trouve pire, la nécessité de parler toujours : quand on vous parle il faut répondre, et si l'on ne dit mot il faut relever la conversation. Cette insupportable contrainte m'eût seule dégoûté de la société. Je ne trouve point de gêne plus terrible que l'obligation de parler sur-le-champ et toujours. Je ne sais si ceci tient à ma mortelle aversion pour tout assujettissement; mais c'est assez qu'il faille absolument que je parle pour que je dise une sottise infailliblement.

Ce qu'il y a de plus fatal est qu'au lieu de savoir me taire quand je n'ai rien à dire, c'est alors que, pour payer plus tôt ma dette, j'ai la fureur de vouloir parler. Je me hâte de balbutier promptement des paroles sans idées, trop heureux quand elles ne signifient rien du tout. En voulant vaincre ou cacher mon ineptie, je manque rarement de la montrer. Entre mille exemples que j'en pourrois citer, j'en prends un qui n'est pas de ma jeunesse, mais d'un temps où, ayant vécu plusieurs années dans le monde, j'en aurois pris l'aisance et le ton, si la chose eût été possible. J'étois un soir entre deux grandes dames et un homme qu'on peut nommer, c'étoit M. le duc de Gontaut. Il n'y avoit personne autre dans la chambre, et je m'efforçois de fournir quelques mots, Dieu sait quels! à une conversation entre quatre personnes, dont trois n'avoient assurément pas besoin de mon supplément. La maîtresse de la maison se fit apporter une opiate dont elle prenoit tous les jours deux fois pour son estomac. L'autre dame, lui voyant faire la grimace, dit en riant : Est-ce de l'opiate de M. Tronchin ? Je ne crois pas, répondit sur le même ton la première. Je crois qu'elle ne vaut guère mieux, ajouta galamment le spirituel Rousseau[1]. Tout le monde resta interdit ; il n'é-

---

[1] * On peut dire *opiate* au féminin, comme *opiat* au masculin ; mais ce dernier est le seul dont l'Académie fasse mention. L'*opiat* ou la *marmelade de Tronchin* est un composé de pulpe de casse,

chappa ni le moindre mot ni le moindre sourire, et l'instant d'après la conversation prit un autre tour. Vis-à-vis d'une autre, la balourdise eût pu n'être que plaisante; mais adressée à une femme trop aimable pour n'avoir pas un peu fait parler d'elle, et qu'assurément je n'avois pas dessein d'offenser, elle étoit terrible; et je crois que les deux témoins, homme et femme, eurent bien de la peine à s'empêcher d'éclater. Voilà de ces traits d'esprit qui m'échappent pour vouloir parler sans trouver rien à dire. J'oublierai difficilement celui-là; car, outre qu'il est par lui-même très-mémorable, j'ai dans la tête qu'il a eu des suites qui ne me le rappellent que trop souvent.

Je crois que voilà de quoi faire assez comprendre comment, n'étant pas un sot, j'ai cependant souvent passé pour l'être, même chez des gens en état de bien juger : d'autant plus malheureux que ma physionomie et mes yeux promettent davantage, et que cette attente frustrée rend plus choquante aux autres ma stupidité. Ce détail, qu'une occasion particulière a fait naître, n'est pas inutile à ce qui doit suivre. Il contient la clef de bien des choses extraordinaires qu'on m'a vu faire

---

de manne en larmes, et d'huile d'amende douce, dont l'effet est légèrement purgatif. — Quant aux deux *grandes dames* qu'en ce moment il ne croit pas devoir nommer, il les fait connoître ci-après au livre X : c'étoit madame de Luxembourg qui prenoit l'opiat; l'autre dame étoit madame de Mirepoix.

et qu'on attribue à une humeur sauvage que je n'ai point. J'aimerois la société comme un autre, si je n'étois sûr de m'y montrer non seulement à mon désavantage, mais tout autre que je ne suis. Le parti que j'ai pris d'écrire et de me cacher est précisément celui qui me convenoit. Moi présent, on n'auroit jamais su ce que je valois, on ne l'auroit pas soupçonné même; et c'est ce qui est arrivé à madame Dupin, quoique femme d'esprit, et quoique j'aie vécu dans sa maison plusieurs années : elle me l'a dit bien des fois elle-même depuis ce temps-là. Au reste tout ceci souffre de certaines exceptions, et j'y reviendrai dans la suite [1].

La mesure de mes talents ainsi fixée; l'état qui me convenoit ainsi désigné, il ne fut plus question, pour la seconde fois, que de remplir ma vocation. La difficulté fut que je n'avois pas fait mes études, et que je ne savois pas même assez de latin pour

[1] * Nous verrons bientôt une de ces exceptions dans le récit qu'il fera ci-après au livre IV, lorsque admis à l'audience du sénat de Berne avec l'archimandrite auquel il s'étoit attaché comme interprète, il fut obligé d'exposer sur-le-champ et sans avoir pu s'y préparer l'objet et les motifs de sa mission. On sait d'ailleurs qu'en société, lorsque le sujet de la conversation l'intéressoit vivement, et surtout lorsqu'il se croyoit sûr des bonnes dispositions de ceux qui l'écoutoient, il parloit avec autant de facilité que de grâce ou d'énergie, suivant la nature du sujet. Mais nul à cet égard ne lui rend un témoignage plus remarquable que Dusaulx dans le récit d'un dîner qui eut lieu chez lui en 1771, et où Rousseau se trouvoit avec d'autres personnes qu'il voyoit pour la première fois.

être prêtre. Madame de Warens imagina de me faire instruire au séminaire pendant quelque temps. Elle en parla au supérieur. C'étoit un lazariste appelé M. Gros, bon petit homme, à moitié borgne, maigre, grison, le plus spirituel et le moins pédant lazariste que j'aie connu; ce qui n'est pas beaucoup dire à la vérité.

Il venoit quelquefois chez maman, qui l'accueilloit, le caressoit, l'agaçoit même, et se faisoit quelquefois lacer par lui, emploi dont il se chargeoit assez volontiers. Tandis qu'il étoit en fonction, elle couroit par la chambre de côté et d'autre, faisoit tantôt ceci, tantôt cela. Tiré par le lacet, monsieur le supérieur suivoit en grondant, et disant à tout moment : Mais, madame, tenez-vous donc. Cela faisoit un sujet assez pittoresque.

M. Gros se prêta de bon cœur au projet de maman. Il se contenta d'une pension très-modi-

« A quelques nuages près, mon Dieu, qu'il fut aimable ce jour-là!
« tantôt enjoué, tantôt sublime. Avant le dîner il nous raconta
« quelques-unes des plus innocentes anecdotes consignées dans
« ses Confessions. Plusieurs d'entre nous les connoissoient déjà,
« mais il sut leur donner une physionomie nouvelle, et plus de
« mouvement encore que dans son livre. J'ose dire qu'il ne se con-
« noissoit pas lui-même, lorsqu'il prétendoit que la nature lui
« avoit refusé le talent de la parole : la solitude sans doute avoit
« concentré ce talent en lui-même; mais dans ses moments d'a-
« bandon, et lorsque rien ne l'offusquoit, il débondoit comme un
« torrent impétueux à qui rien ne résiste. » *De mes rapports avec J. J. Rousseau*, p. 99.

que, et se chargea de l'instruction. Il ne fut question que du consentement de l'évêque, qui non seulement l'accorda, mais qui voulut payer la pension. Il permit aussi que je restasse en habit laïque jusqu'à ce qu'on pût juger, par un essai, du succès qu'on devoit espérer.

Quel changement! il fallut m'y soumettre. J'allai au séminaire comme j'aurois été au supplice. La triste maison qu'un séminaire, surtout pour qui sort de celle d'une aimable femme! J'y portai un seul livre, que j'avois prié maman de me prêter, et qui me fut d'une grande ressource. On ne devinera pas quelle sorte de livre c'étoit : un livre de musique. Parmi les talents qu'elle avoit cultivés, la musique n'avoit pas été oubliée. Elle avoit de la voix, chantoit passablement, et jouoit un peu du clavecin : elle avoit eu la complaisance de me donner quelques leçons de chant; et il fallut commencer de loin, car à peine savois-je la musique de nos psaumes. Huit ou dix leçons de femme, et fort interrompues, loin de me mettre en état de solfier, ne m'apprirent pas le quart des signes de la musique. Cependant j'avois une telle passion pour cet art, que je voulus essayer de m'exercer seul. Le livre que j'emportai n'étoit pas même des plus faciles; c'étoit les cantates de Clerambault. On concevra quelle fut mon application et mon obstination, quand je dirai que, sans connoître ni transposition ni quantité, je parvins à déchiffrer et chanter sans faute le premier récitatif et le premier air de la cantate d'*Alphée et Aréthuse*; et il est vrai que cet air est scandé si juste, qu'il ne faut que réciter les vers avec leur mesure pour y mettre celle de l'air.

Il y avoit au séminaire un maudit lazariste qui m'entreprit, et qui me fit prendre en horreur le latin qu'il vouloit m'enseigner. Il avoit des cheveux plats, gras et noirs, un visage de pain d'épice, une voix de buffle, un regard de chat-huant, des crins de sanglier au lieu de barbe; son sourire étoit sardonique; ses membres jouoient comme les poulies d'un mannequin : j'ai oublié son odieux nom; mais sa figure effrayante et doucereuse m'est bien restée! et j'ai peine à me la rappeler sans frémir. Je crois le rencontrer encore dans les corridors, avançant gracieusement son crasseux bonnet carré pour me faire signe d'entrer dans sa chambre, plus affreuse pour moi qu'un cachot. Qu'on juge du contraste d'un pareil maître pour le disciple d'un abbé de cour!

Si j'étois resté deux mois à la merci de ce monstre, je suis persuadé que ma tête n'y auroit pas résisté. Mais le bon M. Gros, qui s'aperçut que j'étois triste, que je ne mangeois pas, que je maigrissois, devina le sujet de mon chagrin; cela n'étoit pas difficile. Il m'ôta des griffes de ma bête, et, par un autre contraste encore plus marqué, me remit au plus doux des hommes : c'étoit un jeune abbé faucigneran ¹ appelé M. Gâtier, qui faisoit son séminaire, et qui, par complaisance pour M. Gros, et je crois par humanité, vouloit bien prendre sur ses études le temps qu'il donnoit à diriger les miennes. Je n'ai jamais vu de physionomie plus touchante que celle de M. Gâtier. Il étoit blond, et sa barbe tiroit sur le roux : il avoit le maintien ordinaire aux gens de sa province, qui, sous une figure épaisse, cachent tous beaucoup d'esprit; mais ce qui se marquoit vraiment en lui étoit une ame sensible, affectueuse, aimante. Il y avoit dans ses grands yeux bleus un mélange de douceur, de tendresse et de tristesse, qui faisoit qu'on ne pouvoit le voir sans s'intéresser à lui. Aux regards, au ton de ce pauvre jeune homme, on eût dit qu'il prévoyoit sa destinée, et qu'il se sentoit né pour être malheureux.

Son caractère ne démentoit point sa physionomie; plein de patience et de complaisance, il sembloit plutôt étudier avec moi que m'instruire. Il n'en falloit pas tant pour me le faire aimer ; son prédécesseur avoit rendu cela très-facile. Cependant, malgré tout le temps qu'il me donnoit, malgré toute la bonne volonté que nous y mettions l'un et l'autre, et quoiqu'il s'y prît très-bien, j'avançai peu en travaillant beaucoup. Il est singulier qu'avec assez de conception, je n'ai jamais pu

---

¹ * C'est-à-dire né dans le Faucigny, petite province du duché de Savoie.

rien apprendre avec des maîtres, excepté mon père et M. Lambercier. Le peu que je sais de plus je l'ai appris seul, comme on verra ci-après. Mon esprit impatient de toute espèce de joug ne peut s'asservir à la loi du moment; la crainte même de ne pas apprendre m'empêche d'être attentif: de peur d'impatienter celui qui me parle, je feins d'entendre, il va en avant, et je n'entends rien. Mon esprit veut marcher à son heure, il ne peut se soumettre à celle d'autrui.

Le temps des ordinations étant venu, M. Gâtier s'en retourna diacre dans sa province. Il emporta mes regrets, mon attachement, ma reconnoissance. Je fis pour lui des vœux qui n'ont pas été plus exaucés que ceux que j'ai faits pour moi-même. Quelques années après j'appris qu'étant vicaire dans une paroisse, il avoit fait un enfant à une fille, la seule dont avec un cœur très-tendre il eût jamais été amoureux. Ce fut un scandale effroyable dans un diocèse administré très-sévèrement. Les prêtres, en bonne règle, ne doivent faire des enfants qu'à des femmes mariées. Pour avoir manqué à cette loi de convenance, il fut mis en prison, diffamé, chassé. Je ne sais s'il aura pu dans la suite rétablir ses affaires : mais le sentiment de son infortune, profondément gravé dans mon cœur, me revint quand j'écrivis l'*Émile*; et, réunissant M. Gâtier avec M. Gaime, je fis de ces deux dignes prêtres l'original du vicaire savoyard. Je me flatte que l'imitation n'a pas déshonoré ses modèles.

Pendant que j'étois au séminaire, M. d'Aubonne fut obligé de quitter Annecy. Monsieur l'intendant s'avisa de trouver mauvais qu'il fît l'amour à sa femme. C'étoit faire comme le chien du jardinier; car, quoique madame Corvezi fût aimable, il vivoit fort mal avec elle; des goûts ultramontains la lui rendoient inutile, et il la traitoit si brutalement qu'il fut question de séparation. M. Corvezi étoit un vilain homme, noir comme une taupe, fripon comme une chouette, et qui à force de vexations finit par se faire chasser lui-même. On dit que les Provençaux se vengent de leurs ennemis par des chansons : M. d'Aubonne se vengea du sien par une comédie ; il envoya cette pièce à madame de Warens, qui me la fit voir. Elle me plut, et me fit naître la fantaisie d'en faire une pour essayer si j'étois en effet aussi bête que l'auteur l'avoit prononcé : mais ce ne fut qu'à Chambéri que j'exécutai ce projet en écrivant l'*Amant de lui-même*. Ainsi quand j'ai dit dans la préface de cette pièce que je l'avois écrite à dix-huit ans, j'ai menti de quelques années.

C'est à peu près à ce temps-ci que se rapporte un événement peu important en lui-même, mais qui a eu pour moi des suites, et qui a fait du bruit dans le monde quand je l'avois oublié. Toutes les semaines j'avois une fois la permission de sortir;

je n'ai pas besoin de dire quel usage j'en faisois. Un dimanche que j'étois chez maman, le feu prit à un bâtiment des cordeliers attenant à la maison qu'elle occupoit. Ce bâtiment, où étoit leur four, étoit plein jusqu'au comble de fascines sèches. Tout fut embrasé en très-peu de temps : la maison étoit en grand péril et couverte par les flammes que le vent y portoit. On se mit en devoir de déménager en hâte et de porter les meubles dans le jardin, qui étoit vis-à-vis mes anciennes fenêtres et au-delà du ruisseau dont j'ai parlé. J'étois si troublé, que je jetois indifféremment par la fenêtre tout ce qui me tomboit sous la main, jusqu'à un gros mortier de pierre qu'en tout autre temps j'aurois eu peine à soulever. J'étois prêt à y jeter de même une grande glace si quelqu'un ne m'eût retenu. Le bon évêque, qui étoit venu voir maman ce jour-là, ne resta pas non plus oisif : il l'emmena dans le jardin, où il se mit en prières avec elle et tous ceux qui étoient là ; en sorte qu'arrivant quelque temps après, je vis tout le monde à genoux, et m'y mis comme les autres. Durant la prière du saint homme le vent changea, mais si brusquement et si à propos, que les flammes qui couvroient la maison et entroient déjà par les fenêtres furent portées de l'autre côté de la cour, et la maison n'eut aucun mal. Deux ans après, M. de Bernex étant mort, les antonins, ses anciens confrères, commencèrent à recueillir les pièces qui pouvoient servir à sa béatification. A la prière du père Boudet, je joignis à ces pièces une attestation du fait que je viens de rapporter, en quoi je fis bien : mais en quoi je fis mal, ce fut de donner ce fait pour un miracle. J'avois vu l'évêque en prière, et durant sa prière j'avois vu le vent changer et même très à propos; voilà ce que je pouvois dire et certifier : mais qu'une de ces deux choses fût la cause de l'autre, voilà ce que je ne devois pas attester, parce que je ne pouvois le savoir. Cependant, autant que je puis me rappeler mes idées, alors sincèrement catholique, j'étois de bonne foi. L'amour du merveilleux, si naturel au cœur humain, ma vénération pour ce vertueux prélat, l'orgueil secret d'avoir peut-être contribué moi-même au miracle, aidèrent à me séduire; et ce qu'il y a de sûr est que si ce miracle eût été l'effet des plus ardentes prières, j'aurois bien pu m'en attribuer ma part.

Plus de trente ans après, lorsque j'eus publié les *Lettres de la Montagne*, M. Fréron déterra ce certificat, je ne sais comment, et en fit usage dans ses feuilles. Il faut avouer que la découverte étoit heureuse, et l'à-propos me parut à moi-même très-plaisant.

J'étois destiné à être le rebut de tous les états. Quoique M. Gâtier eût rendu de mes progrès le compte le moins défavorable qu'il lui fût possible, on voyoit qu'ils n'étoient pas proportionnés à mon travail, et cela n'étoit pas encourageant pour me faire pousser mes études. Aussi l'évêque et le supérieur se rebutèrent-ils, et on me rendit à madame de Warens comme un sujet qui n'étoit pas même bon pour être prêtre, au reste assez bon garçon, disoit-on, et point vicieux : ce qui fit que, malgré tant de préjugés rebutants sur mon compte, elle ne m'abandonna pas.

Je rapportai chez elle en triomphe son livre de musique, dont j'avois tiré si bon parti. Mon air d'*Alphée et Aréthuse* étoit à peu près tout ce que j'avois appris au séminaire. Mon goût marqué pour cet art lui fit naître la pensée de me faire musicien : l'occasion étoit commode ; on faisoit chez elle, au moins une fois la semaine, de la musique, et le maître de musique de la cathédrale, qui dirigeoit ce petit concert, venoit la voir très-souvent. C'étoit un Parisien nommé M. Le Maître, bon compositeur, fort vif, fort gai, jeune encore, assez bien fait, peu d'esprit, mais au demeurant très-bon homme. Maman me fit faire sa connoissance : je m'attachois à lui, je ne lui déplaisois pas : on parla de pension, l'on en convint. Bref, j'entrai chez lui, et j'y passai l'hiver d'autant plus agréablement que, la maîtrise n'étant qu'à vingt pas de la maison de maman[1], nous étions chez elle en un moment, et nous y soupions très-souvent ensemble.

On jugera bien que la vie de la maîtrise, toujours

---

[1] Var. « De madame de Warens. »

chantante et gaie, avec les musiciens et les enfants de chœur, me plaisoit plus que celle du séminaire avec les pères de Saint-Lazare. Cependant cette vie, pour être plus libre, n'en étoit pas moins égale et réglée. J'étois fait pour aimer l'indépendance et pour n'en abuser jamais. Durant six mois entiers je ne sortis pas une seule fois que pour aller chez maman ou à l'église, et je n'en fus pas même tenté. Cet intervalle est un de ceux où j'ai vécu dans le plus grand calme, et que je me suis rappelés avec le plus de plaisir. Dans les situations diverses où je me suis trouvé, quelques-uns ont été marqués par un tel sentiment de bien-être, qu'en les remémorant j'en suis affecté comme si j'y étois encore. Non seulement je me rappelle les temps, les lieux, les personnes, mais tous les objets environnants, la température de l'air, son odeur, sa couleur, une certaine impression locale qui ne s'est fait sentir que là, et dont le souvenir vif m'y transporte de nouveau. Par exemple, tout ce qu'on répétoit à la maîtrise, tout ce qu'on chantoit au chœur, tout ce qu'on y faisoit, le bel et noble habit des chanoines, les chasubles des prêtres, les mitres des chantres, la figure des musiciens, un vieux charpentier boiteux qui jouoit de la contre-basse, un petit abbé blondin qui jouoit du violon, le lambeau de soutane qu'après avoir posé son épée M. Le Maître endossoit par-dessus son habit laïque, et le beau surplis fin dont il en couvroit les loques pour aller au chœur; l'orgueil avec lequel j'allois, tenant ma petite flûte à bec, m'établir dans l'orchestre à la tribune pour un petit bout de récit que M. Le Maître avoit fait exprès pour moi, le bon dîner qui nous attendoit ensuite, le bon appétit qu'on y portoit; le concours d'objets vivement retracé m'a cent fois charmé dans ma mémoire, autant et plus que dans la réalité. J'ai gardé toujours une affection tendre pour un certain air du *Conditor almæ siderum* qui marche par ïambes, parce qu'un dimanche de l'avent j'entendis de mon lit chanter cette hymne avant le jour sur le perron de la cathédrale, selon un rite de cette église-là. Mademoiselle Merceret, femme de chambre de maman, savoit un peu de musique : je n'oublierai jamais un petit motet *Afferte* que M. Le Maître me fit chanter avec elle, et que sa maîtresse écoutoit avec tant de plaisir. Enfin tout, jusqu'à la bonne servante Perrine, qui étoit si bonne fille et que les enfants de chœur faisoient tant endêver, tout, dans les souvenirs de ces temps de bonheur et d'innocence, revient souvent me ravir et m'attrister.

Je vivois à Annecy depuis près d'un an sans le moindre reproche : tout le monde étoit content de moi. Depuis mon départ de Turin je n'avois point fait de sottises, et je n'en fis point tant que je fus sous les yeux de maman. Elle me conduisoit, et me conduisoit toujours bien : mon attachement pour elle étoit devenu ma seule passion; et ce qui prouve que ce n'étoit pas une passion folle, c'est que mon cœur formoit ma raison. Il est vrai qu'un seul sentiment, absorbant pour ainsi dire toutes mes facultés, me mettoit hors d'état de rien apprendre, pas même la musique, bien que j'y fisse tous mes efforts. Mais il n'y avoit point de ma faute; la bonne volonté y étoit tout entière, l'assiduité y étoit. J'étois distrait, rêveur, je soupirois : qu'y pouvois-je faire? Il ne manquoit à mes progrès rien qui dépendît de moi; mais pour que je fisse de nouvelles folies il ne falloit qu'un sujet qui vînt me les inspirer. Ce sujet se présenta; le hasard arrangea les choses, et, comme on verra dans la suite, ma mauvaise tête en tira parti.

Un soir du mois de février qu'il faisoit bien froid, comme nous étions tous autour du feu, nous entendîmes frapper à la porte de la rue. Perrine prend sa lanterne, descend, ouvre : un jeune homme entre avec elle, monte, se présente d'un air aisé, et fait à M. Le Maître un compliment court et bien tourné, se donnant pour un musicien françois que le mauvais état de ses finances forçoit de vicarier pour passer son chemin. A ce mot de musicien françois le cœur tressaillit au bon Le Maître : il aimoit passionnément son pays et son art. Il accueillit le jeune passager, lui offrit le gîte, dont il paroissoit avoir grand besoin, et qu'il accepta sans beaucoup de façons. Je l'examinai tandis qu'il se chauffoit et qu'il jasoit en attendant le souper. Il étoit court de stature, mais large de carrure ; il avoit je ne sais quoi de contrefait dans sa taille sans aucune difformité particulière ; c'étoit pour ainsi dire un bossu à épaules plates, mais je crois qu'il boitoit un peu. Il avoit un habit noir plutôt usé que vieux et qui tomboit par pièces, une chemise très-fine et très-sale, de belles manchettes d'effilé; des guêtres dans chacune desquelles il auroit mis ses deux jambes, et pour se garantir de la neige un petit chapeau à porter sous le bras. Dans ce comique équipage il y avoit pourtant quelque chose de noble que son maintien ne démentoit pas ; sa physionomie avoit de la finesse et de l'agrément ; il parloit facilement et bien, mais très-peu modestement. Tout marquoit en lui un jeune débauché qui avoit eu de l'éducation, et qui n'alloit pas guéusant comme un gueux, mais comme un fou. Il nous dit qu'il s'appeloit Venture de Villeneuve, qu'il venoit de Paris, qu'il s'étoit égaré dans sa route ; et oubliant un peu son rôle de musicien, il ajouta qu'il alloit à Grenoble voir un parent qu'il avoit dans le parlement.

Pendant le souper on parla de musique, et il en parla bien. Il connoissoit tous les grands virtuoses, tous les ouvrages célèbres, tous les acteurs, toutes les actrices, toutes les jolies femmes, tous les grands seigneurs. Sur tout ce qu'on disoit il paroissoit au fait; mais à peine un sujet étoit-il entamé qu'il brouilloit l'entretien par quelque polissonnerie qui faisoit rire et oublier ce que l'on avoit dit. C'étoit un samedi; il y avoit le lendemain musique à la cathédrale : M. Le Maître lui propose d'y chanter ; *très-volontiers* ; lui demande quelle est sa partie, *la haute-contre*, et il parle d'autre chose. Avant d'aller à l'église on lui offrit sa partie à prévoir; il n'y jeta pas les yeux. Cette gasconnade surprit Le Maître. Vous verrez, me dit-il à l'oreille, qu'il ne sait pas une note de musique. J'en ai grand'peur, lui répondis-je. Je les suivis très-inquiet. Quand on commença, le cœur me battit d'une terrible force, car je m'intéressois beaucoup à lui.

J'eus bientôt de quoi me rassurer. Il chanta ses deux récits avec toute la justesse et tout le goût imaginables, et, qui plus est, avec une très-jolie voix. Je n'ai guère eu de plus agréable surprise. Après la messe M. Venture reçut des compliments à perte de vue des chanoines et des musiciens, auxquels il répondoit en polissonnant, mais toujours avec beaucoup de grâce. M. Le Maître l'embrassa de bon cœur; j'en fis autant : il vit que j'étois bien aise, et cela parut lui faire plaisir.

On conviendra, je m'assure, qu'après m'être engoué de M. Bâcle, qui tout compté n'étoit qu'un manant, je pouvois m'engouer de M. Venture, qui avoit de l'éducation, des talents, de l'esprit, de l'usage du monde, et qui pouvoit passer pour un aimable débauché. C'est aussi ce qui m'arriva, et ce qui seroit arrivé, je pense, à tout autre jeune homme à ma place, d'autant plus facilement encore qu'il auroit eu un meilleur tact pour sentir le mérite, et un meilleur goût pour s'y attacher; car Venture en avoit, sans contredit, et il en avoit surtout un bien rare à son âge, celui de n'être point pressé de montrer son acquis. Il est vrai qu'il se vantoit de beaucoup de choses qu'il ne savoit point; mais pour celles qu'il savoit et qui étoient en assez grand nombre, il n'en disoit rien: il attendoit l'occasion de les montrer; il s'en prévaloit alors sans empressement, et cela faisoit le plus grand effet. Comme il s'arrêtoit après chaque chose sans parler du reste, on ne savoit plus quand il auroit tout montré. Badin, folâtre, inépuisable, séduisant dans la conversation, souriant toujours et ne riant jamais, il disoit du ton le plus élégant les choses les plus grossières, et les faisoit passer. Les femmes même les plus modestes s'étonnoient de ce qu'elles enduroient de lui. Elles avoient beau sentir qu'il falloit se fâcher, elles n'en avoient pas la force. Il ne lui falloit que des filles perdues, et je ne crois pas qu'il fût fait pour avoir de bonnes fortunes; mais il étoit fait pour mettre un agrément infini dans la société des gens qui en avoient. Il étoit difficile qu'avec tant de talents agréables, dans un pays où l'on s'y connoît et où on les aime, il restât borné long-temps à la sphère des musiciens.

Mon goût pour M. Venture, plus raisonnable dans sa cause, fut aussi moins extravagant dans ses effets, quoique plus vif et plus durable que celui que j'avois pris pour M. Bâcle. J'aimois à le voir, à l'entendre ; tout ce qu'il faisoit me paroissoit charmant ; tout ce qu'il disoit me sembloit des oracles : mais mon engouement n'alloit point jusqu'à ne pouvoir me séparer de lui. J'avois à mon voisinage un bon préservatif contre cet excès. D'ailleurs, trouvant ses maximes très-bonnes pour lui, je sentois qu'elles n'étoient pas à mon usage ; il me falloit une autre sorte de volupté, dont il n'avoit pas l'idée, et dont je n'osois même lui parler, bien sûr qu'il se seroit moqué de moi. Cependant j'aurois voulu allier cet attachement avec celui qui me dominoit. J'en parlois à maman avec transport ; Le Maître lui en parloit avec éloges. Elle consentit qu'on le lui amenât. Mais cette entrevue ne réussit point du tout : il la trouva précieuse ; elle le trouva libertin ; et, s'alarmant pour moi d'une aussi mauvaise connoissance, non seulement elle me défendit de le lui ramener, mais elle me peignit si fortement les dangers que je courois avec ce jeune homme, que je devins un peu plus circonspect à m'y livrer ; et, très-heureusement pour mes mœurs et pour ma tête, nous fûmes bientôt séparés.

M. Le Maître avoit les goûts de son art; il aimoit le vin. A table cependant il étoit sobre, mais en travaillant dans son cabinet il falloit qu'il bût. Sa servante le savoit si bien, que, sitôt qu'il préparoit son papier pour composer et qu'il prenoit son violoncelle, son pot et son verre arrivoient l'instant d'après, et le pot se renouveloit de temps à autre. Sans jamais être absolument ivre, il étoit presque toujours pris de vin; et en vérité c'étoit dommage, car c'étoit un garçon essentiellement bon, et si gai que maman ne l'appeloit que *petit-chat*. Malheureusement il aimoit son talent, travailloit beaucoup, et buvoit de même. Cela prit sur sa santé et enfin sur son humeur : il étoit quelquefois ombrageux et facile à offenser. Incapable de grossièreté, incapable de manquer à qui que ce fût, il n'a jamais dit une mauvaise parole, même à un de ses enfants de chœur; mais il ne falloit pas non plus lui manquer, et cela étoit juste. Le mal étoit qu'ayant peu d'esprit, il ne discernoit pas les tons et les caractères, et prenoit souvent la mouche sur rien.

L'ancien chapitre de Genève, où jadis tant de princes et d'évêques se faisoient honneur d'entrer, a perdu dans son exil son ancienne splendeur, mais il a conservé sa liberté. Pour pouvoir y être admis, il faut toujours être gentilhomme ou docteur de Sorbonne; et s'il est un orgueil pardonnable après celui qui se tire du mérite personnel, c'est celui qui se tire de la naissance. D'ailleurs tous les prêtres qui ont des laïques à leurs gages les traitent d'ordinaire avec assez de hauteur. C'est ainsi que les chanoines traitoient souvent le pauvre Le Maître. Le chantre surtout, appelé M. l'abbé de Vidonne, qui du reste étoit un très-galant homme, mais trop plein de sa noblesse, n'avoit pas toujours pour lui les égards que méritoient ses talents; et l'autre n'enduroit pas volontiers ces dédains. Cette année ils eurent durant la semaine sainte un démêlé plus vif qu'à l'ordinaire dans un dîner de règle que l'évêque donnoit aux chanoines, et où Le Maître étoit toujours invité. Le chantre lui fit quelque passe-droit, et lui dit quelque parole dure que celui-ci ne put digérer. Il prit sur-le-champ la résolution de s'enfuir la nuit suivante; et rien ne put l'en faire démordre, quoique madame de Warens, à qui il alla faire ses adieux, n'épargnât rien pour l'apaiser. Il ne put renoncer au plaisir de se venger de ses tyrans en les laissant dans l'embarras aux fêtes de Pâques, temps où l'on avoit le plus grand besoin de lui. Mais ce qui l'embarrassoit lui-même étoit sa musique qu'il vouloit emporter, ce qui n'étoit pas facile : elle formoit une caisse assez grosse et fort lourde, qui ne s'emportoit pas sous le bras.

Maman fit ce que j'aurois fait et ce que je ferois encore à sa place. Après bien des efforts inutiles pour le retenir, le voyant résolu de partir comme que ce fût, elle prit le parti de l'aider en tout ce qui dépendoit d'elle. J'ose dire qu'elle le devoit. Le Maître s'étoit consacré, pour ainsi dire, à son service. Soit en ce qui tenoit à son art, soit en ce qui tenoit à ses soins, il étoit entièrement à ses ordres, et le cœur avec lequel il les suivoit donnoit à sa complaisance un nouveau prix. Elle ne faisoit donc que rendre à un ami, dans une occasion essentielle, ce qu'il faisoit pour elle en détail depuis trois ou quatre ans : mais elle avoit une ame qui, pour remplir de pareils devoirs, n'avoit pas besoin de songer que c'en étoient pour elle. Elle me fit venir, m'ordonna de suivre M. Le Maître au moins jusqu'à Lyon, et de m'attacher à lui aussi long-temps qu'il auroit besoin de moi. Elle m'a depuis avoué que le désir de m'éloigner de Venture étoit entré pour beaucoup dans cet arrangement. Elle consulta Claude Anet, son fidèle domestique, pour le transport de la caisse. Il fut d'avis qu'au lieu de prendre à Annecy une bête de somme, qui nous feroit infailliblement découvrir, il falloit, quand il seroit nuit, porter la caisse à bras jusqu'à une certaine distance, et louer ensuite un âne dans un village pour la transporter jusqu'à Seyssel, où, étant sur terres de France, nous n'aurions plus rien à risquer. Cet avis fut suivi : nous partîmes le même soir à sept heures ; et maman, sous prétexte de payer ma dépense, grossit la petite bourse du pauvre *petit-chat* d'un surcroît qui ne lui fut pas inutile. Claude Anet, le jardinier et moi, portâmes la caisse comme nous pûmes jusqu'au premier village, où un âne nous relaya, et la même nuit nous nous rendîmes à Seyssel.

Je crois avoir déjà remarqué qu'il y a des temps où je suis si peu semblable à moi-même qu'on me prendroit pour un autre homme de caractère tout opposé. On en va voir un exemple. M. Reydelet, curé de Seyssel, étoit chanoine de Saint-Pierre, par conséquent de la connoissance de M. Le Maître, et l'un des hommes dont il devoit le plus se cacher. Mon avis fut au contraire d'aller nous présenter à lui, et lui demander gîte sous quelque prétexte, comme si nous étions là du consentement du chapitre. Le Maître goûta cette idée qui rendoit sa vengeance moqueuse et plaisante. Nous allâmes donc effrontément chez M. Reydelet, qui nous reçut très-bien. Le Maître lui dit qu'il alloit à Bellay, à la prière de l'évêque, diriger sa musique aux fêtes de Pâques; qu'il comptoit repasser dans peu de jours; et moi, à l'appui de ce mensonge, j'en enfilai cent autres si naturels, que M. Reydelet, me trouvant joli garçon, me prit en amitié et me fit mille caresses. Nous fûmes bien régalés, bien couchés. M. Reydelet ne savoit quelle chère nous faire; et nous nous séparâmes les meilleurs amis du monde, avec promesse de nous arrêter plus long-temps au retour. A peine pûmes-nous attendre que nous fussions seuls pour commencer nos éclats de rire; et j'avoue qu'ils me reprennent encore en y pensant; car on ne sauroit imaginer une espièglerie mieux soutenue ni plus heureuse. Elle nous eût égayés durant toute la route, si M. Le Maître, qui ne cessoit de boire et de battre la campagne, n'eût été attaqué deux ou trois fois d'une atteinte à laquelle il devenoit très-sujet et qui ressembloit fort à l'épilepsie. Cela me jeta dans des embarras qui m'effrayèrent, et dont je pensai bientôt à me tirer comme je pourrois.

Nous allâmes à Bellay passer les fêtes de Pâques comme nous l'avions dit à M. Reydelet; et, quoique nous n'y fussions point attendus, nous fûmes reçus du maître de musique et accueillis de tout le monde avec grand plaisir. M. Le Maître avoit de la considération dans son art, et la méritoit. Le maître de musique de Bellay se fit honneur de ses meilleurs ouvrages et tâcha d'obtenir l'approbation d'un si bon juge : car outre que Le Maître étoit connoisseur, il étoit équitable, point jaloux, et point flagorneur. Il étoit si supérieur à tous ces maîtres de musique de province, et ils le sentoient si bien eux-mêmes, qu'ils le regardoient moins comme leur confrère que comme leur chef.

Après avoir passé très-agréablement quatre ou cinq jours à Bellay, nous en repartîmes et continuâmes notre route sans aucun accident que ceux dont je viens de parler. Arrivés à Lyon, nous fûmes loger à Notre-Dame-de-Pitié; et, en attendant la caisse, qu'à la faveur d'un autre mensonge nous avions embarquée sur le Rhône par les soins de notre bon patron M. Reydelet, M. Le Maître alla voir ses connoissances, entre autres le P. Caton, cordelier, dont il sera parlé dans la suite, et l'abbé Dortan, comte de Lyon. L'un et l'autre le reçurent bien; mais ils le trahirent, comme on verra tout à l'heure : son bonheur s'étoit épuisé chez M. Reydelet.

Deux jours après notre arrivée à Lyon, comme nous passions dans une petite rue non loin de notre auberge, Le Maître fut surpris d'une de ses atteintes; et celle-là fut si violente que j'en fus saisi d'effroi. Je fis des cris, appelai du secours, nommai son auberge, et suppliai qu'on l'y fît porter; puis, tandis qu'on s'assembloit et s'empressoit autour d'un homme tombé sans sentiment et écumant au milieu de la rue, il fut délaissé du seul ami sur lequel il eût dû compter. Je pris l'instant où personne ne songeoit à moi; je tournai le coin de la rue, et je disparus. Grâce au ciel j'ai fini ce troisième aveu pénible. S'il m'en restoit beaucoup de pareils à faire, j'abandonnerois le travail que j'ai commencé.

De tout ce que j'ai dit jusqu'à présent il en est resté quelques traces dans les lieux où j'ai vécu; mais ce que j'ai à dire dans le livre suivant est presque entièrement ignoré. Ce sont les plus grandes extravagances de ma vie, et il est heureux qu'elles n'aient pas plus mal fini. Mais ma tête, montée au ton d'un instrument étranger, étoit hors de son diapason : elle y revint d'elle-même; et alors je cessai mes folies, ou du moins j'en fis de plus accordantes à mon naturel. Cette époque de ma jeunesse est celle dont j'ai l'idée la plus confuse. Rien presque ne s'y est passé d'assez intéressant à mon cœur pour m'en retracer vivement le souvenir, et il est difficile que dans tant d'allées et venues, dans tant de déplacements successifs, je ne fasse pas quelques transpositions de temps ou de lieu. J'écris absolument de mémoire, sans monuments, sans matériaux qui puissent me la rappeler. Il y a des événements de ma vie qui me sont aussi présents que s'ils venoient d'arriver; mais il y a des lacunes et des vides que je ne peux remplir qu'à l'aide de récits aussi confus que le souvenir qui m'en est resté. J'ai donc pu faire des erreurs quelquefois, et j'en pourrai faire encore sur des bagatelles, jusqu'au temps où j'ai de moi des renseignements plus sûrs; mais en ce qui importe vraiment au sujet, je suis assuré d'être exact et fidèle, comme je tâcherai toujours de l'être en tout : voilà sur quoi l'on peut compter.

Sitôt que j'eus quitté M. Le Maître, ma résolution fut prise et je repartis pour Annecy. La cause et le mystère de notre départ m'avoient donné un grand intérêt sur la sûreté de notre retraite ; et cet intérêt, m'occupant tout entier, avoit fait diversion durant quelques jours à celui qui me rappeloit en arrière; mais dès que la sécurité me laissa plus tranquille, le sentiment dominant reprit sa place. Rien ne me flattoit, rien ne me tentoit, je n'avois de désir pour rien que pour retourner auprès de maman. La tendresse et la vérité de mon attachement pour elle avoient déraciné de mon cœur tous les projets imaginaires, toutes les folies de l'ambition. Je ne voyois plus d'autre bonheur que celui de vivre auprès d'elle, et je ne faisois pas un pas sans sentir que je m'éloignois de ce bonheur. J'y revins donc aussitôt que cela me fut possible. Mon retour fut si prompt et mon esprit si distrait, que, quoique je me rappelle avec tant de plaisir tous mes autres voyages, je n'ai pas le moindre souvenir de celui-là; je ne m'en rappelle rien du tout, sinon mon départ de Lyon et mon arrivée à Annecy. Qu'on juge surtout si cette dernière époque a dû sortir de ma mémoire! En arrivant je ne trouvai plus madame de Warens; elle étoit partie pour Paris.

Je n'ai jamais bien su le secret de ce voyage. Elle me l'auroit dit, j'en suis très-sûr, si je l'en avois pressée; mais jamais homme ne fut moins curieux que moi du secret de ses amis : mon cœur, uniquement occupé du présent, en remplit toute sa capacité, tout son espace, et, hors les plaisirs passés qui font désormais mes uniques jouissances, il n'y reste pas un coin de vide pour ce qui n'est plus. Tout ce que j'ai cru entrevoir dans le peu qu'elle m'en a dit est que, dans la révolution causée à Turin par l'abdication du roi de Sardaigne, elle craignit d'être oubliée, et voulut, à la faveur des intrigues de M. d'Aubonne, chercher le même avantage à la cour de France, où elle m'a souvent dit qu'elle l'eût préféré, parce que la multitude des grandes affaires fait qu'on n'y est pas si désagréablement surveillé. Si cela est, il est bien étonnant qu'à son retour on ne lui ait pas fait plus mauvais visage, et qu'elle ait toujours joui de sa pension sans aucune interruption. Bien des gens ont cru qu'elle avoit été chargée de quelque commission secrète, soit de la part de l'évêque, qui avoit alors des affaires à la cour de France où il fut lui-même obligé d'aller, soit de la part de quelqu'un plus puissant encore, qui sut lui ménager un heureux retour. Ce qu'il y a de sûr, si cela est, est que l'ambassadrice n'étoit pas mal choisie, et que, jeune et belle encore, elle avoit tous les talents nécessaires pour se bien tirer d'une négociation.

FIN DU TROISIÈME LIVRE.

LIVRE QUATRIÈME.

(1731 — 1732.)

J'arrive, et je ne la trouve plus. Qu'on juge de ma surprise et de ma douleur! C'est alors que le regret d'avoir lâchement abandonné M. Le Maître commença de se faire sentir. Il fut plus vif encore quand j'appris le malheur qui lui étoit arrivé. Sa caisse de musique, qui contenoit toute sa fortune, cette précieuse caisse, sauvée avec tant de fatigue, avoit été saisie en arrivant à Lyon par les soins du comte Dortan, à qui le chapitre avoit fait écrire pour le prévenir de cet enlèvement furtif. Le Maître avoit en vain réclamé son bien, son gagne-pain, le travail de toute sa vie. La propriété de cette caisse étoit tout au moins sujette à litige : il n'y en eut point. L'affaire fut décidée à l'instant même par la loi du plus fort, et le pauvre Le Maître perdit ainsi le fruit de ses talents, l'ouvrage de sa jeunesse, et la ressource de ses vieux jours.

Il ne manqua rien au coup que je reçus pour le rendre accablant. Mais j'étois dans un âge où les grands chagrins ont peu de prise, et je me forgeai bientôt des consolations. Je comptois avoir dans peu des nouvelles de madame de Warens, quoique je ne susse pas son adresse et qu'elle ignorât que j'étois de retour : et quant à ma désertion, tout bien compté je ne la trouvois pas si coupable. J'avois été utile à M. Le Maître dans sa retraite ; c'étoit le seul service qui dépendît de moi. Si j'avois resté avec lui en France, je ne l'aurois pas guéri de son mal, je n'aurois pas sauvé sa caisse, je n'aurois fait que doubler sa dépense sans lui pouvoir être bon à rien. Voilà comment alors je voyois la chose : je la vois autrement aujourd'hui. Ce n'est pas quand une vilaine action vient d'être faite qu'elle nous tourmente, c'est quand long-temps après on se la rappelle ; car le souvenir ne s'en éteint point.

Le seul parti que j'avois à prendre pour avoir des nouvelles de maman étoit d'en attendre ; car où l'aller chercher à Paris, et avec quoi faire le voyage ? Il n'y avoit point de lieu plus sûr qu'Annecy pour savoir tôt ou tard où elle étoit. J'y restai donc : mais je me conduisis assez mal. Je n'allai point voir l'évêque, qui m'avoit protégé et qui me pouvoit protéger encore : je n'avois plus ma patrone auprès de lui, et je craignois les réprimandes sur notre évasion. J'allai moins encore au séminaire : M. Gros n'y étoit plus. Je ne vis personne de ma connoissance : j'aurois pourtant bien voulu aller voir madame l'intendante, mais je n'osai jamais. Je fis plus mal que tout cela : je retrouvai M. Venture, auquel, malgré mon enthousiasme, je n'avois pas même pensé depuis mon départ. Je le retrouvai brillant et fêté dans tout Annecy; les dames se l'arrachoient. Ce succès acheva de me tourner la tête; je ne vis plus rien que M. Venture, et il me fit presque oublier madame de Warens. Pour profiter de ses leçons plus à mon aise, je lui proposai de partager avec moi son gîte; il y consentit. Il étoit logé chez un cordonnier, plaisant et bouffon personnage, qui, dans son patois, n'appeloit pas sa femme autrement que *salopière*, nom qu'elle méritoit assez. Il avoit avec elle des prises que Venture avoit soin de faire durer en paroissant vouloir faire le contraire. Il leur disoit, d'un ton froid et dans son accent provençal, des mots qui faisoient le plus grand effet; c'étoient des scènes à pâmer de rire. Les matinées se passoient ainsi sans qu'on y songeât : à deux ou trois heures nous mangions un morceau; Venture s'en alloit dans ses sociétés, où il soupoit; et moi j'allois me promener seul, méditant sur son grand mérite, admirant, convoitant ses rares talents, et maudissant ma maussade étoile qui ne m'appeloit point à cette heureuse vie. Eh! que je m'y connoissois mal! la mienne eût été cent fois plus charmante si j'avois été moins bête, et si j'en avois su mieux jouir.

Madame de Warens n'avoit emmené qu'Anet avec elle; elle avoit laissé Merceret, sa femme de chambre, dont j'ai parlé : je la trouvai occupant encore l'appartement de sa maîtresse. Mademoiselle Merceret étoit une fille un peu plus âgée que moi, non pas jolie, mais assez agréable ; une bonne Fribourgeoise sans malice, et à qui je n'ai connu d'autre défaut que d'être quelquefois un peu mutine avec sa maîtresse. Je l'allois voir assez souvent. C'étoit une ancienne connoissance, et sa vue m'en rappeloit une plus chère qui me la faisoit aimer. Elle avoit plusieurs amies, entre autres une mademoiselle Giraud, Génevoise, qui pour mes péchés s'avisa de prendre du goût pour moi. Elle pressoit toujours Merceret de m'amener chez elle : je m'y laissois mener, parce que j'aimois assez Merceret, et qu'il y avoit là d'autres jeunes personnes que je voyois volontiers. Pour mademoiselle Giraud, qui me faisoit toutes sortes d'agaceries, on ne peut rien ajouter à l'aversion que j'avois pour elle. Quand elle approchoit de mon visage son museau sec et noir, barbouillé de tabac d'Espagne, j'avois peine à m'abstenir d'y cracher. Mais je prenois patience : à cela près, je me plaisois fort au milieu de toutes ces filles ; et, soit pour faire leur cour à mademoiselle Giraud, soit pour moi-même, toutes me fêtoient à l'envi. Je ne voyois à tout cela que de l'amitié. J'ai pensé depuis qu'il n'eût tenu qu'à moi d'y voir davantage : mais je ne m'en avisois pas, je n'y pensois pas.

D'ailleurs des couturières, des filles de chambre, de petites marchandes ne me tentoient guère ; il me falloit des demoiselles. Chacun a ses fantaisies; ç'a toujours été la mienne, et je ne pense pas comme Horace sur ce point-là. Ce n'est pourtant pas du tout la vanité de l'état et du rang qui m'attire ¹; c'est un teint mieux conservé, de plus belles mains, une parure plus gracieuse, un air de délicatesse et de propreté sur toute la personne, plus de goût dans la manière de se mettre et de s'exprimer, une robe plus fine et mieux faite, une chaussure plus mignonne, des rubans, de la dentelle, des cheveux mieux ajustés. Je préférerois toujours la moins jolie ayant plus de tout cela. Je trouve moi-même cette préférence très-ridicule, mais mon cœur la donne malgré moi.

Hé bien, cet avantage se présentoit encore, et il ne tint encore qu'à moi d'en profiter. Que j'aime à tomber de temps en temps sur les moments agréables de ma jeunesse! Ils m'étoient si doux! ils ont été si courts, si rares, et je les ai goûtés à si bon marché! Ah! leur seul souvenir rend encore à mon cœur une volupté pure dont j'ai besoin pour ranimer mon courage et soutenir les ennuis du reste de mes ans.

L'aurore un matin me parut si belle, que m'é-

---

¹ Var. «.... Pas du tout la vanité, c'est la volupté qui m'attire.» L'un et l'autre attrait agissoient sur Montaigne, quand il a dit à ce sujet : « Certes les perles et le brocadel y conferent « quelque chose, et les tiltres et le train. » (Livre III, chap. III.) Quant à Horace, voyez la deuxième satire du premier livre.

tant habillé précipitamment je me hâtai de gagner la campagne pour voir lever le soleil. Je goûtai ce plaisir dans tout son charme ; c'étoit la semaine après la Saint-Jean. La terre, dans sa plus grande parure, étoit couverte d'herbes et de fleurs; les rossignols, presque à la fin de leur ramage, sembloient se plaire à le renforcer ; tous les oiseaux, faisant en concert leurs adieux au printemps, chantoient la naissance d'un beau jour d'été, d'un de ces beaux jours qu'on ne voit plus à mon âge, et qu'on n'a jamais vus dans le triste sol où j'habite aujourd'hui [1].

Je m'étois insensiblement éloigné de la ville, la chaleur augmentoit, et je me promenois sous des ombrages dans un vallon le long d'un ruisseau. J'entends derrière moi des pas de chevaux et des voix de filles qui sembloient embarrassées, mais qui n'en rioient pas de moins bon cœur. Je me retourne ; on m'appelle par mon nom; j'approche, je trouve deux jeunes personnes de ma connoissance, mademoiselle de Graffenried et mademoiselle Galley, qui, n'étant pas d'excellentes cavalières, ne savoient comment forcer leurs chevaux à passer le ruisseau. Mademoiselle de Graffenried étoit une jeune Bernoise fort aimable, qui, par quelque folie de son âge, ayant été jetée hors de son pays, avoit imité madame de Warens, chez

---

[1] A Wooton, en Staffordshire. Jean-Jacques y a demeuré depuis le 22 mars 1766 jusqu'au 30 avril 1767.

qui je l'avois vue quelquefois; mais n'ayant pas eu une pension comme elle, elle avoit été trop heureuse de s'attacher à mademoiselle Galley, qui, l'ayant prise en amitié, avoit engagé sa mère à la lui donner pour compagne jusqu'à ce qu'on la pût placer de quelque façon. Mademoiselle Galley, d'un an plus jeune qu'elle, étoit encore plus jolie; elle avoit je ne sais quoi de plus délicat, de plus fin; elle étoit en même temps très-mignonne et très-formée, ce qui est pour une fille le plus beau moment. Toutes deux s'aimoient tendrement, et leur bon caractère à l'une et à l'autre ne pouvoit qu'entretenir long-temps cette union, si quelque amant ne venoit pas la déranger. Elles me dirent qu'elles alloient à Toune, vieux château appartenant à madame Galley; elles implorèrent mon secours pour faire passer leurs chevaux, n'en pouvant venir à bout elles seules. Je voulus fouetter les chevaux; mais elles craignoient pour moi les ruades et pour elles les haut-le-corps. J'eus recours à un autre expédient; je pris par la bride le cheval de mademoiselle Galley, puis le tirant après moi, je traversai le ruisseau, ayant de l'eau jusqu'à mi-jambe, et l'autre cheval suivit sans difficulté. Cela fait, je voulus saluer ces demoiselles, et m'en aller comme un benêt : elles se dirent quelques mots tout bas; et mademoiselle de Graffenried s'adressant à moi : Non pas, non pas, me dit-elle, on ne nous échappe pas comme cela. Vous vous êtes mouillé pour notre service, et nous devons en conscience avoir soin de vous sécher : il faut, s'il vous plaît, venir avec nous; nous vous arrêtons prisonnier. Le cœur me battoit; je regardois mademoiselle Galley. Oui, oui, ajouta-t-elle en riant de ma mine effarée, prisonnier de guerre; montez en croupe derrière elle; nous voulons rendre compte de vous. Mais, mademoiselle, je n'ai point l'honneur d'être connu de madame votre mère : que dira-t-elle en me voyant arriver? Sa mère, reprit mademoiselle de Graffenried, n'est pas à Toune, nous sommes seules : nous revenons ce soir, et vous reviendrez avec nous.

L'effet de l'électricité n'est pas plus prompt que celui que ces mots firent sur moi. En m'élançant sur le cheval de mademoiselle de Graffenried je tremblois de joie; et quand il fallut l'embrasser pour me tenir, le cœur me battoit si fort qu'elle s'en aperçut : elle me dit que le sien lui battoit aussi par la frayeur de tomber; c'étoit presque, dans ma posture, une invitation de vérifier la chose : je n'osai jamais; et durant tout le trajet mes deux bras lui servirent de ceinture, très-serrée à la vérité, mais sans se déplacer un moment. Telle femme qui lira ceci me souffletteroit volontiers, et n'auroit pas tort.

La gaîté du voyage et le babil de ces filles aiguisèrent tellement le mien, que jusqu'au soir, et tant que nous fûmes ensemble, nous ne déparlâmes pas un moment. Elles m'avoient mis si bien à mon aise, que ma langue parloit autant que mes yeux, quoiqu'elle ne dît pas les mêmes choses. Quelques instants seulement, quand je me trouvois tête à tête avec l'une ou l'autre, l'entretien s'embarrassoit un peu; mais l'absente revenoit bien vite, et ne nous laissoit pas le temps d'éclaircir cet embarras.

Arrivés à Toune, et moi bien séché, nous déjeunâmes. Ensuite il fallut procéder à l'importante affaire de préparer le dîner. Les deux demoiselles, tout en cuisinant, baisoient de temps en temps les enfants de la grangère; et le pauvre marmiton regardoit faire en rongeant son frein. On avoit envoyé des provisions de la ville, et il y avoit de quoi faire un très-bon dîner, surtout en friandises : mais malheureusement on avoit oublié du vin. Cet oubli n'étoit pas étonnant pour des filles qui n'en buvoient guère; mais j'en fus fâché, car j'avois un peu compté sur ce secours pour m'enhardir. Elles en furent fâchées aussi, par la même raison peut-être, mais je n'en crois rien. Leur gaîté vive et charmante étoit l'innocence même; et d'ailleurs qu'eussent-elles fait de moi entre elles deux? Elles envoyèrent chercher du vin partout aux environs : on n'en trouva point, tant les paysans de ce canton sont sobres et pauvres. Comme elles m'en marquoient leur chagrin, je leur dis de n'en pas être si fort en peine, et qu'elles n'avoient pas besoin de vin pour m'enivrer. Ce fut la seule galanterie que j'osai leur dire de la journée ; mais je crois que les friponnes voyoient de reste que cette galanterie étoit une vérité.

Nous dînâmes dans la cuisine de la grangère ; les deux amies assises sur des bancs aux deux côtés de la longue table, et leur hôte entre elles deux sur une escabelle à trois pieds. Quel dîner ! quel souvenir plein de charmes ! Comment, pouvant à si peu de frais goûter des plaisirs si purs et si vrais, vouloir en rechercher d'autres ? Jamais souper des petites maisons de Paris n'approcha de ce repas, je ne dis pas seulement pour la gaîté, pour la douce joie, mais je dis pour la sensualité.

Après le dîner nous fîmes une économie : au lieu de prendre le café qui nous restoit du déjeuner, nous le gardâmes pour le goûter avec de la crême et des gâteaux qu'elles avoient apportés ; et pour tenir notre appétit en haleine, nous allâmes dans le verger achever notre dessert avec des cerises. Je montai sur l'arbre, et je leur en jetois des bouquets dont elles me rendoient les noyaux à travers les branches. Une fois mademoiselle Galley, avançant son tablier et reculant la tête, se présentoit si bien, et je visai si juste, que je lui fis tomber un bouquet dans le sein : et de rire. Je me disois en moi-même : Que mes lèvres ne sont-elles des cerises ! comme je les leur jetterois ainsi de bon cœur !

La journée se passa de cette sorte à folâtrer avec la plus grande liberté, et toujours avec la plus grande décence. Pas un seul mot équivoque, pas une seule plaisanterie hasardée : et cette décence, nous ne nous l'imposions point du tout, elle venoit toute seule ; nous prenions le ton que nous donnoient nos cœurs. Enfin ma modestie, d'autres diront ma sottise, fut telle, que la plus grande privauté qui m'échappa fut de baiser une seule fois la main de mademoiselle Galley. Il est vrai que la circonstance donnoit du prix à cette légère faveur[1]. Nous étions seuls, je respirois avec embarras, elle avoit les yeux baissés. Ma bouche, au lieu de trouver des paroles, s'avisa de se coller sur sa main, qu'elle retira doucement après qu'elle fut baisée, en me regardant d'un air qui n'étoit point irrité. Je ne sais ce que j'aurois pu lui dire : son amie entra, et me parut laide en ce moment.

Enfin elles se souvinrent qu'il ne falloit pas attendre la nuit pour rentrer en ville. Il ne nous restoit que le temps qu'il falloit pour y arriver de jour, et nous nous hâtâmes de partir en nous distribuant comme nous étions venus. Si j'avois osé j'aurois transposé cet ordre ; car le regard de mademoiselle Galley m'avoit vivement ému le cœur : mais je n'osois rien dire, et ce n'étoit pas à elle de le proposer. En marchant nous disions que la journée avoit tort de finir; mais, loin de nous plaindre

---

[1] Var. « Ajoutoit au prix de cette légère faveur. »

qu'elle eût été courte, nous trouvâmes que nous avions eu le secret de la faire longue, par tous les amusements dont nous avions su la remplir.

Je les quittai à peu près au même endroit où elles m'avoient pris. Avec quel regret nous nous séparâmes! Avec quel plaisir nous projetâmes de nous revoir! Douze heures passées ensemble nous valoient des siècles de familiarité. Le doux souvenir de cette journée ne coûtoit rien à ces aimables filles; la tendre union qui régnoit entre nous trois valoit des plaisirs plus vifs, et n'eût pu subsister avec eux: nous nous aimions sans mystère et sans honte, et nous voulions nous aimer toujours ainsi. L'innocence des mœurs a sa volupté, qui vaut bien l'autre, parce qu'elle n'a point d'intervalle et qu'elle agit continuellement. Pour moi, je sais que la mémoire d'un si beau jour me touche plus, me charme plus, me revient plus au cœur que celle d'aucuns plaisirs que j'aie goûtés en ma vie. Je ne savois pas trop bien ce que je voulois à ces deux charmantes personnes, mais elles m'intéressoient beaucoup toutes deux. Je ne dis pas que, si j'eusse été le maître de mes arrangements, mon cœur se seroit partagé; j'y sentois un peu de préférence. J'aurois fait mon bonheur d'avoir pour maîtresse mademoiselle de Graffenried; mais à choix, je crois que je l'aurois mieux aimée pour confidente. Quoi qu'il en soit, il me sembloit en les quittant que je ne pourrois plus vivre sans l'une et sans l'autre.

Qui m'eût dit que je ne les reverrois de ma vie, et que là finiroient nos éphémères amours?

Ceux qui liront ceci ne manqueront pas de rire de mes aventures galantes, en remarquant qu'après beaucoup de préliminaires, les plus avancées finissent par baiser la main. O mes lecteurs! ne vous y trompez pas. J'ai peut-être eu plus de plaisir dans mes amours en finissant par cette main baisée que vous n'en aurez jamais dans les vôtres en commençant tout au moins par-là.

Venture, qui s'étoit couché fort tard la veille, rentra peu de temps après moi. Pour cette fois, je ne le vis pas avec le même plaisir qu'à l'ordinaire, et je me gardai de lui dire comment j'avois passé ma journée. Ces demoiselles m'avoient parlé de lui avec peu d'estime, et m'avoient paru mécontentes de me savoir en si mauvaises mains : cela lui fit tort dans mon esprit; d'ailleurs tout ce qui me distrayoit d'elles ne pouvoit que m'être désagréable. Cependant il me rappela bientôt à lui et à moi en me parlant de ma situation. Elle étoit trop critique pour pouvoir durer. Quoique je dépensasse très-peu de chose, mon petit pécule achevoit de s'épuiser; j'étois sans ressource. Point de nouvelles de maman; je ne savois que devenir, et je sentois un cruel serrement de cœur de voir l'ami de mademoiselle Galley réduit à l'aumône.

Venture me dit qu'il avoit parlé de moi à monsieur le juge-mage; qu'il vouloit m'y mener dîner le lendemain; que c'étoit un homme en état de me rendre service par ses amis ; d'ailleurs une bonne connoissance à faire, un homme d'esprit et de lettres, d'un commerce fort agréable, qui avoit des talents et qui les aimoit : puis, mêlant à son ordinaire aux choses les plus sérieuses la plus mince frivolité, il me fit voir un joli couplet, venu de Paris, sur un air d'un opéra de Mouret qu'on jouoit alors. Ce couplet avoit plu si fort à M. Simon (c'étoit le nom du juge-mage), qu'il vouloit en faire un autre en réponse sur le même air : il avoit dit à Venture d'en faire aussi un ; et la folie prit à celui-ci de m'en faire faire un troisième, afin, disoit-il, qu'on vît les couplets arriver le lendemain comme les brancards du Roman comique [1].

La nuit, ne pouvant dormir, je fis comme je pus mon couplet. Pour les premiers vers que j'eusse faits, ils étoient passables, meilleurs même, ou du moins faits avec plus de goût qu'ils n'auroient été la veille, le sujet roulant sur une situation fort tendre, à laquelle mon cœur étoit déjà tout disposé. Je montrai le matin mon couplet à Venture, qui, le trouvant joli, le mit dans sa poche sans me dire s'il avoit fait le sien. Nous allâmes dîner chez M. Simon, qui nous reçut bien. La conversation fut agréable : elle ne pouvoit manquer de l'être entre deux hommes d'esprit ; à qui la lecture avoit

---

[1] * Voyez chap. VII de ce roman (première partie), le meilleur des ouvrages de Scarron sous tous les rapports.

profité. Pour moi, je faisois mon rôle, j'écoutois et je me taisois. Ils ne parlèrent de couplet ni l'un ni l'autre : je n'en parlai point non plus, et jamais, que je sache, il n'a été question du mien.

M. Simon parut content de mon maintien : c'est à peu près tout ce qu'il vit de moi dans cette entrevue. Il m'avoit déjà vu plusieurs fois chez madame de Warens sans faire une grande attention à moi. Ainsi c'est depuis ce dîner que je puis dater sa connoissance, qui ne me servit de rien pour l'objet qui me l'avoit fait faire, mais dont je tirai dans la suite d'autres avantages qui me font rappeler sa mémoire avec plaisir.

J'aurois tort de ne pas parler de sa figure, que, sur sa qualité de magistrat, et sur le bel esprit dont il se piquoit, on n'imagineroit pas si je n'en disois rien. M. le juge-mage Simon n'avoit assurément pas deux pieds de haut [1]. Ses jambes, droites, menues et même assez longues, l'auroient agrandi si elles eussent été verticales; mais elles posoient de biais comme celles d'un compas très-ouvert. Son corps étoit non seulement court, mais mince et en tout sens d'une petitesse inconcevable. Il devoit paroître une sauterelle quand il étoit nu.

---

[1] * Dans son premier manuscrit, qui a servi de texte à l'édition de 1801, Rousseau avoit également écrit *deux pieds*; mais il a rayé le mot *deux*, et à écrit *trois* au-dessus, s'apercevant sans doute qu'une hauteur moindre de deux pieds donnée à ce juge-mage paroîtroit une exagération.

Sa tête, de grandeur naturelle, avec un visage bien formé, l'air noble, d'assez beaux yeux, sembloit une tête postiche qu'on auroit plantée sur un moignon. Il eût pu s'exempter de faire de la dépense en parure, car sa grande perruque seule l'habilloit parfaitement de pied en cap.

Il avoit deux voix toutes différentes, qui s'entremêloient sans cesse dans sa conversation avec un contraste d'abord très-plaisant, mais bientôt très-désagréable. L'une étoit grave et sonore ; c'étoit, si j'ose ainsi parler, la voix de sa tête. L'autre, claire, aiguë et perçante, étoit la voix de son corps. Quand il s'écoutoit beaucoup, qu'il parloit très-posément, qu'il ménageoit son haleine, il pouvoit parler toujours de sa grosse voix ; mais pour peu qu'il s'animât et qu'un accent plus vif vînt se présenter, cet accent devenoit comme le sifflement d'une clef, et il avoit toute la peine du monde à reprendre sa basse.

Avec la figure que je viens de peindre, et qui n'est point chargée, M. Simon étoit galant, grand conteur de fleurettes, et poussoit jusqu'à la coquetterie le soin de son ajustement. Comme il cherchoit à prendre ses avantages, il donnoit volontiers ses audiences du matin dans son lit ; car quand on voyoit sur l'oreiller une belle tête, personne n'alloit s'imaginer que c'étoit là tout. Cela donnoit lieu quelquefois à des scènes dont je suis sûr que tout Annecy se souvient encore.

« Un matin qu'il attendoit dans ce lit, ou plutôt sur ce lit, les plaideurs, en belle coiffe de nuit bien fine et bien blanche, ornée de deux grosses bouffettes de ruban couleur de rose, un paysan arrive, heurte à la porte. La servante étoit sortie. Monsieur le juge-mage, entendant redoubler, crie, *Entrez*; et cela, comme dit un peu trop fort, partit de sa voix aiguë. L'homme entre; il cherche d'où vient cette voix de femme; et, voyant dans ce lit une cornette, une fontange, il veut ressortir en faisant à madame de grandes excuses. M. Simon se fâche, et n'en crie que plus clair. Le paysan, confirmé dans son idée, et se croyant insulté, lui chante pouille, lui dit qu'apparemment elle n'est qu'une coureuse, et que monsieur le juge-mage ne donne guère bon exemple chez lui. Le juge-mage furieux, et n'ayant pour toute arme que son pot de chambre, alloit le jeter à la tête de ce pauvre homme, quand sa gouvernante arriva.

Ce petit nain, si disgracié dans son corps par la nature, en avoit été dédommagé du côté de l'esprit : il l'avoit naturellement agréable, et il avoit pris soin de l'orner. Quoiqu'il fût, à ce qu'on disoit, assez bon jurisconsulte, il n'aimoit pas son métier. Il s'étoit jeté dans la belle littérature, et il y avoit réussi. Il en avoit pris surtout cette brillante superficie, cette fleur qui jette de l'agrément dans le commerce, même avec les femmes. Il savoit par cœur tous les petits traits des *ana* et autres semblables : il avoit l'art de les faire valoir, en contant avec intérêt, avec mystère, et comme une anecdote de la veille, ce qui s'étoit passé il y avoit soixante ans. Il savoit la musique, et chantoit agréablement de sa voix d'homme : enfin il avoit beaucoup de jolis talents pour un magistrat. A force de cajoler les dames d'Annecy, il s'étoit mis à la mode parmi elles ; elles l'avoient à leur suite comme un petit sapajou. Il prétendoit même à des bonnes fortunes, et cela les amusoit beaucoup. Une madame d'Épagny disoit que pour lui la dernière faveur étoit de baiser une femme au genou.

Comme il connoissoit les bons livres, et qu'il en parloit volontiers, sa conversation étoit non seulement amusante, mais instructive. Dans la suite, lorsque j'eus pris du goût pour l'étude, je cultivai sa connoissance, et je m'en trouvai très-bien. J'allois quelquefois le voir de Chambéri, où j'étois alors. Il louoit, animoit mon émulation, et me donnoit pour mes lectures de bons avis, dont j'ai souvent fait mon profit. Malheureusement dans ce corps si fluet logeoit une ame très-sensible. Quelques années après il eut je ne sais quelle mauvaise affaire qui le chagrina, et il en mourut. Ce fut dommage ; c'étoit assurément un bon petit homme, dont on commençoit par rire, et qu'on finissoit par aimer. Quoique sa vie ait été peu liée à la mienne, comme j'ai reçu de lui des leçons utiles, j'ai cru pouvoir, par reconnoissance, lui consacrer un petit souvenir.

Sitôt que je fus libre, je courus dans la rue de mademoiselle Galley, me flattant de voir entrer ou sortir quelqu'un, ou du moins ouvrir quelque fenêtre. Rien; pas un chat ne parut, et tout le temps que je fus là la maison demeura aussi close que si elle n'eût point été habitée. La rue étoit petite et déserte, un homme s'y remarquoit : de temps en temps quelqu'un passoit, entroit ou sortoit au voisinage. J'étois fort embarrassé de ma figure : il me sembloit qu'on devinoit pourquoi j'étois là, et cette idée me mettoit au supplice, car j'ai toujours préféré à mes plaisirs l'honneur et le repos de celles qui m'étoient chères.

Enfin, las de faire l'amant espagnol, et n'ayant point de guitare, je pris le parti d'aller écrire à mademoiselle de Graffenried. J'aurois préféré d'écrire à son amie; mais je n'osois, et il convenoit de commencer par celle à qui je devois la connoissance de l'autre et avec qui j'étois plus familier. Ma lettre faite, j'allai la porter à mademoiselle Giraud, comme j'en étois convenu avec ces demoiselles en nous séparant. Ce furent elles qui me donnèrent cet expédient. Mademoiselle Giraud étoit contre-pointière; et, travaillant quelquefois chez madame Galley, elle avoit l'entrée de sa maison. La messagère ne me parut pourtant pas trop bien choisie ; mais j'avois peur, si je faisois des difficultés sur celle-là, qu'on ne m'en proposât point d'autre. De plus je n'osai dire qu'elle vouloit travailler pour son compte. Je me sentois humilié qu'elle osât se croire pour moi du même sexe que ces demoiselles. Enfin j'aimois mieux cet entrepôt-là que point, et je m'y tins à tout risque.

Au premier mot la Giraud me devina : cela n'étoit pas difficile. Quand une lettre à porter à de jeunes filles n'auroit pas parlé d'elle-même, mon air sot et embarrassé m'auroit seul décelé. On peut croire que cette commission ne lui donna pas grand plaisir à faire : elle s'en chargea toutefois et l'exécuta fidèlement. Le lendemain matin je courus chez elle, et j'y trouvai ma réponse. Comme je me pressai de sortir pour l'aller lire et baiser à mon aise ! cela n'a pas besoin d'être dit ; mais ce qui en a besoin davantage, c'est le parti que prit mademoiselle Giraud, et où j'ai trouvé plus de délicatesse et de modération que je n'en aurois attendu d'elle. Ayant assez de bon sens pour voir qu'avec ses trente-sept ans, ses yeux de lièvre, son nez barbouillé, sa voix aigre et sa peau noire, elle n'avoit pas beau jeu contre deux jeunes personnes pleines de grâces et dans tout l'éclat de la beauté, elle ne voulut ni les trahir ni les servir, et aima mieux me perdre que de me ménager pour elles.

(1732.) Il y avoit déjà quelque temps que la

Merceret, n'ayant aucune nouvelle de sa maîtresse, songeoit à s'en retourner à Fribourg : elle l'y détermina tout-à-fait. Elle fit plus, elle lui fit entendre qu'il seroit bien que quelqu'un la conduisît chez son père, et me proposa. La petite Merceret, à qui je ne déplaisois pas non plus, trouva cette idée fort bonne à exécuter. Elles m'en parlèrent dès le même jour comme d'une affaire arrangée; et comme je ne trouvois rien qui me déplût dans cette manière de disposer de moi, j'y consentis, regardant ce voyage comme une affaire de huit jours tout au plus. La Giraud, qui ne pensa pas de même, arrangea tout. Il fallut bien avouer l'état de mes finances. On y pourvut : la Merceret se chargea de me défrayer; et, pour regagner d'un côté ce qu'elle dépensoit de l'autre, à ma prière on décida qu'elle enverroit devant son petit bagage, et que nous irions à pied à petites journées. Ainsi fût fait.

Je suis fâché de faire tant de filles amoureuses de moi : mais comme il n'y a pas de quoi être bien vain du parti que j'ai tiré de toutes ces amours-là, je crois pouvoir dire la vérité sans scrupule. La Merceret, plus jeune et moins déniaisée que la Giraud, ne m'a jamais fait des agaceries aussi vives; mais elle imitoit mes tons, mes accents, redisoit mes mots, avoit pour moi les attentions que j'aurois dû avoir pour elle, et prenoit toujours grand soin, comme elle étoit fort peureuse, que nous couchassions dans la même chambre, identité qui se borne rarement là dans un voyage entre un garçon de vingt ans et une fille de vingt-cinq.

Elle s'y borna pourtant cette fois. Ma simplicité fut telle, que, quoique la Merceret ne fût pas désagréable, il ne me vint pas même à l'esprit durant tout le voyage, je ne dis pas la moindre tentation galante, mais même la moindre idée qui s'y rapportât; et, quand cette idée me seroit venue, j'étois trop sot pour en savoir profiter. Je n'imaginois pas comment une fille et un garçon parvenoient à coucher ensemble; je croyois qu'il falloit des siècles pour préparer ce terrible arrangement. Si la pauvre Merceret, en me défrayant, comptoit sur quelque équivalent, elle en fut la dupe, et nous arrivâmes à Fribourg exactement comme nous étions partis d'Annecy.

En passant à Genève je n'allai voir personne, mais je fus prêt à me trouver mal sur les ponts. Jamais je n'ai vu les murs de cette heureuse ville, jamais je n'y suis entré, sans sentir une certaine défaillance de cœur qui venoit d'un excès d'attendrissement. En même temps que la noble image de la liberté m'élevoit l'ame, celles de l'égalité, de l'union, de la douceur des mœurs, me touchoient jusqu'aux larmes, et m'inspiroient un vif regret d'avoir perdu tous ces biens. Dans quelle erreur j'étois, mais qu'elle étoit naturelle! Je croyois voir tout cela dans ma patrie, parce que je le portois dans mon cœur.

Il falloit passer à Nyon. Passer sans voir mon bon père! Si j'avois eu ce courage, j'en serois mort de regret. Je laissai la Merceret à l'auberge, et je l'allai voir à tout risque. Eh! que j'avois tort de le craindre! Son ame à mon abord s'ouvrit aux sentiments paternels dont elle étoit pleine. Que de pleurs nous versâmes en nous embrassant! Il crut d'abord que je revenois à lui. Je lui fis mon histoire, et je lui dis ma résolution. Il la combattit foiblement. Il me fit voir les dangers auxquels je m'exposois, me dit que les plus courtes folies étoient les meilleures. Du reste il n'eut pas même la tentation de me retenir de force; et en cela je trouve qu'il eut raison: mais il est certain, qu'il ne fit pas pour me ramener tout ce qu'il auroit pu faire, soit qu'après le pas que j'avois fait il jugeât lui-même que je n'en devois pas revenir, soit qu'il fût embarrassé peut-être à savoir ce qu'à mon âge il pourroit faire de moi. J'ai su depuis qu'il eut de ma compagne de voyage une opinion bien injuste et bien éloignée de la vérité, mais du reste assez naturelle. Ma belle-mère, bonne femme, un peu mielleuse, fit semblant de vouloir me retenir à souper. Je ne restai point; mais je leur dis que je comptois m'arrêter avec eux plus long-temps au retour, et je leur laissai en dépôt mon petit paquet, que j'avois fait venir par le bateau, et dont j'étois embarrassé. Le lendemain je partis de bon matin, bien content d'avoir vu mon père et d'avoir osé faire mon devoir.

Nous arrivâmes heureusement à Fribourg. Sur la fin du voyage les empressements de mademoiselle Merceret diminuèrent un peu. Après notre arrivée elle ne me marqua plus que de la froideur; et son père, qui ne nageoit pas dans l'opulence, ne me fit pas non plus un bien grand accueil : j'allai loger au cabaret. Je les fus voir le lendemain, ils m'offrirent à dîner, je l'acceptai. Nous nous séparâmes sans pleurs : je retournai le soir à ma gargote, et je repartis le surlendemain de mon arrivée, sans trop savoir où j'avois dessein d'aller.

Voilà encore une circonstance de ma vie où la Providence m'offroit précisément ce qu'il me falloit pour couler des jours heureux. La Merceret étoit une très-bonne fille, point brillante, point belle, mais point laide non plus; peu vive, fort raisonnable, à quelques petites humeurs près, qui se passoient à pleurer, et qui n'avoient jamais de suite orageuse. Elle avoit un vrai goût pour moi; j'aurois pu l'épouser sans peine, et suivre le métier de son père[1]. Mon goût pour la musique me l'auroit fait aimer. Je me serois établi à Fribourg, petite ville peu jolie, mais peuplée

---

[1] * Rousseau n'a point dit quel étoit ce métier; la phrase qui suit peut faire supposer que le père de la Merceret étoit musicien.

de bonnes gens. J'aurois perdu sans doute de grands plaisirs, mais j'aurois vécu en paix jusqu'à ma dernière heure; et je dois savoir mieux que personne qu'il n'y avoit pas à balancer sur ce marché.

Je revins non pas à Nyon, mais à Lausanne. Je voulois me rassasier de la vue de ce beau lac qu'on voit là dans sa plus grande étendue. La plupart de mes secrets motifs déterminants n'ont pas été plus solides. Des vues éloignées ont rarement assez de force pour me faire agir. L'incertitude de l'avenir m'a toujours fait regarder les projets de longue exécution comme des leurres de dupe. Je me livre à l'espoir comme un autre, pourvu qu'il ne me coûte rien à nourrir; mais, s'il faut prendre long-temps de la peine, je n'en suis plus. Le moindre petit plaisir qui s'offre à ma portée me tente plus que les joies du paradis. J'excepte pourtant le plaisir que la peine doit suivre: celui-là ne me tente pas, parce que je n'aime que des jouissances pures, et que jamais on n'en a de telles quand on sait qu'on s'apprête un repentir.

J'avois grand besoin d'arriver en quelque lieu que ce fût, et le plus proche étoit le mieux; car, m'étant égaré dans ma route, je me trouvai le soir à Moudon, où je dépensai le peu qui me restoit, hors dix kreutzers, qui partirent le lendemain à la dînée: et, arrivé le soir à un petit village auprès de Lausanne, j'y entrai dans un cabaret sans un sou pour payer ma couchée, et sans savoir que devenir. J'avois grand'faim; je fis bonne contenance, et je demandai à souper, comme si j'eusse eu de quoi bien payer. J'allai me coucher sans songer à rien, je dormis tranquillement; et, après avoir déjeuné le matin, et compté avec l'hôte, je voulus, pour sept batz, à quoi montoit ma dépense, lui laisser ma veste en gage. Ce brave homme la refusa, et me dit que grâce au ciel il n'avoit jamais dépouillé personne, qu'il ne vouloit pas commencer pour sept batz, que je gardasse ma veste, et que je le paierois quand je pourrois. Je fus touché de sa bonté, mais moins que je ne devois l'être, et que je ne l'ai été depuis en y repensant. Je ne tardai guère à lui renvoyer son argent avec des remerciements par un homme sûr: mais, quinze ans après, repassant par Lausanne, à mon retour d'Italie, j'eus un vrai regret d'avoir oublié le nom du cabaret et de l'hôte [1]. Je l'aurois été voir; je me serois fait un vrai plaisir de lui rappeler sa bonne œuvre, et de lui prouver qu'elle n'avoit pas été mal placée. Des services plus importants sans doute, mais rendus avec plus d'ostentation, ne m'ont pas paru si dignes de reconnoissance que l'humanité simple et sans éclat de cet honnête homme.

[1] Var.... « D'avoir oublié l'enseigne du cabaret et le nom de « l'hôte. »

En approchant de Lausanne, je rêvois à la détresse où je me trouvois, aux moyens de m'en tirer sans aller montrer ma misère à ma belle-mère; et je me comparois dans ce pèlerinage pédestre à mon ami Venture arrivant à Annecy. Je m'échauffai si bien de cette idée, que, sans songer que je n'avois ni sa gentillesse ni ses talents, je me mis en tête de faire à Lausanne le petit Venture, d'enseigner la musique, que je ne savois pas, et de me dire de Paris, où je n'avois jamais été. En conséquence de ce beau projet, comme il n'y avoit point là de maîtrise où je pusse vicarier, et que d'ailleurs je n'avois garde d'aller me fourrer parmi les gens de l'art, je commençai par m'informer d'une petite auberge où l'on pût être assez bien et à bon marché. On m'enseigna un nommé Perrotet, qui tenoit des pensionnaires. Ce Perrotet se trouva être le meilleur homme du monde, et me reçut fort bien. Je lui contai mes petits mensonges comme je les avois arrangés. Il me promit de parler de moi, et de tâcher de me procurer des écoliers; il me dit qu'il ne me demanderoit de l'argent que quand j'en aurois gagné. Sa pension étoit de cinq écus blancs; ce qui étoit peu pour la chose, mais beaucoup pour moi. Il me conseilla de ne me mettre d'abord qu'à la demi-pension, qui consistoit pour le dîner en une bonne soupe, et rien de plus, mais bien à souper le soir. J'y consentis. Ce pauvre Perrotet me fit toutes ces avances du meilleur cœur du monde, et n'épargnoit rien pour m'être utile.

Pourquoi faut-il qu'ayant trouvé tant de bonnes gens dans ma jeunesse, j'en trouve si peu dans un âge avancé? Leur race est-elle épuisée? Non; mais l'ordre où j'ai besoin de les chercher aujourd'hui n'est plus le même où je les trouvois alors. Parmi le peuple, où les grandes passions ne parlent que par intervalles, les sentiments de la nature se font plus souvent entendre. Dans les états plus élevés ils sont étouffés absolument, et sous le masque du sentiment il n'y a jamais que l'intérêt ou la vanité qui parle.

J'écrivis de Lausanne à mon père, qui m'envoya mon paquet et me marqua d'excellentes choses, dont j'aurois dû mieux profiter. J'ai déjà noté des moments de délire inconcevables où je n'étois plus moi-même. En voici encore un des plus marqués. Pour comprendre à quel point la tête me tournoit alors, à quel point je m'étois pour ainsi dire venturisé, il ne faut que voir combien tout à la fois j'accumulai d'extravagances. Me voilà maître à chanter sans savoir déchiffrer un air; car quand les six mois que j'avois passés avec Le Maître m'auroient profité, jamais ils n'auroient pu suffire : mais outre cela j'apprenois d'un maître : c'en étoit assez pour apprendre mal. Parisien de Genève, et catholique en pays protestant, je crus devoir changer mon nom ainsi que ma religion et ma patrie.

Je m'approchois toujours de mon grand modèle autant qu'il m'étoit possible. Il s'étoit appelé Venture de Villeneuve; moi je fis l'anagramme du nom de Rousseau dans celui de Vaussore, et je m'appelai Vaussore de Villeneuve. Venture savoit la composition, quoiqu'il n'en eût rien dit; moi, sans la savoir je m'en vantai à tout le monde, et, sans pouvoir noter le moindre vaudeville, je me donnai pour compositeur. Ce n'est pas tout : ayant été présenté à M. de Treytorens, professeur en droit, qui aimait la musique et faisoit des concerts chez lui, je voulus lui donner un échantillon de mon talent, et je me mis à composer une pièce pour son concert, aussi effrontément que si j'avois su comment m'y prendre. J'eus la constance de travailler pendant quinze jours à ce bel ouvrage, de le mettre au net, d'en tirer les parties, et de les distribuer avec autant d'assurance que si c'eût été un chef-d'œuvre d'harmonie. Enfin ce qu'on aura peine à croire, et qui est très-vrai, pour couronner dignement cette sublime production, je mis à la fin un joli menuet, qui couroit les rues, et que tout le monde se rappelle peut-être encore, sur ces paroles jadis si connues :

> Quel caprice!
> Quelle injustice!
> Quoi! ta Clarisse
> Trahiroit tes feux! etc.

Venture m'avoit appris cet air avec la basse sur

d'autres paroles infâmes, à l'aide desquelles je l'avois retenu. Je mis donc à la fin de ma composition ce menuet et sa basse, en supprimant les paroles, et je le donnai pour être de moi, tout aussi résolument que si j'avois parlé à des habitants de la lune.

On s'assemble pour exécuter ma pièce. J'explique à chacun le genre du mouvement, le goût de l'exécution, les renvois des parties; j'étois fort affairé. On s'accorde pendant cinq ou six minutes, qui furent pour moi cinq ou six siècles. Enfin, tout étant prêt, je frappe avec un beau rouleau de papier sur mon pupitre magistral les cinq ou six coups du *prenez garde à vous*. On fait silence. Je me mets gravement à battre la mesure; on commence... Non, depuis qu'il existe des opéras françois, de la vie on n'ouït un semblable charivari. Quoi qu'on eût pu penser de mon prétendu talent, l'effet fut pire que tout ce qu'on sembloit attendre. Les musiciens étouffoient de rire; les auditeurs ouvroient de grands yeux, et auroient bien voulu fermer les oreilles; mais il n'y avoit pas moyen. Mes bourreaux de symphonistes, qui vouloient s'égayer, racloient à percer le tympan d'un quinze-vingt. J'eus la constance d'aller toujours mon train, suant, il est vrai, à grosses gouttes, mais retenu par la honte, n'osant m'enfuir et tout planter là. Pour ma consolation, j'entendois autour de moi les assistants se dire à leur oreille, ou plutôt à la mienne, l'un, Il n'y a rien là de supportable ; un autre, Quelle musique enragée ! un autre, Quel diable de sabbat ! Pauvre Jean-Jacques, dans ce cruel moment tu n'espérois guère qu'un jour devant le roi de France et toute sa cour tes sons exciteroient des murmures de surprise et d'applaudissement, et que, dans toutes les loges autour de toi, les plus aimables femmes se diroient à demi-voix, Quels sons charmants ! quelle musique enchanteresse ! tous ces chants-là vont au cœur !

Mais ce qui mit tout le monde de bonne humeur fut le menuet. A peine en eut-on joué quelques mesures, que j'entendis partir de toutes parts les éclats de rire. Chacun me félicitoit sur mon joli goût de chant; on m'assuroit que ce menuet feroit parler de moi, et que je méritois d'être chanté partout. Je n'ai pas besoin de dépeindre mon angoisse ni d'avouer que je la méritois bien.

Le lendemain l'un de mes symphonistes, appelé Lutold, vint me voir, et fut assez bon homme pour ne pas me féliciter sur mon succès. Le profond sentiment de ma sottise, la honte, le regret, le désespoir de l'état où j'étois réduit, l'impossibilité de tenir mon cœur fermé dans ses grandes peines, me firent ouvrir à lui; je lâchai la bonde à mes larmes; et, au lieu de me contenter de lui avouer mon ignorance, je lui dis tout, en lui demandant le secret, qu'il me promit, et qu'il me garda comme on peut le croire. Dès le même soir tout Lausanne sut qui j'étois; et, ce qui est remarquable, personne ne m'en fit semblant, pas même le bon Perrotet, qui pour tout cela ne se rebuta pas de me loger et de me nourrir.

Je vivois, mais bien tristement. Les suites d'un pareil début ne firent pas pour moi de Lausanne un séjour fort agréable. Les écoliers ne se présentoient pas en foule ; pas une seule écolière, et personne de la ville. J'eus en tout deux ou trois gros Teutches, aussi stupides que j'étois ignorant, qui m'ennuyoient à mourir, et qui, dans mes mains, ne devinrent pas de grands croque-notes. Je fus appelé dans une seule maison, où un petit serpent de fille se donna le plaisir de me montrer beaucoup de musique, dont je ne pus pas lire une note, et qu'elle eut la malice de chanter ensuite devant monsieur le maître, pour lui montrer comment cela s'exécutoit. J'étois si peu en état de lire un air de première vue, que, dans le brillant concert dont j'ai parlé, il ne me fut pas possible de suivre un moment l'exécution pour savoir si l'on jouoit bien ce que j'avois sous les yeux et que j'avois composé moi-même.

Au milieu de tant d'humiliations j'avois des consolations très-douces dans les nouvelles que je recevois de temps en temps des deux charmantes amies. J'ai toujours trouvé dans le sexe une grande vertu consolatrice ; et rien n'adoucit plus mes afflictions dans mes disgrâces que de sentir qu'une personne aimable y prend intérêt. Cette correspondance cessa pourtant bientôt après, et ne fut jamais renouée : mais ce fut ma faute. En changeant de lieu je négligeai de leur donner mon adresse ; et, forcé par la nécessité de songer continuellement à moi-même, je les oubliai bientôt entièrement.

Il y a long-temps que je n'ai parlé de ma pauvre maman : mais si l'on croit que je l'oubliois aussi, l'on se trompe fort. Je ne cessois de penser à elle, et de désirer de la retrouver, non seulement pour le besoin de ma subsistance, mais bien plus pour le besoin de mon cœur. Mon attachement pour elle, quelque vif, quelque tendre qu'il fût, ne m'empêchoit pas d'en aimer d'autres ; mais ce n'étoit pas de la même façon. Toutes devoient également ma tendresse à leurs charmes ; mais elle tenoit uniquement à ceux des autres, et ne leur eût pas survécu ; au lieu que maman pouvoit devenir vieille et laide sans que je l'aimasse moins tendrement. Mon cœur avoit pleinement transmis à sa personne l'hommage qu'il fit d'abord à sa beauté ; et, quelque changement qu'elle éprouvât, pourvu que ce fût toujours elle, mes sentiments ne pouvoient changer. Je sais bien que je lui devois de la reconnoissance ; mais en vérité je n'y songeois pas. Quoi qu'elle eût fait ou n'eût pas fait pour moi, c'eût été toujours la même chose. Je ne l'aimois ni par devoir, ni par intérêt, ni par convenance ; je l'aimois parce que j'étois né pour l'aimer. Quand je devenois amoureux de quelque autre, cela faisoit distraction, je l'avoue, et je pensois moins souvent à elle; mais j'y pensois avec le même plaisir, et jamais, amoureux, ou non, je ne me suis occupé d'elle sans sentir qu'il ne pouvoit y avoir pour moi de vrai bonheur dans la vie tant que j'en serois séparé.

N'ayant point de ses nouvelles depuis si long-temps, je ne crus jamais que je l'eusse tout-à-fait perdue, ni qu'elle eût pu m'oublier. Je me disois: Elle saura tôt ou tard que je suis errant, et me donnera quelque signe de vie; je la retrouverai, j'en suis certain. En attendant, c'étoit une douceur pour moi d'habiter son pays, de passer dans les rues où elle avoit passé, devant les maisons où elle avoit demeuré; et le tout par conjecture, car une de mes ineptes bizarreries étoit de n'oser m'informer d'elle ni prononcer son nom sans la plus absolue nécessité. Il me sembloit qu'en la nommant je disois tout ce qu'elle m'inspiroit; que ma bouche révéloit le secret de mon cœur; que je la compromettrois en quelque sorte. Je crois même qu'il se mêloit à cela quelque frayeur qu'on ne me dît du mal d'elle. On avoit parlé beaucoup de sa démarche, et un peu de sa conduite. De peur qu'on n'en dît pas ce que je voulois entendre, j'aimois mieux qu'on n'en parlât point du tout.

Comme mes écoliers ne m'occupoient pas beaucoup, et que sa ville natale n'étoit qu'à quatre lieues de Lausanne, j'y fis une promenade de deux ou trois jours, durant lesquels la plus douce émotion ne me quitta point. L'aspect du lac de Genève et de ses admirables côtes eut toujours à mes yeux un attrait particulier que je ne saurois expliquer, et qui ne tient pas seulement à la beauté du spectacle, mais à je ne sais quoi de plus intéressant qui m'affecte et m'attendrit. Toutes les fois que j'approche du pays de Vaud, j'éprouve une impression composée du souvenir de madame de Warens qui y est née, de mon père qui y vivoit, de mademoiselle de Vulson qui y eut les prémices de mon cœur, de plusieurs voyages de plaisir que j'y fis dans mon enfance, et, ce me semble, de quelque autre cause encore plus secrète et plus forte que tout cela[1]. Quand l'ardent désir de cette vie heureuse et douce qui me fuit et pour laquelle j'étois né vient enflammer mon imagination, c'est toujours au pays de Vaud, près du lac, dans des campagnes charmantes, qu'elle se fixe. Il me faut absolument un verger au bord de ce lac, et non pas d'un autre; il me faut un ami sûr, une femme aimable, une vache, et un petit bateau. Je ne jouirai d'un bonheur parfait sur la terre que quand j'aurai tout cela. Je ris de la simplicité avec laquelle je suis allé plusieurs fois dans ce pays-là uniquement pour y chercher ce bonheur imaginaire.

---

[1] * Tous ces souvenirs se retrouvent dans la *Nouvelle Héloïse*.

J'étois toujours surpris d'y trouver les habitants, surtout les femmes, d'un tout autre caractère que celui que j'y cherchois. Combien cela me sembloit disparate ! Le pays et le peuple dont il est couvert ne m'ont jamais paru faits l'un pour l'autre.

Dans ce voyage de Vevay, je me livrois, en suivant ce beau rivage, à la plus douce mélancolie : mon cœur s'élançoit avec ardeur à mille félicités innocentes ; je m'attendrissois, je soupirois et pleurois comme un enfant. Combien de fois, m'arrêtant pour pleurer à mon aise, assis sur une grosse pierre, je me suis amusé à voir tomber mes larmes dans l'eau !

J'allai à Vevay loger à la Clef ; et pendant deux jours que j'y restai sans voir personne, je pris pour cette ville un amour qui m'a suivi dans tous mes voyages, et qui m'y a fait établir enfin les héros de mon roman. Je dirois volontiers à ceux qui ont du goût et qui sont sensibles: Allez à Vevay, visitez le pays, examinez les sites, promenez-vous sur le lac, et dites si la nature n'a pas fait ce beau pays pour une Julie, pour une Claire, et pour un Saint-Preux ; mais ne les y cherchez pas. Je reviens à mon histoire.

Comme j'étois catholique et que je me donnois pour tel, je suivois sans mystère et sans scrupule le culte que j'avois embrassé. Les dimanches, quand il faisoit beau, j'allois à la messe à Assens à deux lieues de Lausanne. Je faisois ordinairement

cette course avec d'autres catholiques, surtout avec un brodeur parisien dont j'ai oublié le nom. Ce n'étoit pas un Parisien comme moi, c'étoit un vrai Parisien de Paris, un archi-Parisien du bon Dieu, bonhomme comme un Champenois. Il aimoit si fort son pays, qu'il ne voulut jamais douter que j'en fusse, de peur de [1] perdre cette occasion d'en parler. M. de Crouzas, lieutenant-baillival, avoit un jardinier de Paris aussi, mais moins complaisant, et qui trouvoit la gloire de son pays compromise à ce qu'on osât se donner pour en être lorsqu'on n'avoit pas cet honneur. Il me questionnoit de l'air d'un homme sûr de me prendre en faute, et puis sourioit malignement. Il me demanda une fois ce qu'il y avoit de remarquable au Marché-Neuf. Je battis la campagne comme on peut croire. Après avoir passé vingt ans à Paris, je dois à présent connoître cette ville ; cependant, si l'on me faisoit aujourd'hui pareille question, je ne serois pas moins embarrassé d'y répondre ; et de cet embarras on pourroit aussi bien conclure que je n'ai jamais été à Paris : tant, lors même qu'on rencontre la vérité, l'on est sujet à se fonder sur des principes trompeurs.

Je ne saurois dire exactement combien de temps je demeurai à Lausanne. Je n'apportai pas de cette ville des souvenirs bien rappelants. Je sais seulement que, n'y trouvant pas à vivre, j'allai de là

[1] Var. « Pour ne pas perdre... »

à Neufchâtel, et que j'y passai l'hiver. Je réussis mieux dans cette dernière ville; j'y eus des écoliers, et j'y gagnai de quoi m'acquitter avec mon bon ami Perrotet, qui m'avoit fidèlement envoyé mon petit bagage, quoique je lui redusse assez d'argent.

J'apprenois insensiblement la musique en l'enseignant. Ma vie étoit assez douce; un homme raisonnable eût pu s'en contenter : mais mon cœur inquiet me demandoit autre chose. Les dimanches et les jours où j'étois libre, j'allois courir les campagnes et les bois des environs, toujours errant, rêvant, soupirant; et quand j'étois une fois sorti de la ville, je n'y rentrois plus que le soir. Un jour, étant à Boudry, j'entrai pour dîner dans un cabaret: j'y vis un homme à grande barbe avec un habit violet à la grecque, un bonnet fourré, l'équipage et l'air assez noble, et qui souvent avoit peine à se faire entendre, ne parlant qu'un jargon presque indéchiffrable, mais plus ressemblant à l'italien qu'à nulle autre langue. J'entendois presque tout ce qu'il disoit, et j'étois le seul ; il ne pouvoit s'énoncer que par signes avec l'hôte et les gens du pays. Je lui dis quelques mots en italien qu'il entendit parfaitement : il se leva, et vint m'embrasser avec transport. La liaison fut bientôt faite, et dès ce moment je lui servis de truchement. Son dîner étoit bon, le mien étoit moins que médiocre ; il m'invita de prendre part au sien, je fis peu de façons. En buvant et baragouinant nous achevâmes de nous familiariser, et dès la fin du repas nous devînmes inséparables. Il me conta qu'il étoit prélat grec et archimandrite de Jérusalem, qu'il étoit chargé de faire une quête en Europe pour le rétablissement du Saint-Sépulcre. Il me montra de belles patentes de la czarine et de l'empereur; il en avoit de beaucoup d'autres souverains. Il étoit assez content de ce qu'il avoit amassé jusqu'alors; mais il avoit eu des peines incroyables en Allemagne, n'entendant pas un mot d'allemand, de latin ni de françois, et réduit à son grec, au turc et à la langue franque pour toute ressource; ce qui ne lui en procuroit pas beaucoup dans le pays où il s'étoit enfourné. Il me proposa de l'accompagner pour lui servir de secrétaire et d'interprète. Malgré mon petit habit violet, nouvellement acheté, et qui ne cadroit pas mal avec mon nouveau poste, j'avois l'air si peu étoffé, qu'il ne me crut pas difficile à gagner, et il ne se trompa point. Notre accord fut bientôt fait; je ne demandois rien, et il promettoit beaucoup. Sans caution, sans sûreté, sans connoissance, je me livre à sa conduite, et dès le lendemain me voilà parti pour Jérusalem.

Nous commençâmes notre tournée par le canton de Fribourg, où il ne fit pas grand'chose. La dignité épiscopale ne permettoit pas de faire le mendiant, et de quêter aux particuliers; mais nous présentâmes sa commission au sénat, qui lui donna une petite somme. De là nous fûmes à Berne. Nous logeâmes au Faucon, bonne auberge alors, où l'on trouvoit bonne compagnie. La table étoit nombreuse et bien servie. Il y avoit long-temps que je faisois mauvaise chère ; j'avois grand besoin de me refaire, j'en avois l'occasion, et j'en profitai. Monseigneur l'archimandrite étoit lui-même un homme de bonne compagnie, aimant assez à tenir table, gai, parlant bien pour ceux qui l'entendoient, ne manquant pas de certaines connoissances, et plaçant son érudition grecque avec assez d'agrément. Un jour, cassant au dessert des noisettes, il se coupa le doigt fort avant ; et comme le sang sortoit avec abondance, il montra son doigt à la compagnie, et dit en riant : *Mirate, signori ; questo è sangue pelasgo.*

A Berne mes fonctions ne lui furent pas inutiles, et je ne m'en tirai pas aussi mal que j'avois craint. J'étois bien plus hardi et mieux parlant que je n'aurois été pour moi-même. Les choses ne se passèrent pas aussi simplement qu'à Fribourg : il fallut de longues et fréquentes conférences avec les premiers de l'état, et l'examen de ses titres ne fut pas l'affaire d'un jour. Enfin, tout étant en règle, il fut admis à l'audience du sénat. J'entrai avec lui comme son interprète, et l'on me dit de parler. Je ne m'attendois à rien moins, et il ne m'étoit pas venu dans l'esprit qu'après avoir long-temps conféré avec les membres, il fallût s'adresser au corps comme si rien n'eût été dit. Qu'on juge de mon embarras! Pour un homme aussi honteux, parler non seulement en public, mais devant le sénat de Berne, et parler impromptu sans avoir une seule minute pour me préparer, il y avoit là de quoi m'anéantir. Je ne fus pas même intimidé. J'exposai succinctement et nettement la commission de l'archimandrite. Je louai la piété des princes qui avoient contribué à la collecte qu'il étoit venu faire. Piquant d'émulation celle de leurs excellences, je dis qu'il n'y avoit pas moins à espérer de leur munificence accoutumée; et puis, tâchant de prouver que cette bonne œuvre en étoit également une pour tous les chrétiens sans distinction de secte, je finis par promettre les bénédictions du ciel à ceux qui voudroient y prendre part. Je ne dirai pas que mon discours fit effet; mais il est sûr qu'il fut goûté, et qu'au sortir de l'audience l'archimandrite reçut un présent fort honnête, et de plus, sur l'esprit de son secrétaire des compliments dont j'eus l'agréable emploi d'être le truchement, mais que je n'osai lui rendre à la lettre. Voilà la seule fois de ma vie que j'aie parlé en public et devant un souverain, et la seule fois aussi peut-être que j'aie parlé hardiment et bien. Quelle différence dans les dispositions du même homme! Il y a trois ans qu'étant allé voir à Yverdun mon vieux ami M. Roguin, je reçus une députation pour me remercier de quelques livres que j'avois donnés à la bibliothèque de cette ville. Les Suisses sont grands harangueurs; ces messieurs me haranguèrent. Je me crus obligé de répondre; mais je m'embarrassai tellement dans ma réponse, et ma tête se brouilla si bien, que je restai court, et me fis moquer de moi. Quoique timide naturellement, j'ai été hardi quelquefois dans ma jeunesse, jamais dans mon âge avancé. Plus j'ai vu le monde, moins j'ai pu me faire à son ton.

Partis de Berne, nous allâmes à Soleure; car le dessein de l'archimandrite étoit de reprendre la route d'Allemagne, et de s'en retourner par la Hongrie ou par la Pologne, ce qui faisoit une route immense : mais comme chemin faisant sa bourse s'emplissoit plus qu'elle ne se vidoit, il craignoit peu les détours. Pour moi, qui me plaisois presque autant à cheval qu'à pied, je n'aurois pas mieux demandé que de voyager ainsi toute ma vie : mais il étoit écrit que je n'irois pas si loin.

La première chose que nous fîmes arrivant à Soleure fut d'aller saluer monsieur l'ambassadeur de France. Malheureusement pour mon évêque cet ambassadeur étoit le marquis de Bonac, qui avoit été ambassadeur à la Porte, et qui devoit être au fait de tout ce qui regardoit le Saint-Sépulcre. L'archimandrite eut une audience d'un quart d'heure, où je ne fus pas admis, parce que monsieur l'ambassadeur entendoit la langue franque, et parloit l'italien du moins aussi bien que moi. A la sortie de mon Grec je voulus le suivre; on me retint, ce fut mon tour. M'étant donné pour Parisien, j'étois comme tel sous la juridiction de son excellence. Elle me demanda qui j'étois, m'exhorta de lui dire la vérité; je le lui promis en lui demandant une audience particulière qui me fut accordée. Monsieur l'ambassadeur m'emmena dans son cabinet, dont il ferma sur nous la porte; et là, me jetant à ses pieds, je lui tins parole. Je n'aurois pas moins dit quand je n'aurois rien promis, car un continuel besoin d'épanchement met à tout moment mon cœur sur mes lèvres; et, après m'être ouvert sans réserve au musicien Lutold, je n'avois garde de faire le mystérieux avec le marquis de Bonac. Il fut si content de ma petite histoire et de l'effusion de cœur avec laquelle il vit que je l'avois contée, qu'il me prit par la main, entra chez madame l'ambassadrice, et me présenta à elle en lui faisant un abrégé de mon récit. Madame de Bonac m'accueillit avec bonté, et dit qu'il ne falloit pas me laisser aller avec ce moine grec. Il fut résolu que je resterois à l'hôtel en attendant qu'on vît ce qu'on pourroit faire de moi. Je voulus aller faire mes adieux à mon pauvre archimandrite, pour lequel j'avois conçu de l'attachement: on ne me le permit pas. On envoya lui signifier mes arrêts, et un quart d'heure après je vis arriver mon petit sac. M. de La Martinière, secrétaire d'ambassade, fut en quelque façon chargé de moi. En me conduisant dans la chambre qui m'étoit destinée, il me dit : Cette chambre a été occupée sous le comte du Luc par un homme célèbre du même nom que vous : il ne tient qu'à vous de le remplacer de toutes manières, et de faire dire un jour, Rousseau premier, Rousseau second. Cette conformité, qu'alors je n'espérois guère, eût moins flatté mes désirs si j'avois pu prévoir à quel prix je l'achèterois un jour.

Ce que m'avoit dit M. de La Martinière me donna de la curiosité. Je lus les ouvrages de celui dont j'occupois la chambre; et, sur le compliment qu'on m'avoit fait, croyant avoir du goût pour la poésie, je fis pour mon coup d'essai une cantate à la louange de madame de Bonac. Ce goût ne se soutint pas. J'ai fait de temps en temps de médiocres vers : c'est un exercice assez bon pour se rompre aux inversions élégantes, et apprendre à mieux écrire en prose; mais je n'ai jamais trouvé dans la poésie françoise assez d'attrait pour m'y livrer tout-à-fait[1]...

M. de La Martinière voulut voir de mon style, et me demanda par écrit le même détail que j'avois fait à monsieur l'ambassadeur. Je lui écrivis une longue lettre, que j'apprends avoir été conservée par M. de Marianne, qui étoit attaché depuis long-temps au marquis de Bonac, et qui

[1] Var. « Tout-à-fait, et probablement j'y aurois peu réussi. »

depuis a succédé à M. de La Martinière sous l'ambassade de M. de Courteilles. J'ai prié M. de Malesherbes de tâcher de me procurer une copie de cette lettre [1]: Si je puis l'avoir par lui ou par d'autres, on la trouvera dans le recueil qui doit accompagner mes Confessions.

L'expérience que je commençois d'avoir modéroit peu à peu mes projets romanesques; et, par exemple, non seulement je ne devins point amoureux de madame de Bonac, mais je sentis d'abord que je ne pouvois faire un grand chemin dans la maison de son mari. M. de La Martinière en place, et M. de Marianne pour ainsi dire en survivance, ne me laissoient espérer pour toute fortune qu'un emploi de sous-secrétaire qui ne me tentoit pas infiniment. Cela fit que quand on me consulta sur ce que je voulois faire, je marquai beaucoup d'envie d'aller à Paris. Monsieur l'ambassadeur goûta cette idée, qui tendoit au moins à le débarrasser de moi. M. de Merveilleux, secrétaire interprète de l'ambassade, dit que son ami M. Godard, colonel suisse au service de France, cherchoit quelqu'un pour mettre auprès de son neveu, qui entroit fort jeune au service, et pensa que je pourrois lui convenir. Sur cette idée assez légèrement prise, mon départ fut résolu; et moi, qui voyois un voyage à faire et Paris au bout, j'en fus dans la joie de mon cœur. On me donna quelques lettres, cent francs

[1] VAR. « : . . De cette lettre dont il a connoissance. »

pour mon voyage accompagnés de fort bonnes leçons, et je partis.

Je mis à ce voyage une quinzaine de jours, que je peux compter parmi les heureux de ma vie. J'étois jeune, je me portois bien, j'avois assez d'argent, beaucoup d'espérance, je voyageois à pied, et je voyageois seul. On seroit étonné de me voir compter un pareil avantage, si déjà l'on n'avoit dû se familiariser avec mon humeur. Mes douces chimères me tenoient compagnie, et jamais la chaleur de mon imagination n'en enfanta de plus magnifiques. Quand on m'offroit quelque place vide dans une voiture, ou que quelqu'un m'accostoit en route, je rechignois de voir renverser la fortune dont je bâtissois l'édifice en marchant. Cette fois mes idées étoient martiales. J'allois m'attacher à un militaire et devenir militaire moi-même ; car on avoit arrangé que je commencerois par être cadet. Je croyois déjà me voir en habit d'officier avec un beau plumet blanc. Mon cœur s'enfloit à cette noble idée. J'avois quelque teinture de géométrie et de fortifications ; j'avois un oncle ingénieur ; j'étois en quelque sorte enfant de la balle. Ma vue courte offroit un peu d'obstacle, mais qui ne m'embarrassoit pas ; et je comptois bien à force de sang froid et d'intrépidité suppléer à ce défaut. J'avois lu que le maréchal Schomberg avoit la vue très-courte ; pourquoi le maréchal Rousseau ne l'auroit-il pas ? Je m'échauffois tellement sur ces folies; que je ne voyois plus que troupes, remparts, gabions, batteries, et moi, au milieu du feu et de la fumée, donnant tranquillement mes ordres la lorgnette à la main. Cependant, quand je passois dans des campagnes agréables, que je voyois des bocages et des ruisseaux, ce touchant aspect me faisoit soupirer de regret; je sentois au milieu de ma gloire que mon cœur n'étoit pas fait pour tant de fracas; bientôt, sans savoir comment, je me retrouvois au milieu de mes chères bergeries, renonçant pour jamais aux travaux de Mars.

Combien l'abord de Paris démentit l'idée que j'en avois! La décoration extérieure que j'avois vue à Turin, la beauté des rues, la symétrie et l'alignement des maisons, me faisoient chercher à Paris autre chose encore. Je m'étois figuré une ville aussi belle que grande, de l'aspect le plus imposant, où l'on ne voyoit que de superbes rues, des palais de marbre et d'or. En entrant par le faubourg Saint-Marceau, je ne vis que de petites rues sales et puantes, de vilaines maisons noires, l'air de la malpropreté, de la pauvreté, des mendiants, des charretiers, des ravaudeuses, des crieuses de tisane et de vieux chapeaux. Tout cela me frappa d'abord à tel point, que tout ce que j'ai vu depuis à Paris de magnificence réelle n'a pu détruire cette première impression, et qu'il m'en est resté toujours un secret dégoût pour l'habitation de cette capitale. Je puis dire que tout le temps que j'y ai vécu dans la suite ne fut employé qu'à y chercher des ressources pour me mettre en état d'en vivre éloigné. Tel est le fruit d'une imagination trop active, qui exagère par-dessus l'exagération des hommes, et voit toujours plus que ce qu'on lui dit. On m'avoit tant vanté Paris, que je me l'étois figuré comme l'ancienne Babylone, dont je trouverois peut-être autant à rabattre, si je l'avois vue, du portrait que je m'en suis fait. La même chose m'arriva à l'Opéra, où je me pressai d'aller le lendemain de mon arrivée; la même chose m'arriva dans la suite à Versailles; dans la suite encore en voyant la mer; et la même chose m'arrivera toujours en voyant des spectacles qu'on m'aura trop annoncés : car il est impossible aux hommes et difficile à la nature elle-même de passer en richesse mon imagination.

A la manière dont je fus reçu de tous ceux pour qui j'avois des lettres, je crus ma fortune faite. Celui à qui j'étois le plus recommandé, et qui me caressa le moins, étoit M. de Surbeck, retiré du service et vivant philosophiquement à Bagneux, où je fus le voir plusieurs fois, et où jamais il ne m'offrit un verre d'eau. J'eus plus d'accueil de madame de Merveilleux, belle-sœur de l'interprète, et de son neveu, officier aux gardes : non seulement la mère et le fils me reçurent bien, mais ils m'offrirent leur table, dont je profitai souvent durant mon séjour à Paris. Madame de Merveilleux me parut avoir été belle ; ses cheveux étoient d'un[1] beau noir, et faisoient, à la vieille mode, le crochet sur ses tempes. Il lui restoit ce qui ne périt point avec les attraits, un esprit très-agréable. Elle me parut goûter le mien, et fit tout ce qu'elle put pour me rendre service ; mais personne ne la seconda, et je fus bientôt désabusé de tout ce grand intérêt qu'on avoit paru prendre à moi. Il faut pourtant rendre justice aux François ; ils ne s'épuisent point autant qu'on dit en protestations, et celles qu'ils font sont presque toujours sincères ; mais ils ont une manière de paroître s'intéresser à vous qui trompe plus que des paroles. Les gros compliments des Suisses n'en peuvent imposer qu'à des sots : les manières des François sont plus séduisantes en cela même qu'elles sont plus simples : on croiroit qu'ils ne vous disent pas tout ce qu'ils veulent faire, pour vous surprendre plus agréablement. Je dirai plus ; ils ne sont point faux dans leurs démonstrations ; ils sont naturellement officieux, humains, bienveillants, et même, quoi qu'on en dise, plus vrais qu'aucune autre nation ; mais ils sont légers et volages. Ils ont en effet le sentiment qu'ils vous témoignent, mais ce sentiment s'en va comme il est venu. En vous parlant ils sont pleins de vous ; ne vous voient-ils plus, ils vous oublient. Rien n'est permanent dans

---

[1] Var. « Étoient encore d'un... »

leur cœur : tout est chez eux l'œuvre du moment.

Je fus donc beaucoup flatté et peu servi. Ce colonel Godard, au neveu duquel on m'avoit donné, se trouva être un vilain vieux avare, qui, quoique tout cousu d'or, voyant ma détresse, me voulut avoir pour rien. Il prétendoit que je fusse auprès de son neveu une espèce de valet sans gages plutôt qu'un vrai gouverneur. Attaché continuellement à lui, et par-là dispensé du service, il falloit que je vécusse de ma paie de cadet, c'est-à-dire de soldat ; et à peine consentoit-il à me donner l'uniforme ; il auroit voulu que je me contentasse de celui du régiment. Madame de Merveilleux, indignée de ses propositions, me détourna elle-même de les accepter ; son fils fut du même sentiment. On cherchoit autre chose, et l'on ne trouvoit rien. Cependant je commençois d'être pressé, et cent francs, sur lesquels j'avois fait mon voyage, ne pouvoient me mener bien loin. Heureusement je reçus, de la part de monsieur l'ambassadeur, encore une petite remise qui me fit grand bien ; et je crois qu'il ne m'auroit pas abandonné si j'eusse eu plus de patience : mais languir, attendre, solliciter, sont pour moi choses impossibles. Je me rebutai, je ne parus plus, et tout fut fini. Je n'avois pas oublié ma pauvre maman : mais comment la trouver ? où la chercher ? Madame de Merveilleux, qui savoit mon histoire, m'avoit aidé dans cette recherche, et long-temps inutilement. Enfin elle m'apprit que madame de Warens étoit repartie il y avoit plus de deux mois, mais qu'on ne savoit si elle étoit allée en Savoie ou à Turin, et que quelques personnes la disoient retournée en Suisse. Il ne m'en fallut pas davantage pour me déterminer à la suivre, bien sûr qu'en quelque lieu qu'elle fût je la trouverois plus aisément en province que je n'avois pu faire à Paris.

Avant de partir j'exerçai mon nouveau talent poétique dans une épître au colonel Godard, où je le drapai de mon mieux. Je montrai ce barbouillage à madame de Merveilleux, qui, au lieu de me censurer comme elle auroit dû faire, rit beaucoup de mes sarcasmes, de même que son fils, qui, je crois, n'aimoit pas M. Godard; et il faut avouer qu'il n'étoit pas aimable. J'étois tenté de lui envoyer mes vers; ils m'y encouragèrent: j'en fis un paquet à son adresse, et comme il n'y avoit point alors à Paris de petite poste, je le mis dans ma poche, et le lui envoyai d'Auxerre en passant. Je ris quelquefois encore en songeant aux grimaces qu'il dut faire en lisant ce panégyrique, où il étoit peint trait pour trait. Il commençoit ainsi :

> Tu croyois, vieux penard, qu'une folle manie
> D'élever ton neveu m'inspireroit l'envie.

Cette petite pièce, mal faite à la vérité, mais qui ne manquoit pas de sel, et qui annonçoit du talent pour la satire, est cependant le seul écrit satirique qui soit sorti de ma plume. J'ai le cœur trop peu haineux pour me prévaloir d'un pareil talent : mais je crois qu'on peut juger par quelques écrits polémiques faits de temps à autre pour ma défense, que, si j'avois été d'humeur batailleuse, mes agresseurs auroient eu rarement les rieurs de leur côté.

La chose que je regrette le plus dans les détails de ma vie dont j'ai perdu la mémoire est de n'avoir pas fait des journaux de mes voyages. Jamais je n'ai tant pensé, tant existé, tant vécu, tant été moi, si j'ose ainsi dire, que dans ceux que j'ai faits seul et à pied. La marche a quelque chose qui anime et avive mes idées : je ne puis presque penser quand je reste en place ; il faut que mon corps soit en branle pour y mettre mon esprit. La vue de la campagne, la succession des aspects agréables, le grand air, le grand appétit, la bonne santé que je gagne en marchant, la liberté du cabaret, l'éloignement de tout ce qui me fait sentir ma dépendance, de tout ce qui me rappelle à ma situation, tout cela dégage mon ame, me donne une plus grande audace de penser, me jette en quelque sorte dans l'immensité des êtres pour les combiner, les choisir, me les approprier à mon gré, sans gêne et sans crainte. Je dispose en maître de la nature entière ; mon cœur, errant d'objet en objet, s'unit, s'identifie à ceux qui le flattent, s'entoure d'images charmantes, s'enivre de sentiments délicieux. Si pour les fixer je m'amuse à les décrire en moi-même, quelle vigueur de pinceau, quelle fraîcheur de coloris, quelle énergie d'expression je leur donne! On a, dit-on, trouvé de tout cela dans mes ouvrages, quoique écrits vers le déclin de mes ans. Ah! si l'on eût vu ceux de ma première jeunesse, ceux que j'ai faits durant mes voyages, ceux que j'ai composés et que je n'ai jamais écrits!... Pourquoi, direz-vous, ne les pas écrire? Et pourquoi les écrire? vous répondrai-je : pourquoi m'ôter le charme actuel de la jouissance, pour dire à d'autres que j'avois joui? Que m'importoient des lecteurs, un public, et toute la terre, tandis que je planois dans le ciel? D'ailleurs, portois-je avec moi du papier, des plumes? Si j'avois pensé à tout cela, rien ne me seroit venu. Je ne prévoyois pas que j'aurois des idées; elles viennent quand il leur plaît, non quand il me plaît. Elles ne viennent point, ou elles viennent en foule, elles m'accablent de leur nombre et de leur force. Dix volumes par jour n'auroient pas suffi. Où prendre du temps pour les écrire? En arrivant je ne songeois qu'à bien dîner. En partant je ne songeois qu'à bien marcher. Je sentois qu'un nouveau paradis m'attendoit à la porte. Je ne songeois qu'à l'aller chercher.

Jamais je n'ai si bien senti tout cela que dans le retour dont je parle. En venant à Paris, je m'étois borné aux idées relatives à ce que j'y allois faire. Je m'étois élancé dans la carrière où j'allois entrer, et je l'avois parcourue avec assez de gloire : mais cette carrière n'étoit pas celle où mon cœur m'appeloit, et les êtres réels nuisoient aux êtres imaginaires. Le colonel Godard et son neveu figuroient mal avec un héros tel que moi. Grâces au ciel j'étois maintenant délivré de tous ces obstacles : je pouvois m'enfoncer à mon gré dans le pays des chimères, car il ne restoit que cela devant moi. Aussi je m'y égarai si bien, que je perdis réellement plusieurs fois ma route; et j'eusse été fort fâché d'aller plus droit, car, sentant qu'à Lyon j'allois me retrouver sur la terre, j'aurois voulu n'y jamais arriver.

Un jour entre autres, m'étant à dessein détourné pour voir de près un lieu qui me parut admirable, je m'y plus si fort et j'y fis tant de tours que je me perdis enfin tout-à-fait. Après plusieurs heures de course inutile, las et mourant de soif et de faim, j'entrai chez un paysan dont la maison n'avoit pas belle apparence, mais c'étoit la seule que je visse aux environs. Je croyois que c'étoit comme à Genève ou en Suisse, où tous les habitants à leur aise sont en état d'exercer l'hospitalité. Je priai celui-ci de me donner à dîner en payant. Il m'offrit du lait écrémé et de gros pain d'orge, en me disant que c'étoit tout ce qu'il avoit. Je buvois ce lait avec délices, et je mangeois ce pain, paille et tout; mais cela n'étoit pas fort restaurant pour un homme épuisé de fatigue. Ce paysan, qui m'examinoit, jugea de la vérité de mon histoire par celle de mon appétit. Tout de suite, après avoir dit qu'il voyoit bien [1] que j'étois un bon jeune honnête homme qui n'étois pas là pour le vendre, il ouvrit une petite trappe à côté de sa cuisine, descendit, et revint un moment après avec un bon pain bis de pur froment, un jambon très-appétissant quoique entamé, et une bouteille de vin dont l'aspect me réjouit le cœur plus que tout le reste : on joignit à cela une omelette assez épaisse; et je fis un dîner tel qu'autre qu'un piéton n'en connut jamais. Quand ce vint à payer, voilà son inquiétude et ses craintes qui le reprennent; il ne vouloit point de mon argent, il le repoussoit avec un trouble extraordinaire; et ce qu'il y avoit de plaisant étoit que je ne pouvois imaginer de quoi il avoit peur. Enfin, il prononça en frémissant ces mots terribles de commis et de rats-de-cave. Il me fit entendre qu'il cachoit son vin à cause des aides, qu'il cachoit son pain à cause de la taille, et qu'il seroit un homme perdu si l'on pouvoit se douter qu'il ne mourût pas de faim. Tout ce qu'il me dit à ce sujet, et dont je n'avois pas la moindre idée, me fit une impression qui ne s'effacera jamais. Ce fut là le germe de cette

[1] Apparemment je n'avois pas encore alors la physionomie qu'on m'a donnée depuis dans mes portraits.

haine inextinguible qui se développa depuis dans mon cœur contre les vexations qu'éprouve le malheureux peuple et contre ses oppresseurs. Cet homme, quoique aisé, n'osoit manger le pain qu'il avoit gagné à la sueur de son front, et ne pouvoit éviter sa ruine qu'en montrant la même misère qui régnoit autour de lui. Je sortis de sa maison aussi indigné qu'attendri, et déplorant le sort de ces belles contrées à qui la nature n'a prodigué ses dons que pour en faire la proie des barbares publicains.

Voilà le seul souvenir bien distinct qui me reste de ce qui m'est arrivé durant ce voyage. Je me rappelle seulement encore qu'en approchant de Lyon je fus tenté de prolonger ma route pour aller voir les bords du Lignon; car, parmi les romans que j'avois lus avec mon père, l'Astrée n'avoit pas été oubliée; et c'étoit celui qui me revenoit au cœur le plus fréquemment. Je demandai la route du Forez; et tout en causant avec une hôtesse elle m'apprit que c'étoit un bon pays de ressource pour les ouvriers, qu'il y avoit beaucoup de forges, et qu'on y travailloit fort bien en fer. Cet éloge calma tout à coup ma curiosité romanesque, et je ne jugeai pas à propos d'aller chercher des Dianes et des Sylvandres chez un peuple de forgerons. La bonne femme qui m'encourageoit de la sorte m'avoit sûrement pris pour un garçon serrurier.

Je n'allois pas tout-à-fait à Lyon sans vues. En arrivant, j'allai voir aux Chasottes mademoiselle du Châtelet, amie de madame de Warens, et pour laquelle elle m'avoit donné une lettre quand je vins avec M. Le Maître : ainsi c'étoit une connoissance déjà faite. Mademoiselle du Châtelet m'apprit qu'en effet son amie avoit passé à Lyon, mais qu'elle ignoroit si elle avoit poussé sa route jusqu'en Piémont, et qu'elle étoit incertaine elle-même en partant si elle ne s'arrêteroit point en Savoie ; que si je voulois elle écriroit pour en avoir des nouvelles ; et que le meilleur parti que j'eusse à prendre étoit de les attendre à Lyon. J'acceptai l'offre ; mais je n'osai dire à mademoiselle du Châtelet que j'étois pressé de la réponse, et que ma petite bourse épuisée ne me laissoit pas en état de l'attendre long-temps. Ce qui me retint n'étoit pas qu'elle m'eût mal reçu ; au contraire, elle m'avoit fait beaucoup de caresses, et me traitoit sur un pied d'égalité qui m'ôtoit le courage de lui laisser voir mon état, et de descendre du rôle de bonne compagnie à celui d'un malheureux mendiant.

Il me semble de voir assez clairement la suite de tout ce que j'ai marqué dans ce livre. Cependant je crois me rappeler, dans le même intervalle, un autre voyage de Lyon, dont je ne puis marquer la place, et où je me trouvai déjà fort à l'étroit. Une petite anecdote assez difficile à dire ne me permettra jamais de l'oublier. J'étois un soir assis en Bellecour, après un très-mince souper, rêvant aux moyens de me tirer d'affaire, quand un homme en bonnet vint s'asseoir à côté de moi. Cet homme avoit l'air d'un de ces ouvriers en soie qu'on appelle à Lyon des taffetatiers. Il m'adresse la parole ; je lui réponds. A peine avions-nous causé un quart d'heure, que, toujours avec le même sang froid et sans changer de ton, il me propose de nous amuser de compagnie. J'attendois qu'il m'expliquât quel étoit cet amusement ; mais, sans rien ajouter, il se mit en devoir de m'en donner l'exemple. Nous nous touchions presque, et la nuit n'étoit pas assez obscure pour m'empêcher de voir à quel exercice il se préparoit. Il n'en vouloit point à ma personne ; du moins rien ne m'annonçoit cette intention, et le lieu ne l'eût pas favorisé ; il ne vouloit exactement, comme il me l'avoit dit, que s'amuser et que je m'amusasse, chacun pour son compte ; et cela lui paroissoit si simple, qu'il n'avoit pas même supposé qu'il ne me le parût pas comme à lui. Je fus si effrayé de cette impudence, que, sans lui répondre, je me levai précipitamment et me mis à fuir à toutes jambes, croyant avoir ce misérable à mes trousses. J'étois si troublé, qu'au lieu de gagner mon logis par la rue Saint-Dominique, je courus du côté du quai, et ne m'arrêtai qu'au-delà du pont de bois, aussi tremblant que si je venois de commettre un crime.

J'étois sujet au même vice : ce souvenir m'en guérit pour long-temps.

A ce voyage-ci j'eus une aventure à peu près du même genre ; mais qui me mit en plus grand danger. Sentant mes espèces tirer à leur fin, j'en ménageois le chétif reste. Je prenois moins souvent des repas à mon auberge, et bientôt je n'en pris plus du tout, pouvant pour cinq ou six sous ; à la taverne, me rassasier tout aussi bien que je faisois là pour mes vingt-cinq. N'y mangeant plus, je ne savois comment y aller coucher, non que j'y dusse grand'chose, mais j'avois honte d'occuper une chambre sans rien faire gagner à mon hôtesse. La saison étoit belle. Un soir qu'il faisoit fort chaud, je me déterminai à passer la nuit dans la place ; et déjà je m'étois établi sur un banc, quand un abbé qui passoit, me voyant ainsi couché, s'approcha et me demanda si je n'avois point de gîte. Je lui avouai mon cas, et il en parut touché. Il s'assit à côté de moi, et nous causâmes. Il parloit agréablement : tout ce qu'il me dit me donna de lui la meilleure opinion du monde. Quand il me vit bien disposé, il me dit qu'il n'étoit pas logé au large, qu'il n'avoit qu'une seule chambre ; mais qu'assurément il ne me laisseroit pas coucher ainsi dans la place ; qu'il étoit tard pour trouver un gîte, et qu'il m'offroit pour cette nuit la moitié de son lit. J'accepte l'offre, espérant déjà me faire un ami qui pourroit m'être utile. Nous allons. Il bat le fusil. Sa chambre me parut propre dans sa petitesse : il m'en fit les honneurs fort poliment. Il tira d'un pot de verre des cerises à l'eau-de-vie ; nous en mangeâmes chacun deux, et nous fûmes nous coucher.

Cet homme avoit les mêmes goûts que mon Juif de l'hospice, mais il ne les manifestoit pas si brutalement. Soit que, sachant que je pouvois être entendu, il craignît de me forcer à me défendre, soit qu'en effet il fût moins confirmé dans ses projets, il n'osoit m'en proposer ouvertement l'exécution, et cherchoit à m'émouvoir sans m'inquiéter. Plus instruit que la première fois, je compris bientôt son dessein, et j'en frémis. Ne sachant ni dans quelle maison, ni entre les mains de qui j'étois, je craignis, en faisant du bruit, de le payer de ma vie. Je feignis d'ignorer ce qu'il me vouloit ; mais, paroissant très-importuné de ses caresses et très-décidé à n'en pas endurer les progrès, je fis si bien qu'il fut obligé de se contenir. Alors je lui parlai avec toute la douceur et toute la fermeté dont j'étois capable ; et, sans paroître rien soupçonner, je m'excusai de l'inquiétude que je lui avois montrée sur mon ancienne aventure, que j'affectai de lui conter en termes si pleins de dégoût et d'horreur, que je lui fis, je crois, mal au cœur à lui-même, et qu'il renonça tout-à-fait à son sale dessein. Nous passâmes tranquillement le reste de la nuit : il me dit même beaucoup de choses très-bonnes, très-sensées; et ce n'étoit assurément pas un homme sans mérite, quoique ce fût un grand vilain.

Le matin, monsieur l'abbé, qui ne vouloit pas avoir l'air mécontent, parla de déjeuner, et pria une des filles de son hôtesse, qui étoit jolie, d'en faire apporter. Elle lui dit qu'elle n'avoit pas le temps. Il s'adressa à sa sœur, qui ne daigna pas lui répondre. Nous attendions toujours, point de déjeuner. Enfin nous passâmes dans la chambre de ces demoiselles. Elles reçurent monsieur l'abbé d'un air très-peu caressant. J'eus encore moins à me louer de leur accueil. L'aînée, en se retournant, m'appuya son talon pointu sur le bout du pied, où un cor fort douloureux m'avoit forcé de couper mon soulier; l'autre vint ôter brusquement de derrière moi une chaise sur laquelle j'étois prêt à m'asseoir; leur mère, en jetant de l'eau par la fenêtre, m'en aspergea le visage : en quelque place que je me misse, on m'en faisoit ôter pour y chercher quelque chose : je n'avois été de ma vie à pareille fête. Je voyois dans leurs regards insultants et moqueurs une fureur cachée à laquelle j'avois la stupidité de ne rien comprendre. Ébahi, stupéfait, prêt à les croire toutes possédées, je commençois tout de bon à m'effrayer, quand l'abbé, qui ne faisoit semblant de voir ni d'entendre, jugeant bien qu'il n'y avoit point de déjeuner à espérer, prit le parti de sortir, et je me hâtai de le suivre, fort content d'échapper à ces trois furies. En marchant il me proposa d'aller déjeuner au café. Quoique j'eusse grand'faim, je n'acceptai point cette offre, sur laquelle il n'insista pas beaucoup, non plus, et nous nous séparâmes au trois ou quatrième coin de rue; moi, charmé de perdre de vue tout ce qui appartenoit à cette maudite maison; et lui fort aise, à ce que je crois, de m'en avoir assez éloigné pour qu'elle ne me fût pas aisée à reconnoître. Comme à Paris, ni dans aucune autre ville, jamais rien ne m'est arrivé de semblable à ces deux aventures; il m'en est resté une impression peu avantageuse au peuple de Lyon, et j'ai toujours regardé cette ville comme celle de l'Europe où règne la plus affreuse corruption.

Le souvenir des extrémités où j'y fus réduit ne contribue pas non plus à m'en rappeler agréablement la mémoire. Si j'avois été fait comme un autre, que j'eusse eu le talent d'emprunter et de m'endetter à mon cabaret, je me serois aisément tiré d'affaire; mais c'est à quoi mon inaptitude égaloit ma répugnance; et, pour imaginer à quel point vont l'une et l'autre, il suffit de savoir qu'après avoir passé presque toute ma vie dans le mal-être, et souvent prêt à manquer de pain, il ne m'est jamais arrivé une seule fois de me faire demander de l'argent par un créancier sans lui en donner à l'instant même. Je n'ai jamais su faire de dettes criardes, et j'ai toujours mieux aimé souffrir que devoir.

C'étoit souffrir assurément que d'être réduit à passer la nuit dans la rue, et c'est ce qui m'est arrivé plusieurs fois à Lyon. J'aimois mieux employer quelques sous qui me restoient à payer mon pain que mon gîte ; parce qu'après tout je risquois moins de mourir de sommeil que de faim. Ce qu'il y a d'étonnant, c'est que dans ce cruel état je n'étois ni inquiet ni triste. Je n'avois pas le moindre souci sur l'avenir, et j'attendois les réponses que devoit recevoir mademoiselle du Châtelet, couchant à la belle étoile, et dormant étendu par terre ou sur un banc aussi tranquillement que sur un lit de roses. Je me souviens même d'avoir passé une nuit délicieuse hors de la ville, dans un chemin qui côtoyoit le Rhône ou la Saône, car je ne me rappelle pas lequel des deux. Des jardins élevés en terrasse bordoient le chemin du côté opposé. Il avoit fait très-chaud ce jour-là, la soirée étoit charmante ; la rosée humectoit l'herbe flétrie ; point de vent, une nuit tranquille ; l'air étoit frais sans être froid ; le soleil, après son coucher, avoit laissé dans le ciel des vapeurs rouges dont la réflexion rendoit l'eau couleur de rose ; les arbres des terrasses étoient chargés de rossignols qui se répondoient de l'un à l'autre. Je me promenois dans une sorte d'extase, livrant mes sens et mon cœur à la jouissance de tout cela, et soupirant seulement un peu du regret d'en jouir seul. Absorbé dans ma douce rêverie, je prolongeai fort avant dans la nuit ma promenade, sans m'apercevoir que j'étois las. Je m'en aperçus enfin. Je me couchai voluptueusement sur la tablette d'une espèce de niche ou de fausse porte enfoncée dans un mur de terrasse; le ciel de mon lit étoit formé par les têtes des arbres; un rossignol étoit précisément au-dessus de moi : je m'endormis à son chant; mon sommeil fut doux, mon réveil le fut davantage. Il étoit grand jour : mes yeux, en s'ouvrant, virent l'eau[1], la verdure, un paysage admirable. Je me levai, me secouai : la faim me prit; je m'acheminai gaiement vers la ville, résolu de mettre à un bon déjeuner deux pièces de six blancs qui me restoient encore. J'étois de si bonne humeur, que j'allois chantant tout le long du chemin ; et je me souviens même que je chantois une cantate de Batistin, intitulée *les Bains de Thomery*, que je savois par cœur. Que béni soit le bon Batistin et sa bonne cantate, qui m'a valu un meilleur déjeuner que celui sur lequel je comptois, et un dîner bien meilleur encore, sur lequel je n'avois point compté du tout! Dans mon meilleur train d'aller et de chanter, j'entends quelqu'un derrière moi : je me retourne, je vois un antonin[2] qui me suivoit et qui paroissoit m'écouter avec plaisir. Il

---

[1] Var. «... En s'ouvrant, virent le soleil, l'eau. »
[2] Les *antonins* étoient une communauté de moines sécularisés

m'accoste, me salue, me demande si je sais la musique. Je réponds, *Un peu*, pour faire entendre beaucoup. Il continue à me questionner : je lui conte une partie de mon histoire. Il me demande si je n'ai jamais copié de la musique. Souvent, lui dis-je. Et cela étoit vrai ; ma meilleure manière de l'apprendre étoit d'en copier. Eh bien ! me dit-il, venez avec moi ; je pourrai vous occuper quelques jours, durant lesquels rien ne vous manquera, pourvu que vous consentiez à ne pas sortir de la chambre. J'acquiesçai très-volontiers, et je le suivis.

Cet antonin s'appeloit M. Rolichon ; il aimoit la musique, il la savoit, et chantoit dans de petits concerts qu'il faisoit avec ses amis. Il n'y avoit rien là que d'innocent et d'honnête : mais ce goût dégénéroit apparemment en fureur, dont il étoit obligé de cacher une partie. Il me conduisit dans une petite chambre que j'occupai, et où je trouvai beaucoup de musique qu'il avoit copiée. Il m'en donna d'autre à copier, particulièrement la cantate que j'avois chantée, et qu'il devoit chanter lui-même dans quelques jours. J'en demeurai là trois ou quatre à copier tout le temps où je ne mangeois pas ; car de ma vie je ne fus si affamé ni mieux nourri. Il apportoit mes repas lui-même de leur cuisine ; et il falloit qu'elle fût bonne si leur

---

et qui portoient la croix de Malte, pour avoir autrefois donné une partie de leurs biens à cet ordre.

ordinaire valoit le mien. De mes jours je n'eus tant de plaisir à manger; et il faut avouer aussi que ces lippées me venoient fort à propos, car j'étois sec comme du bois. Je travaillois presque d'aussi bon cœur que je mangeois, et ce n'est pas peu dire. Il est vrai que je n'étois pas aussi correct que diligent. Quelques jours après, M. Rolichon, que je rencontrai dans la rue, m'apprit que mes parties avoient rendu la musique inexécutable, tant elles s'étoient trouvées pleines d'omissions, de duplications, et de transpositions. Il faut avouer que j'ai choisi là dans la suite le métier du monde auquel j'étois le moins propre : non que ma note ne fût belle et que je ne copiasse fort nettement; mais l'ennui d'un long travail me donne des distractions si grandes, que je passe plus de temps à gratter qu'à noter, et que si je n'apporte la plus grande attention à collationner mes parties, elles font toujours manquer l'exécution. Je fis donc très-mal en voulant bien faire, et pour aller vite j'allois tout de travers. Cela n'empêcha pas M. Rolichon de me bien traiter jusqu'à la fin, et de me donner encore en sortant un petit écu que je ne méritois guère, et qui me remit tout-à-fait en pied; car peu de jours après, je reçus des nouvelles de maman qui étoit à Chambéri, et de l'argent pour l'aller joindre, ce que je fis avec transport. Depuis lors mes finances ont souvent été fort courtes, mais jamais assez pour être obligé de jeûner. Je marque cette époque avec un cœur sensible aux soins de la Providence. C'est la dernière fois de ma vie que j'ai senti la misère et la faim.

Je restai à Lyon sept ou huit jours encore pour attendre les commissions dont maman avoit chargé mademoiselle du Châtelet, que je vis durant ce temps-là plus assidûment qu'auparavant, ayant le plaisir de parler avec elle de son amie, et n'étant plus distrait par ces cruels retours sur ma situation, qui me forçoient de la cacher. Mademoiselle du Châtelet n'étoit ni jeune ni jolie, mais elle ne manquoit pas de grâce; elle étoit liante et familière, et son esprit donnoit du prix à cette familiarité. Elle avoit ce goût de morale observatrice qui porte à étudier les hommes; et c'est d'elle, en première origine, que ce même goût m'est venu. Elle aimoit les romans de Le Sage, et particulièrement Gil Blas; elle m'en parla, me le prêta, je le lus avec plaisir; mais je n'étois pas mûr encore pour ces sortes de lectures, il me falloit des romans à grands sentiments. Je passois ainsi mon temps à la grille de mademoiselle du Châtelet avec autant de plaisir que de profit; et il est certain que les entretiens intéressants et sensés d'une femme de mérite sont plus propres à former un jeune homme que toute la pédantesque philosophie des livres. Je fis connoissance aux Chasottes avec d'autres pensionnaires et de leurs amies, entre autres avec une jeune personne de quatorze ans appelée mademoiselle Serre, à laquelle je ne fis pas alors une grande attention, mais dont je me passionnai huit ou neuf ans après, et avec raison, car c'étoit une charmante fille.

Occupé de l'attente de revoir bientôt ma bonne maman, je fis un peu de trêve à mes chimères, et le bonheur réel qui m'attendoit me dispensa d'en chercher dans mes visions. Non seulement je la retrouvois, mais je retrouvois près d'elle et par elle un état agréable ; car elle marquoit m'avoir trouvé une occupation qu'elle espéroit qui me conviendroit, et qui ne m'éloigneroit pas d'elle. Je m'épuisois en conjectures pour deviner quelle pouvoit être cette occupation, et il auroit fallu deviner en effet pour rencontrer juste. J'avois suffisamment d'argent pour faire commodément la route. Mademoiselle du Châtelet vouloit que je prisse un cheval ; je n'y pus consentir, et j'eus raison : j'aurois perdu le plaisir du dernier voyage pédestre que j'ai fait en ma vie ; car je ne peux donner ce nom aux excursions que je faisois souvent à mon voisinage, tandis que je demeurois à Motiers.

C'est une chose bien singulière que mon imagination ne se monte jamais plus agréablement que quand mon état est le moins agréable, et qu'au contraire elle est moins riante lorsque tout rit autour de moi. Ma mauvaise tête ne peut s'assujettir aux choses. Elle ne sauroit embellir : elle veut créer. Les objets réels s'y peignent tout au plus tels qu'ils sont; elle ne sait parer que les objets imaginaires. Si je veux peindre le printemps, il faut que je sois en hiver; si je veux décrire un beau paysage, il faut que je sois dans des murs; et j'ai dit cent fois que si jamais j'étois mis à la Bastille, j'y ferois le tableau de la liberté. Je ne voyois en partant de Lyon qu'un avenir agréable: j'étois aussi content; et j'avois tout lieu de l'être, que je l'étois peu quand je partis de Paris. Cependant je n'eus point durant ce voyage ces rêveries délicieuses qui m'avoient suivi dans l'autre. J'avois le cœur serein, mais c'étoit tout. Je me rapprochois avec attendrissement de l'excellente amie que j'allois revoir. Je goûtois d'avance, mais sans ivresse, le plaisir de vivre auprès d'elle; je m'y étois toujours attendu; c'étoit comme s'il ne m'étoit rien arrivé de nouveau. Je m'inquiétois de ce que j'allois faire comme si cela eût été fort inquiétant. Mes idées étoient paisibles et douces, non célestes et ravissantes. Les objets frappoient ma vue; je donnois de l'attention aux paysages; je remarquois les arbres, les maisons, les ruisseaux; je délibérois aux croisées des chemins, j'avois peur de me perdre, et je ne me perdois point. En un mot, je n'étois plus dans l'empyrée; j'étois tantôt où j'étois, tantôt où j'allois, jamais plus loin.

Je suis en racontant mes voyages comme j'étois en les faisant; je ne saurois arriver. Le cœur me battoit de joie en approchant de ma chère maman, et je n'en allois pas plus vite. J'aime à marcher à mon aise, et m'arrêter quand il me plaît. La vie ambulante est celle qu'il me faut. Faire route à pied par un beau temps, dans un beau pays, sans être pressé, et avoir pour terme de ma course un objet agréable; voilà de toutes les manières de vivre celle qui est le plus de mon goût. Au reste, on sait déjà ce que j'entends par un beau pays. Jamais pays de plaine, quelque beau qu'il fût, ne parut tel à mes yeux. Il me faut des torrents, des rochers, des sapins, des bois noirs, des montagnes, des chemins raboteux à monter et à descendre, des précipices à mes côtés qui me fassent bien peur. J'eus ce plaisir, et je le goûtai dans tout son charme en approchant de Chambéri. Non loin d'une montagne coupée qu'on appelle le Pas-de-l'Échelle, au-dessous du grand chemin taillé dans le roc, à l'endroit appelé Chailles, court et bouillonne dans des gouffres affreux une petite rivière qui paroît avoir mis à les creuser des milliers de siècles. On a bordé le chemin d'un parapet pour prévenir les malheurs : cela faisoit que je pouvois contempler au fond et gagner des vertiges tout à mon aise; car ce qu'il y a de plaisant dans mon goût pour les lieux escarpés, est qu'ils me font tourner la tête; et j'aime beaucoup ce tournoiement, pourvu que je sois en sûreté. Bien appuyé sur le parapet, j'avançois le nez, et je restois là des heures entières, entrevoyant de temps en temps cette écume et cette eau bleue dont j'entendois le mugissement à travers les cris des corbeaux et des oiseaux de proie qui voloient de roche en roche et de broussaille en broussaille à cent toises au-dessous de moi. Dans les endroits où la pente étoit assez unie et la broussaille assez claire pour laisser passer des cailloux, j'en allois chercher au loin d'aussi gros que je les pouvois porter; je les rassemblois sur le parapet en pile; puis, les lançant l'un après l'autre, je me délectois à les voir rouler, bondir et voler en mille éclats avant que d'atteindre le fond du précipice.

Plus près de Chambéri j'eus un spectacle semblable en sens contraire. Le chemin passe au pied de la plus belle cascade que je vis de mes jours. La montagne est tellement escarpée, que l'eau se détache net et tombe en arcade assez loin pour qu'on puisse passer entre la cascade et la roche, quelquefois sans être mouillé : mais si l'on ne prend bien ses mesures, on y est aisément trompé, comme je le fus; car, à cause de l'extrême hauteur, l'eau se divise et tombe en poussière, et lorsqu'on approche un peu trop de ce nuage, sans apercevoir d'abord qu'on se mouille, à l'instant on est tout trempé.

J'arrive enfin; je la revois. Elle n'étoit pas seule. Monsieur l'intendant général étoit chez elle au moment que j'entrai. Sans me parler elle me prend par la main, et me présente à lui avec cette grâce qui lui ouvroit tous les cœurs : Le voilà, monsieur, ce pauvre jeune homme ; daignez le protéger aussi long-temps qu'il le méritera, je ne suis plus en peine de lui pour le reste de sa vie. Puis m'adressant la parole : Mon enfant, me dit-elle, vous appartenez au roi ; remerciez monsieur l'intendant qui vous donne du pain. J'ouvrois de grands yeux sans rien dire, sans savoir trop qu'imaginer ; il s'en fallut peu que l'ambition naissante ne me tournât la tête, et que je ne fisse déja le petit intendant. Ma fortune se trouva moins brillante que sur ce début je ne l'avois imaginée ; mais quant à présent, c'étoit assez pour vivre, et pour moi c'étoit beaucoup. Voici de quoi il s'agissoit.

Le roi Victor-Amédée, jugeant, par le sort des guerres précédentes et par la position de l'ancien patrimoine de ses pères, qu'il lui échapperoit quelque jour, ne cherchoit qu'à l'épuiser. Il y avoit peu d'années qu'ayant résolu d'en mettre la noblesse à la taille, il avoit ordonné un cadastre général de tout le pays, afin que, rendant l'imposition réelle, on pût la répartir avec plus d'équité. Ce travail, commencé sous le père, fut achevé sous le fils [1]. Deux ou trois cents hommes, tant arpenteurs qu'on appeloit géomètres, qu'écrivains qu'on

---

[1] C'est sous le fils, Charles-Emmanuel III, que Rousseau fut momentanément employé. Victor-Amédée II avoit abdiqué la couronne le 30 septembre 1730. Il mourut le 31 octobre 1733.

appeloit secrétaires, furent employés à cet ouvrage, et c'étoit parmi ces derniers que maman m'avoit fait inscrire. Le poste, sans être fort lucratif, donnoit de quoi vivre au large dans ce pays-là. Le mal étoit que cet emploi n'étoit qu'à temps, mais il mettoit en état de chercher et d'attendre; et c'étoit par prévoyance qu'elle tâchoit de m'obtenir de l'intendant une protection particulière pour pouvoir passer à quelque emploi plus solide quand le temps de celui-là seroit fini.

J'entrai en fonction peu de jours après mon arrivée. Il n'y avoit à ce travail rien de difficile, et je fus bientôt au fait. C'est ainsi qu'après quatre ou cinq ans de courses, de folies et de souffrances depuis ma sortie de Genève, je commençai pour la première fois de gagner mon pain avec honneur.

Ces longs détails de ma première jeunesse auront paru bien puérils, et j'en suis fâché : quoique né homme à certains égards, j'ai été long-temps enfant, et je le suis encore à beaucoup d'autres. Je n'ai pas promis d'offrir au public un grand personnage : j'ai promis de me peindre tel que je suis; et, pour me connoître dans mon âge avancé, il faut m'avoir bien connu dans ma jeunesse. Comme en général les objets font moins d'impression sur moi que leurs souvenirs, et que toutes mes idées sont en images, les premiers traits qui se sont gravés dans ma tête y sont demeurés, et ceux qui s'y sont empreints dans la suite se sont plutôt combinés avec eux qu'ils ne les ont effacés. Il y a une certaine succession d'affections et d'idées qui modifient celles qui les suivent, et qu'il faut connoître pour en bien juger. Je m'applique à bien développer partout les premières causes pour faire sentir l'enchaînement des effets. Je voudrois pouvoir en quelque façon rendre mon ame transparente aux yeux du lecteur; et pour cela je cherche à la lui montrer sous tous les points de vue, à l'éclairer par tous les jours, à faire en sorte qu'il ne s'y passe pas un mouvement qu'il n'aperçoive, afin qu'il puisse juger par lui-même du principe qui les produit.

Si je me chargeois du résultat et que je lui disse, Tel est mon caractère, il pourroit croire sinon que je le trompe, au moins que je me trompe : mais en lui détaillant avec simplicité tout ce qui m'est arrivé, tout ce que j'ai fait, tout ce que j'ai pensé, tout ce que j'ai senti, je ne puis l'induire en erreur, à moins que je ne le veuille; encore même en le voulant n'y parviendrois-je pas aisément de cette façon. C'est à lui d'assembler ces éléments et de déterminer l'être qu'ils composent : le résultat doit être son ouvrage; et s'il se trompe alors, toute l'erreur sera de son fait. Or il ne suffit pas pour cette fin que mes récits soient fidèles, il faut aussi qu'il soient exacts. Ce n'est pas à moi de juger de l'importance des faits; je les dois tous dire, et lui laisser le soin de choisir. C'est à quoi je me suis appliqué jusqu'ici de tout mon courage, et je ne me relâcherai pas dans la suite. Mais les souvenirs de l'âge moyen sont toujours moins vifs que ceux de la première jeunesse. J'ai commencé par tirer de ceux-ci le meilleur parti qu'il m'étoit possible. Si les autres me reviennent avec la même force, des lecteurs impatients s'ennuieront peut-être, mais moi je ne serai pas mécontent de mon travail. Je n'ai qu'une chose à craindre dans cette entreprise; ce n'est pas de trop dire ou de dire des mensonges, mais c'est de ne pas tout dire et de taire des vérités.

FIN DU QUATRIÈME LIVRE.

LIVRE CINQUIÈME.

(1732—1736.)

Ce fut, ce me semble, en 1732 que j'arrivai à Chambéri, comme je viens de le dire, et que je commençai d'être employé au cadastre pour le service du roi. J'avois vingt ans passés, près de vingt et un. J'étois assez formé pour mon âge du côté de l'esprit, mais le jugement ne l'étoit guère, et j'avois grand besoin des mains dans lesquelles je tombai pour apprendre à me conduire. Car quelques années d'expérience n'avoient pu me guérir encore radicalement de mes visions romanesques; et, malgré tous les maux que j'avois soufferts, je connoissois aussi peu le monde et les hommes que si je n'avois pas acheté ces instructions.

Je logeai chez moi, c'est-à-dire chez maman; mais je ne retrouvai pas ma chambre d'Annecy. Plus de jardin, plus de ruisseau, plus de paysage. La maison qu'elle occupoit étoit sombre et triste, et ma chambre étoit la plus sombre et la plus triste de la maison. Un mur pour vue, un cul-de-sac pour rue, peu d'air, peu de jour, peu d'espace, des grillons, des rats, des planches pourries; tout cela ne faisoit pas une plaisante habitation. Mais j'étois chez elle, auprès d'elle; sans cesse à mon bureau ou dans sa chambre, je m'apercevois peu de la laideur de la mienne; je n'avois pas le temps d'y rêver. Il paroîtra bizarre qu'elle se fût fixée [1] à Chambéri tout exprès pour habiter cette vilaine maison : cela même fut [2] un trait d'habileté de sa part que je ne dois pas taire. Elle alloit à Turin avec répugnance, sentant bien qu'après des révolutions toutes récentes, et dans l'agitation où l'on étoit encore à la cour, ce n'étoit pas le moment de s'y présenter. Cependant ses affaires demandoient qu'elle s'y montrât : elle craignoit d'être oubliée ou desservie. Elle savoit surtout que le comte de Saint-Laurent, intendant-général des finances, ne la favorisoit pas. Il avoit à Chambéri une maison vieille, mal bâtie, et dans une si vilaine position, qu'elle restoit toujours vide : elle la loua, et s'y établit. Cela lui réussit mieux qu'un voyage; sa pension ne fut point supprimée, et depuis lors le comte de Saint-Laurent fut toujours de ses amis.

J'y trouvai son ménage à peu près monté comme auparavant, et le fidèle Claude Anet toujours avec elle. C'étoit, comme je crois l'avoir dit, un paysan de Moutru, qui, dans son enfance, herborisoit dans le Jura pour faire du thé de Suisse, et qu'elle avoit pris à son service à cause de ses

[1] Var. « Qu'elle s'étoit fixée... »
[2] Var. « Ce fut même... »

drogues, trouvant commode d'avoir un herboriste dans son laquais. Il se passionna si bien pour l'étude des plantes, et elle favorisa si bien son goût, qu'il devint un vrai botaniste, et que, s'il ne fût mort jeune, il se seroit fait un nom dans cette science, comme il en méritoit un parmi les honnêtes gens. Comme il étoit sérieux, même grave, et que j'étois plus jeune que lui, il devint pour moi une espèce de gouverneur, qui me sauva beaucoup de folies; car il m'en imposoit, et je n'osois m'oublier devant lui. Il en imposoit même à sa maîtresse, qui connoissoit son grand sens, sa droiture, son inviolable attachement pour elle, et qui le lui rendoit bien. Claude Anet étoit sans contredit un homme rare, et le seul même de son espèce que j'aie jamais vu. Lent, posé, réfléchi, circonspect dans sa conduite, froid dans ses manières, laconique et sentencieux dans ses propos, il étoit dans ses passions d'une impétuosité qu'il ne laissoit jamais paroître, mais qui le dévoroit en dedans, et qui ne lui a fait faire en sa vie qu'une sottise, mais terrible, c'est de s'être empoisonné. Cette scène tragique se passa peu après mon arrivée : et il la falloit pour m'apprendre l'intimité de ce garçon avec sa maîtresse ; car si elle ne me l'eût dit elle-même, jamais je ne m'en serois douté. Assurément si l'attachement, le zèle et la fidélité peuvent mériter une pareille récompense, elle lui étoit bien due; et ce qui prouve qu'il en étoit digne, il n'en abusa jamais. Ils avoient rarement des querelles, et elles finissoient toujours bien. Il en vint pourtant une qui finit mal ; sa maîtresse lui dit dans la colère un mot outrageant qu'il ne put digérer. Il ne consulta que son désespoir, et trouvant sous sa main une fiole de laudanum, il l'avala, puis fut se coucher tranquillement, comptant ne se réveiller jamais. Heureusement madame de Warens, inquiète, agitée elle-même, errant dans sa maison, trouva la fiole vide et devina le reste. En volant à son secours, elle poussa des cris qui m'attirèrent. Elle m'avoua tout, implora mon assistance, et parvint avec beaucoup de peine à lui faire vomir l'opium. Témoin de cette scène, j'admirai ma bêtise de n'avoir jamais eu le moindre soupçon des liaisons qu'elle m'apprenoit. Mais Claude Anet étoit si discret, que de plus clairvoyants auroient pu s'y méprendre. Le raccommodement fut tel, que j'en fus vivement touché moi-même ; et depuis ce temps, ajoutant pour lui le respect à l'estime, je devins en quelque façon son élève, et ne m'en trouvai pas plus mal.

Je n'appris pourtant pas sans peine que quelqu'un pouvoit vivre avec elle dans une plus grande intimité que moi. Je n'avois pas songé même à désirer pour moi cette place, mais il m'étoit dur de la voir remplir par un autre ; cela étoit fort naturel. Cependant, au lieu de prendre en aversion celui qui me l'avoit soufflée, je sentis réellement s'étendre à lui l'attachement que j'avois pour elle. Je désirois sur toute chose qu'elle fût heureuse; et, puisqu'elle avoit besoin de lui pour l'être, j'étois content qu'il fût heureux aussi. De son côté, il entroit parfaitement dans les vues de sa maîtresse, et prit en sincère amitié l'ami qu'elle s'étoit choisi. Sans affecter avec moi l'autorité que son poste le mettoit en droit de prendre, il prit naturellement celle que son jugement lui donnoit sur le mien. Je n'osois rien faire qu'il parût désapprouver; et il ne désapprouvoit que ce qui étoit mal. Nous vivions ainsi dans une union qui nous rendoit tous heureux, et que la mort seule a pu détruire. Une des preuves de l'excellence du caractère de cette aimable femme est que tous ceux qui l'aimoient s'aimoient entre eux. La jalousie, la rivalité même cédoit au sentiment dominant qu'elle inspiroit, et je n'ai vu jamais aucun de ceux qui l'entouroient se vouloir du mal l'un à l'autre. Que ceux qui me lisent suspendent un moment leur lecture à cet éloge, et s'ils trouvent en y pensant quelque autre femme dont ils puissent dire la même chose, qu'ils s'attachent à elle pour le repos de leur vie, fût-elle au reste la dernière des catins [1].

Ici commence, depuis mon arrivée à Chambéri

---

[1] * Ce dernier membre de phrase (*fût-elle au reste la dernière des catins*) n'est pas dans l'édition de Genève, soit que Rousseau,

jusqu'à mon départ pour Paris, en 1741; un intervalle de huit ou neuf ans, durant lequel j'aurai peu d'évènements à dire, parce que ma vie a été aussi simple que douce ; et cette uniformité étoit précisément ce dont j'avois le plus grand besoin pour achever de former mon caractère, que des troubles continuels empêchoient de se fixer. C'est durant ce précieux intervalle que mon éducation mêlée et sans suite, ayant pris de la consistance, m'a fait ce que je n'ai plus cessé d'être à travers les orages qui m'attendoient. Ce progrès fut insensible et lent, chargé de peu d'évènements mémorables; mais il mérite cependant d'être suivi et développé.

Au commencement je n'étois guère occupé que de mon travail; la gêne du bureau ne me laissoit pas songer à autre chose. Le peu de temps que j'avois de libre se passoit auprès de la bonne maman ; et n'ayant pas même celui de lire, la fantaisie ne m'en prenoit pas. Mais quand ma besogne, devenue une espèce de routine, occupa moins mon esprit, il reprit ses inquiétudes ; la lecture me redevint nécessaire ; et, comme si ce goût se fût toujours irrité par la difficulté de m'y livrer, il seroit devenu passion comme chez mon maître, si d'autres goûts venus à la traverse n'eussent fait diversion à celui-là.

Quoiqu'il ne fallût pas à nos opérations une

dans son second manuscrit, ait cru devoir le supprimer lui-même, soit que les éditeurs se soient permis cette suppression.

arithmétique bien transcendante, il en falloit assez pour m'embarrasser quelquefois. Pour vaincre cette difficulté j'achetai des livres d'arithmétique; et je l'appris bien, car je l'appris seul. L'arithmétique pratique s'étend plus loin qu'on ne pense quand on veut y mettre l'exacte précision. Il y a des opérations d'une longueur extrême, au milieu desquelles j'ai vu quelquefois de bons géomètres s'égarer. La réflexion jointe à l'usage donne des idées nettes; et alors on trouve des méthodes abrégées, dont l'invention flatte l'amour-propre, dont la justesse satisfait l'esprit, et qui font faire avec plaisir un travail ingrat par lui-même. Je m'y enfonçai si bien, qu'il n'y avoit point de question soluble par les seuls chiffres qui m'embarrassât : et maintenant que tout ce que j'ai su s'efface journellement de ma mémoire, cet acquis y demeure encore en partie au bout de trente ans d'interruption. Il y a quelques jours que dans un voyage que j'ai fait à Davenport, chez mon hôte, assistant à la leçon d'arithmétique de ses enfants, j'ai fait sans faute, avec un plaisir incroyable, une opération des plus composées. Il me sembloit, en posant mes chiffres, que j'étois encore à Chambéri dans mes heureux jours. C'étoit revenir de loin sur mes pas.

Le lavis des mappes de nos géomètres m'avoit aussi rendu le goût du dessin. J'achetai des couleurs, et je me mis à faire des fleurs et des paysages.

C'est dommage que je me sois trouvé peu de talent pour cet art, l'inclination y étoit tout entière. Au milieu de mes crayons et de mes pinceaux j'aurois passé des mois entiers sans sortir. Cette occupation devenant pour moi trop attachante, on étoit obligé de m'en arracher. Il en est ainsi de tous les goûts auxquels je commence à me livrer; ils augmentent, deviennent passion, et bientôt je ne vois plus rien au monde que l'amusement dont je suis occupé. L'âge ne m'a pas guéri de ce défaut, et ne l'a pas diminué même; et maintenant que j'écris ceci, me voilà comme un vieux radoteur engoué d'une autre étude inutile où je n'entends rien[1], et que ceux mêmes qui s'y sont livrés dans leur jeunesse sont forcés d'abandonner à l'âge où je la veux commencer.

C'étoit alors qu'elle eût été à sa place. L'occasion étoit belle, et j'eus quelque tentation d'en profiter. Le contentement que je voyois dans les yeux d'Anet, revenant chargé de plantes nouvelles, me mit deux ou trois fois sur le point d'aller herboriser avec lui. Je suis presque assuré que si j'y avois été une seule fois, cela m'auroit gagné; et je serois peut-être aujourd'hui un grand botaniste; car je ne connois point d'étude au monde qui s'associe mieux avec mes goûts naturels que celle des plantes; et la vie que je mène depuis dix ans à la campagne n'est guère qu'une herborisation

---

[1] * La botanique.

continuelle, à la vérité sans objet et sans progrès; mais n'ayant alors aucune idée de la botanique, je l'avois prise en une sorte de mépris et même de dégoût; je ne la regardois que ¹ comme une étude d'apothicaire. Maman, qui l'aimoit, n'en faisoit pas elle-même un autre usage; elle ne recherchoit que les plantes usuelles pour les appliquer à ses drogues. Ainsi la botanique, la chimie et l'anatomie, confondues dans mon esprit sous le nom de médecine, ne servoient qu'à me fournir des sarcasmes plaisants toute la journée, et à m'attirer des soufflets de temps en temps. D'ailleurs un goût différent et trop contraire à celui-là croissoit par degrés, et bientôt absorba tous les autres. Je parle de la musique. Il faut assurément que je sois né pour cet art, puisque j'ai commencé de l'aimer dès mon enfance, et qu'il est le seul que j'aie aimé constamment dans tous les temps. Ce qu'il y a d'étonnant est qu'un art pour lequel j'étois né m'ait néanmoins tant coûté de peine à apprendre, et avec des succès si lents, qu'après une pratique de toute ma vie, jamais je n'ai pu parvenir à chanter sûrement tout à livre ouvert. Ce qui me rendoit surtout alors cette étude agréable étoit que je la pouvois faire avec maman. Ayant des goûts d'ailleurs fort différents, la musique étoit pour nous un point de réunion dont j'aimois à faire usage.

---

¹ Var. « Je ne la regardois, comme font tous les ignorants, que... »

Elle ne s'y refusoit pas : j'étois alors à peu près aussi avancé qu'elle ; en deux ou trois fois nous déchiffrions un air. Quelquefois, la voyant empressée autour d'un fourneau, je lui disois : Maman, voici un duo charmant qui m'a bien l'air de faire sentir l'empyreume à vos drogues. Ah ! par ma foi, me disoit-elle, si tu me les fais brûler, je te les ferai manger. Tout en disputant je l'entraînois à son clavecin : on s'y oublioit ; l'extrait de genièvre ou d'absinthe étoit calciné : elle m'en barbouilloit le visage, et tout cela étoit délicieux.

On voit qu'avec peu de temps de reste j'avois beaucoup de choses à quoi l'employer. Il me vint pourtant encore un amusement de plus qui fit bien valoir tous les autres.

Nous occupions un cachot si étouffé, qu'on avoit besoin quelquefois d'aller prendre l'air sur la terre. Anet engagea maman à louer, dans un faubourg, un jardin pour y mettre des plantes. A ce jardin étoit jointe une guinguette assez jolie qu'on meubla suivant l'ordonnance : on y mit un lit. Nous allions souvent y dîner, et j'y couchois quelquefois. Insensiblement je m'engouai de cette petite retraite ; j'y mis quelques livres, beaucoup d'estampes ; je passois une partie de mon temps à l'orner et à y préparer à maman quelque surprise agréable lorsqu'elle s'y venoit promener. Je la quittois pour venir m'occuper d'elle, pour y penser avec plus de plaisir : autre caprice que je n'excuse ni n'explique, mais que j'avoue parce que la chose étoit ainsi. Je me souviens qu'une fois madame de Luxembourg me parloit en raillant d'un homme qui quittoit sa maîtresse pour lui écrire. Je lui dis que j'aurois bien été cet homme-là, et j'aurois pu ajouter que je l'avois été quelquefois. Je n'ai pourtant jamais senti près de maman ce besoin de m'éloigner d'elle pour l'aimer davantage; car tête à tête avec elle j'étois aussi parfaitement à mon aise que si j'eusse été seul, et cela ne m'est jamais arrivé près de personne autre, ni homme ni femme, quelque attachement que j'aie eu pour eux. Mais elle étoit si souvent entourée, et de gens qui me convenoient si peu, que le dépit et l'ennui me chassoient dans mon asile, où je l'avois comme je la voulois, sans crainte que les importuns vinssent nous y suivre.

Tandis qu'ainsi partagé entre le travail, le plaisir et l'instruction, je vivois dans le plus doux repos, l'Europe n'étoit pas si tranquille que moi. La France et l'empereur venoient de s'entre-déclarer la guerre [1] : le roi de Sardaigne étoit entré dans la querelle, et l'armée françoise filoit en Piémont pour entrer dans le Milanois. Il en passa une colonne par Chambéri, et entre autres le régiment de Champagne, dont étoit colonel M. le duc de La

---

[1] * La France déclara la guerre à l'empereur d'Allemagne le 10 octobre 1733. Il y eut en novembre des événements militaires dans le Milanois : ainsi les troupes devoient *filer en Piémont* vers la fin d'octobre.

Trimouille, auquel je fus présenté, qui me promit beaucoup de choses, et qui sûrement n'a jamais repensé à moi. Notre petit jardin étoit précisément au haut du faubourg par lequel entroient les troupes, de sorte que je me rassasiois du plaisir d'aller les voir passer, et je me passionnois pour le succès de cette guerre comme s'il m'eût beaucoup intéressé. Jusque-là je ne m'étois pas encore avisé de songer aux affaires publiques; et je me mis à lire les gazettes pour la première fois, mais avec une telle partialité pour la France, que le cœur me battoit de joie à ses moindres avantages, et que ses revers m'affligeoient comme s'ils fussent tombés sur moi. Si cette folie n'eût été que passagère, je ne daignerois pas en parler; mais elle s'est tellement enracinée dans mon cœur sans aucune raison, que lorsque j'ai fait dans la suite, à Paris, l'antidespote et le fier républicain, je sentois en dépit de moi-même une prédilection secrète pour cette même nation que je trouvois servile et pour ce gouvernement que j'affectois de fronder. Ce qu'il y avoit de plaisant étoit qu'ayant honte d'un penchant si contraire à mes maximes, je n'osois l'avouer à personne, et je raillois les François de leurs défaites, tandis que le cœur m'en saignoit plus qu'à eux. Je suis sûrement le seul qui, vivant chez une nation qui le traitoit bien, et qu'il adoroit, se soit fait chez elle un faux air de la dédaigner. Enfin ce penchant s'est trouvé si désintéressé de ma part, si fort, si constant, si invincible, que même depuis ma sortie du royaume, depuis que le gouvernement, les magistrats, les auteurs, s'y sont à l'envi déchaînés contre moi, depuis qu'il est devenu du bon air de m'accabler d'injustices et d'outrages, je n'ai pu me guérir de ma folie. Je les aime en dépit de moi, quoiqu'ils me maltraitent.[1]

J'ai cherché long-temps la cause de cette partialité, et je n'ai pu la trouver que dans l'occasion qui la vit naître. Un goût croissant pour la littérature m'attachoit aux livres françois, aux auteurs de ces livres, et au pays de ces auteurs. Au moment même que défiloit sous mes yeux l'armée françoise, je lisois les grands capitaines de Brantôme. J'avois la tête pleine des Clisson, des Bayard, des Lautrec, des Coligny, des Montmorency, des La Trimouille, et je m'affectionnois à leurs descendants comme aux héritiers de leur mérite et de leur courage. A chaque régiment qui passoit je croyois revoir ces fameuses bandes noires qui jadis avoient fait tant d'exploits en Piémont. Enfin j'appliquois à ce que je voyois les idées que je puisois dans les livres : mes lectures continuées et toujours tirées de la même nation nourrissoient mon affection

---

[1] VAR. « ...Me maltraitent. En voyant déjà commencer la dé« cadence de l'Angleterre, que j'ai prédite au milieu de ses triom« phes, je me laisse bercer au fol espoir que la nation françoise, « à son tour victorieuse, viendra peut-être un jour me tirer de la « triste captivité où je vis. »

pour elle, et m'en firent enfin une passion aveugle que rien n'a pu surmonter. J'ai eu dans la suite occasion de remarquer dans mes voyages que cette impression ne m'étoit pas particulière, et qu'agissant plus ou moins dans tous les pays sur la partie de la nation qui aimoit la lecture et qui cultivoit les lettres, elle balançoit la haine générale qu'inspire l'air avantageux des François. Les romans plus que les hommes leur attachent les femmes de tous les pays ; leurs chefs-d'œuvre dramatiques affectionnent la jeunesse à leurs théâtres. La célébrité de celui de Paris y attire des foules d'étrangers qui en reviennent enthousiastes. Enfin l'excellent goût de leur littérature leur soumet tous les esprits qui en ont; et dans la guerre si malheureuse dont ils sortent, j'ai vu leurs auteurs et leurs philosophes soutenir la gloire du nom françois ternie par leurs guerriers.

J'étois donc François ardent, et cela me rendit nouvelliste. J'allois avec la foule des gobe-mouches attendre sur la place l'arrivée des courriers ; et, plus bête que l'âne de la fable, je m'inquiétois beaucoup pour savoir de quel maître j'aurois l'honneur de porter le bât : car on prétendoit alors que nous appartiendrions à la France, et l'on faisoit de la Savoie un échange pour le Milanois. Il faut pourtant convenir que j'avois quelques sujets de crainte ; car si cette guerre eût mal tourné pour les alliés, la pension de maman couroit un grand risque. Mais j'étois plein de confiance dans mes bons amis; et pour le coup, malgré la surprise de M. de Broglie, cette confiance ne fut pas trompée, grâce au roi de Sardaigne, à qui je n'avois pas pensé.

Tandis qu'on se battoit en Italie, on chantoit en France. Les opéra de Rameau commençoient à faire du bruit, et relevèrent ses ouvrages théoriques que leur obscurité laissoit à la portée de peu de gens. Par hasard j'entendis parler de son *Traité de l'Harmonie*, et je n'eus point de repos que je n'eusse acquis ce livre. Par un autre hasard je tombai malade. La maladie étoit inflammatoire; elle fut vive et courte, mais ma convalescence fut longue, et je ne fus d'un mois en état de sortir. Durant ce temps j'ébauchai, je dévorai mon Traité de l'Harmonie[1]; mais il étoit si long, si diffus, si mal arrangé, que je sentis qu'il me falloit un temps considérable pour l'étudier et le débrouiller. Je suspendois mon application, et je récréois mes yeux avec de la musique. Les cantates de Bernier, sur lesquelles je m'exerçois, ne me sortoient pas de l'esprit. J'en appris par cœur quatre ou cinq,

---

[1] * La première édition est de 1722, in-4°. Les opéra de Rameau qui parurent de 1732 à 1741 (espace de temps renfermé dans les cinquième et sixième livres des *Confessions*) sont *Hippolyte et Aricie*, paroles de Pellegrin, tragédie-opéra en cinq actes; représentée en 1733 : c'est le premier opéra de Rameau; il fut suivi des *Indes galantes*, 1736; de *Castor et Pollux*, 1737; des *Fêtes d'Hébé*, 1739; et de *Dardanus*, 1739.

entre autres celle des *Amours dormants*, que je n'ai pas revue depuis ce temps-là, et que je sais encore presque tout entière, de même que *l'Amour piqué par une abeille*, très-jolie cantate de Clerambault, que j'appris à peu près dans le même temps.

Pour m'achever, il arriva de la Val-d'Aost un jeune organiste appelé l'abbé Palais, bon musicien, bon homme, et qui accompagnoit très-bien du clavecin. Je fais connoissance avec lui; nous voilà inséparables. Il étoit élève d'un moine italien, grand organiste. Il me parloit de ses principes : je les comparois avec ceux de mon Rameau; je remplissois ma tête d'accompagnements, d'accords, d'harmonie. Il falloit se former l'oreille à tout cela. Je proposai à maman un petit concert tous les mois : elle y consentit. Me voilà si plein de ce concert, que ni jour ni nuit je ne m'occupois d'autre chose ; et réellement cela m'occupoit, et beaucoup, pour rassembler la musique, les concertants, les instruments, tirer les parties, etc. Maman chantoit; le P. Caton, dont j'ai parlé et dont j'ai à parler encore, chantoit aussi ; un maître à danser appelé Roche, et son fils, jouoient du violon; Canavas, musicien piémontois, qui travailloit au cadastre, et qui depuis s'est marié à Paris, jouoit du violoncelle ; l'abbé Palais accompagnoit du clavecin; j'avois l'honneur de conduire la musique, sans oublier le bâton du bûcheron.

On peut juger combien tout cela étoit beau! pas tout-à-fait comme chez M. de Treytorens; mais il ne s'en falloit guère.

Le petit concert de madame de Warens, nouvelle convertie, et vivant, disoit-on, des charités du roi, faisoit murmurer la séquelle dévote; mais c'étoit un amusement agréable pour plusieurs honnêtes gens. On ne devineroit pas qui je mets à leur tête en cette occasion : un moine, mais un moine homme de mérite, et même aimable, dont les infortunes m'ont dans la suite bien vivement affecté, et dont la mémoire liée à celle de mes beaux jours m'est encore chère. Il s'agit du P. Caton, cordelier, qui, conjointement avec le comte Dortan, avoit fait saisir à Lyon la musique du pauvre *petit-chat;* ce qui n'est pas le plus beau trait de sa vie. Il étoit bachelier de Sorbonne : il avoit vécu long-temps à Paris dans le plus grand monde, et très-faufilé surtout chez le marquis d'Antremont, alors ambassadeur de Sardaigne. C'étoit un grand homme, bien fait, le visage plein, les yeux à fleur de tête; des cheveux noirs qui faisoient sans affectation le crochet à côté du front [1]; l'air à la fois noble, ouvert, modeste, se présentant simplement et bien, n'ayant ni le maintien cafard ou effronté des moines, ni l'abord cavalier d'un homme à la mode, quoiqu'il le fût, mais l'assurance d'un honnête homme qui, sans rougir de

[1] VAR. « Aux côtés du front. »

sa robe, s'honore lui-même et se sent toujours à sa place parmi les honnêtes gens. Quoique le P. Caton n'eût pas beaucoup d'étude pour un docteur, il en avoit beaucoup pour un homme du monde; et n'étant point pressé de montrer son acquis, il le plaçoit si à propos, qu'il en paroissoit davantage. Ayant beaucoup vécu dans la société, il s'étoit plus attaché aux talents agréables qu'à un solide savoir. Il avoit de l'esprit, faisoit des vers, parloit bien, chantoit mieux, avoit la voix belle, touchoit l'orgue et le clavecin. Il n'en falloit pas tant pour être recherché; aussi l'étoit-il: mais cela lui fit si peu négliger les soins de son état, qu'il parvint, malgré des concurrents très-jaloux, à être élu définiteur de sa province, ou, comme on dit, un des grands colliers de l'ordre.

Ce P. Caton fit connoissance avec maman chez le marquis d'Antremont. Il entendit parler de nos concerts, il voulut en être; il en fut, et les rendit brillants. Nous fûmes bientôt liés par notre goût commun pour la musique, qui chez l'un et chez l'autre étoit une passion très-vive; avec cette différence qu'il étoit vraiment musicien, et que je n'étois qu'un barbouillon. Nous allions avec Canavas et l'abbé Palais faire de la musique dans sa chambre, et quelquefois à son orgue les jours de fête. Nous dînions souvent à son petit couvert; car ce qu'il y avoit encore d'étonnant pour un moine est qu'il étoit généreux, magnifique, et sensuel sans grossièreté. Les jours de nos concerts il soupoit chez maman. Ces soupers étoient très-gais, très-agréables; on y disoit le mot et la chose; on y chantoit des duo : j'étois à mon aise ; j'avois de l'esprit, des saillies; le P. Caton étoit charmant; maman étoit adorable; l'abbé Palais, avec sa voix de bœuf, étoit le plastron. Moments si doux de la folâtre jeunesse, qu'il y a de temps que vous êtes partis!

Comme je n'aurai plus à parler de ce pauvre P. Caton, que j'achève ici en deux mots sa triste histoire: Les autres moines, jaloux ou plutôt furieux de lui voir un mérite, une élégance de mœurs qui n'avoit rien de la crapule monastique, le prirent en haine, parce qu'il n'étoit pas aussi haïssable qu'eux. Les chefs se liguèrent contre lui, ameutèrent les moinillons envieux de sa place, et qui n'osoient auparavant le regarder. On lui fit mille affronts, on le destitua, on lui ôta sa chambre, qu'il avoit meublée avec goût quoique avec simplicité; on le relégua je ne sais où; enfin ces misérables l'accablèrent de tant d'outrages, que son ame honnête et fière avec justice n'y put résister; et, après avoir fait les délices des sociétés les plus aimables, il mourut de douleur sur un vil grabat, dans quelque fond de cellule ou de cachot, regretté, pleuré de tous les honnêtes gens dont il fut connu, et qui ne lui ont trouvé d'autre défaut que d'être moine.

Avec ce petit train de vie je fis si bien en très-peu de temps, qu'absorbé tout entier par la musique, je me trouvai hors d'état de penser à autre chose. Je n'allois plus à mon bureau qu'à contre-cœur; la gêne et l'assiduité au travail m'en firent un supplice insupportable, et j'en vins enfin à vouloir quitter mon emploi pour me livrer totalement à la musique. On peut croire que cette folie ne passa pas sans opposition. Quitter un poste honnête et d'un revenu fixe pour courir après des écoliers incertains, étoit un parti trop peu sensé pour plaire à maman. Même en supposant mes progrès futurs aussi grands que je me les figurois, c'étoit borner bien modestement mon ambition que de me réduire pour la vie à l'état de musicien. Elle qui ne formoit que des projets magnifiques, et qui ne me prenoit plus tout-à-fait au mot de M. d'Aubonne, me voyoit avec peine occupé sérieusement d'un talent qu'elle trouvoit si frivole, et me répétoit souvent ce proverbe de province, un peu moins juste à Paris, que *qui bien chante et bien danse fait un métier qui peu avance*. Elle me voyoit d'un autre côté entraîné par un goût irrésistible; ma passion de musique devenoit une fureur, et il étoit à craindre que mon travail, se sentant de mes distractions, ne m'attirât un congé qu'il valoit beaucoup mieux prendre de moi-même. Je lui représentois encore que cet emploi n'avoit pas long-temps à durer, qu'il me falloit un talent pour vivre, et qu'il étoit plus sûr d'achever d'acquérir par la pratique celui auquel mon goût me portoit, et qu'elle m'avoit choisi, que de me mettre à la merci des protections, ou de faire de nouveaux essais qui pouvoient mal réussir, et me laisser, après avoir passé l'âge d'apprendre, sans ressource pour gagner mon pain. Enfin j'extorquai son consentement plus à force d'importunités et de caresses que de raisons dont elle se contentât. Aussitôt je courus remercier fièrement M. Coccelli, directeur général du cadastre, comme si j'avois fait l'acte le plus héroïque; et je quittai volontairement mon emploi, sans sujet, sans raison, sans prétexte, avec autant et plus de joie que je n'en avois eu à le prendre il n'y avoit pas deux ans.

Cette démarche, toute folle qu'elle étoit, m'attira, dans le pays, une sorte de considération qui me fut utile. Les uns me supposèrent des ressources que je n'avois pas; d'autres, me voyant tout-à-fait à la musique, jugèrent de mon talent par mon sacrifice, et crurent qu'avec tant de passion pour cet art je devois le posséder supérieurement. Dans le royaume des aveugles les borgnes sont rois : je passai là pour un bon maître, parce qu'il n'y en avoit que de mauvais. Ne manquant pas, au reste, d'un certain goût de chant, favorisé d'ailleurs par mon âge et par ma figure, j'eus bientôt plus d'écolières qu'il ne m'en falloit pour remplacer ma paie de secrétaire.

Il est certain que pour l'agrément de la vie on

ne pouvoit passer plus rapidement d'une extrémité à l'autre. Au cadastre, occupé huit heures par jour du plus maussade travail, avec des gens encore plus maussades, enfermé dans un triste bureau empuanti de l'haleine et de la sueur de tous ces manants, la plupart fort mal peignés et fort malpropres, je me sentois quelquefois accablé jusqu'au vertige par l'attention, l'odeur, la gêne et l'ennui. Au lieu de cela, me voilà tout à coup jeté parmi le beau monde, admis, recherché dans les meilleures maisons ; partout un accueil gracieux, caressant, un air de fête : d'aimables demoiselles bien parées m'attendent, me reçoivent avec empressement ; je ne vois que des objets charmants, je ne sens que la rose et la fleur d'orange ; on chante, on cause, on rit, on s'amuse ; je ne sors de là que pour aller ailleurs en faire autant. On conviendra qu'à égalité dans les avantages il n'y avoit pas à balancer dans le choix. Aussi me trouvai-je si bien du mien, qu'il ne m'est arrivé jamais de m'en repentir ; et je ne m'en repens pas même en ce moment, où je pèse au poids de la raison les actions de ma vie, et où je suis délivré des motifs peu sensés qui m'ont entraîné.

Voilà presque l'unique fois qu'en n'écoutant que mes penchants je n'ai pas vu tromper mon attente. L'accueil aisé, l'esprit liant, l'humeur facile des habitants du pays, me rendit le commerce du monde aimable ; et le goût que j'y pris alors m'a bien prouvé que si je n'aime pas à vivre parmi les hommes, c'est moins ma faute que la leur.

C'est dommage que les Savoyards ne soient pas riches, ou peut-être seroit-ce dommage qu'ils le fussent ; car, tels qu'ils sont, c'est le meilleur et le plus sociable¹ peuple que je connoisse. S'il est une petite ville au monde où l'on goûte la douceur de la vie dans un commerce agréable et sûr, c'est Chambéri. La noblesse de la province, qui s'y rassemble, n'a que ce qu'il faut de bien pour vivre ; elle n'en a pas assez pour parvenir ; et ne pouvant se livrer à l'ambition, elle suit par nécessité le conseil de Cynéas. Elle dévoue sa jeunesse à l'état militaire, puis revient vieillir paisiblement chez soi. L'honneur et la raison président à ce partage. Les femmes sont belles, et pourroient se passer de l'être ; elles ont tout ce qui peut faire valoir la beauté, et même y suppléer. Il est singulier qu'appelé par mon état à voir beaucoup de jeunes filles, je ne me rappelle pas d'en avoir vu à Chambéri une seule qui ne fût pas charmante. On dira que j'étois disposé à les trouver telles, et l'on peut avoir raison ; mais je n'avois pas besoin d'y mettre du mien pour cela. Je ne puis, en vérité, me rappeler sans plaisir le souvenir de mes jeunes écolières. Que ne puis-je, en nommant ici les plus aimables, les rappeler de même, et moi avec elles à l'âge heureux où nous étions lors des mo-

¹ Var. « Le plus aimable. »

ments aussi doux qu'innocents que j'ai passés auprès d'elles! La première fut mademoiselle de Mellarède, ma voisine, sœur de l'élève de M. Gaime. C'étoit une brune très-vive, mais d'une vivacité caressante, pleine de grâce, et sans étourderie. Elle étoit un peu maigre, comme sont la plupart des filles à son âge; mais ses yeux brillants, sa taille fine, son air attirant, n'avoient pas besoin d'embonpoint pour plaire. J'y allois le matin, et elle étoit encore ordinairement en déshabillé, sans autre coiffure que ses cheveux négligemment relevés, ornés de quelque fleur qu'on mettoit à mon arrivée, et qu'on ôtoit à mon départ pour se coiffer. Je ne crains rien tant dans le monde ¹ qu'une jolie personne en déshabillé; je la redouterois cent fois moins parée. Mademoiselle de Menthon, chez qui j'allois l'après-midi, l'étoit toujours, et me faisoit une impression tout aussi douce, mais différente. Ses cheveux étoient d'un blond cendré: elle étoit très-mignonne, très-timide, et très-blanche; une voix nette, juste et flûtée, mais qui n'osoit se développer. Elle avoit au sein la cicatrice d'une brûlure d'eau bouillante, qu'un fichu de chenille bleue ne cachoit pas extrêmement. Cette marque attiroit quelquefois de ce côté mon attention, qui bientôt n'étoit plus pour la cicatrice. Mademoiselle de Challes, une autre de mes voisines, étoit une fille faite; grande, belle carrure,

---

¹ Var. « Rien tant au monde. »

de l'embonpoint : elle avoit été très-bien. Ce n'étoit plus une beauté, mais c'étoit une personne à citer pour la bonne grâce, pour l'humeur égale, pour le bon naturel. Sa sœur, madame de Charly, la plus belle femme de Chambéri, n'apprenoit plus la musique, mais elle la faisoit apprendre à sa fille, toute jeune encore, mais dont la beauté naissante eût promis d'égaler celle de sa mère, si malheureusement elle n'eût été un peu rousse. J'avois à la Visitation une petite demoiselle françoise, dont j'ai oublié le nom, mais qui mérite une place dans la liste de mes préférences. Elle avoit pris le ton lent et traînant des religieuses, et sur ce ton traînant elle disoit des choses très-saillantes, qui ne sembloient point aller avec son maintien. Au reste elle étoit paresseuse, n'aimant pas à prendre la peine de montrer son esprit, et c'étoit une faveur qu'elle n'accordoit pas à tout le monde. Ce ne fut qu'après un mois ou deux de leçons et de négligence qu'elle s'avisa de cet expédient pour me rendre plus assidu; car je n'ai jamais pu prendre sur moi de l'être. Je me plaisois à mes leçons quand j'y étois, mais je n'aimois pas être obligé de m'y rendre ni que l'heure me commandât : en toute chose la gêne et l'assujettissement me sont insupportables, ils me feroient prendre en haine le plaisir même. On dit que chez les mahométans un homme passe au point du jour dans les rues pour ordonner aux maris de rendre le devoir à leurs femmes : je serois un mauvais Turc à ces heures-là.

J'avois quelques écolières aussi dans la bourgeoisie, et une entre autres qui fut la cause indirecte d'un changement de relation dont j'ai à parler, puisque enfin je dois tout dire. Elle étoit fille d'un épicier, et se nommoit mademoiselle Lard, vrai modèle d'une statue grecque, et que je citerois pour la plus belle fille que j'aie jamais vue, s'il y avoit quelque véritable beauté sans vie et sans ame. Son indolence, sa froideur, son insensibilité, alloient à un point incroyable. Il étoit également impossible de lui plaire et de la fâcher ; et je suis persuadé que, si l'on eût fait sur elle quelque entreprise, elle auroit laissé faire, non par goût, mais par stupidité. Sa mère, qui n'en vouloit pas courir le risque, ne la quittoit pas d'un pas. En lui faisant apprendre à chanter, en lui donnant un jeune maître, elle faisoit tout de son mieux pour l'émoustiller ; mais cela ne réussit point. Tandis que le maître agaçoit la fille, la mère agaçoit le maître, et cela ne réussissoit pas beaucoup mieux. Madame Lard ajoutoit à sa vivacité naturelle toute celle que sa fille auroit dû avoir. C'étoit un petit minois éveillé, chiffonné, marqué de petite-vérole. Elle avoit de petits yeux très-ardents, et un peu rouges, parce qu'elle y avoit presque toujours mal. Tous les matins, quand j'arrivois, je trouvois prêt mon café à la crème ; et la mère ne manquoit jamais de m'accueillir par un baiser bien appliqué sur la bouche, et que par curiosité j'aurois bien voulu rendre à la fille, pour voir comment elle l'auroit pris. Au reste tout cela se faisoit simplement et si fort sans conséquence, que, quand M. Lard étoit là, les agaceries et les baisers n'en alloient pas moins leur train. C'étoit une bonne pâte d'homme, le vrai père de sa fille, et que sa femme ne trompoit pas, parce qu'il n'en étoit pas besoin.

Je me prêtois à toutes ces caresses avec ma balourdise ordinaire, les prenant tout bonnement pour des marques de pure amitié. J'en étois pourtant importuné quelquefois, car la vive madame Lard ne laissoit pas d'être exigeante; et si dans la journée j'avois passé devant la boutique sans m'arrêter, il y auroit eu du bruit. Il falloit, quand j'étois pressé, que je prisse un détour pour passer dans une autre rue, sachant bien qu'il n'étoit pas aussi aisé de sortir de chez elle que d'y entrer.

Madame Lard s'occupoit trop de moi pour que je ne m'occupasse point d'elle. Ses attentions me touchoient beaucoup. J'en parlois à maman comme d'une chose sans mystère : et quand il y en auroit eu, je ne lui en aurois pas moins parlé, car lui faire un secret de quoi que ce fût ne m'eût pas été possible ; mon cœur étoit ouvert devant elle comme devant Dieu. Elle ne prit pas toutà-fait la chose avec la même simplicité que moi.

Elle vit des avances où je n'avois vu que des amitiés; elle jugea que madame Lard, se faisant un point d'honneur de me laisser moins sot qu'elle ne m'avoit trouvé, parviendroit de manière ou d'autre à se faire entendre; et outre qu'il n'étoit pas juste qu'une autre femme se chargeât de l'instruction de son élève, elle avoit des motifs plus dignes d'elle pour me garantir des pièges auxquels mon âge et mon état m'exposoient. Dans le même temps on m'en tendit un d'une espèce plus dangereuse, auquel j'échappai, mais qui lui fit sentir que les dangers qui me menaçoient sans cesse rendoient nécessaires tous les préservatifs qu'elle y pouvoit apporter.

Madame la comtesse de Menthon, mère d'une de mes écolières, étoit une femme de beaucoup d'esprit, et passoit pour n'avoir pas moins de méchanceté. Elle avoit été cause, à ce qu'on disoit, de bien des brouilleries, et d'une entre autres qui avoit eu des suites fatales à la maison d'Antremont. Maman avoit été assez liée avec elle pour connoître son caractère: ayant très-innocemment inspiré du goût à quelqu'un sur qui madame de Menthon avoit des prétentions, elle resta chargée auprès d'elle du crime de cette préférence, quoiqu'elle n'eût été ni recherchée ni acceptée; et madame de Menthon chercha depuis lors à jouer à sa rivale plusieurs tours, dont aucun ne réussit. J'en rapporterai un des plus comiques par manière d'échantillon. Elles étoient ensemble à la campagne avec plusieurs gentilshommes du voisinage, et entre autres l'aspirant en question. Madame de Menthon dit un jour à un de ces messieurs que madame de Warens n'étoit qu'une précieuse, qu'elle n'avoit point de goût, qu'elle se mettoit mal, qu'elle couvroit sa gorge comme une bourgeoise. Quant à ce dernier article, lui dit l'homme, qui étoit un plaisant, elle a ses raisons, et je sais qu'elle a un gros vilain rat empreint sur le sein, mais si ressemblant qu'on diroit qu'il court. La haine ainsi que l'amour rend crédule. Madame de Menthon résolut de tirer parti de cette découverte; et un jour que maman étoit au jeu avec l'ingrat favori de la dame, celle-ci prit son temps pour passer derrière sa rivale, puis renversant à demi sa chaise elle découvrit adroitement son mouchoir : mais au lieu du gros rat, le monsieur ne vit qu'un objet fort différent, qu'il n'étoit pas plus aisé d'oublier que de voir, et cela ne fit pas le compte de la dame.

Je n'étois pas un personnage à occuper madame de Menthon, qui ne vouloit que des gens brillants autour d'elle : cependant elle fit quelque attention à moi, non pour ma figure, dont assurément elle ne se soucioit point de tout, mais pour l'esprit qu'on me supposoit, et qui m'eût pu rendre utile à ses goûts. Elle en avoit un assez vif pour la satire. Elle aimoit à faire des chansons et des vers sur les gens qui lui déplaisoient. Si elle m'eût trouvé assez de talent pour lui aider à tourner ses vers, et assez de complaisance pour les écrire, entre elle et moi nous aurions bientôt mis Chambéri sens dessus dessous. On seroit remonté à la source de ces libelles; madame de Menthon se seroit tirée d'affaire en me sacrifiant, et j'aurois été enfermé le reste de mes jours peut-être, pour m'apprendre à faire le Phébus avec les dames.

Heureusement rien de tout cela n'arriva. Madame de Menthon me retint à dîner deux ou trois fois pour me faire causer, et trouva que je n'étois qu'un sot. Je le sentois moi-même, et j'en gémissois, enviant les talents de mon ami Venture, tandis que j'aurois dû remercier ma bêtise des périls dont elle me sauvoit. Je demeurai pour madame de Menthon le maître à chanter de sa fille, et rien de plus; mais je vécus tranquille et toujours bien voulu dans Chambéri. Cela valoit mieux que d'être un bel esprit pour elle et un serpent pour le reste du pays.

Quoi qu'il en soit, maman vit que, pour m'arracher au péril de ma jeunesse, il étoit temps de me traiter en homme; et c'est ce qu'elle fit, mais de la façon la plus singulière dont jamais femme se soit avisée en pareille occasion. Je lui trouvai l'air plus grave, et le propos plus moral qu'à son ordinaire. A la gaieté folâtre dont elle entremêloit ordinairement ses instructions succéda tout à coup un ton toujours soutenu, qui n'étoit ni familier ni sévère, mais qui sembloit préparer une explication. Après avoir cherché vainement en moi-même la raison de ce changement, je la lui demandai; c'étoit ce qu'elle attendoit. Elle me proposa une promenade au petit jardin pour le lendemain : nous y fûmes dès le matin. Elle avoit pris ses mesures pour qu'on nous laissât seuls toute la journée : elle l'employa à me préparer aux bontés qu'elle vouloit avoir pour moi, non, comme une autre femme, par du manège et des agaceries, mais par des entretiens pleins de sentiment et de raison[1], plus faits pour m'instruire que pour me séduire, et qui parloient plus à mon cœur qu'à mes sens. Cependant, quelque excellents et utiles que fussent les discours qu'elle me tint, et quoiqu'ils ne fussent rien moins que froids et tristes, je n'y fis pas toute l'attention qu'ils méritoient, et je ne les gravai pas dans ma mémoire comme j'aurois fait dans tout autre temps. Son début, cet air de préparatif m'avoit donné de l'inquiétude : tandis qu'elle parloit, rêveur et distrait malgré moi, j'étois moins occupé de ce qu'elle disoit que de chercher à quoi elle en vouloit venir; et sitôt que je l'eus compris, ce qui ne me fut pas facile, la nouveauté de cette idée, qui depuis que je vivois auprès d'elle ne m'étoit pas venue une seule fois dans l'esprit, m'occupant alors tout en-

[1] Var. « Pleins de sens et de raison. »

tier, ne me laissa plus le maître de penser à ce qu'elle me disoit. Je ne pensois qu'à elle, et je ne l'écoutois pas.

Vouloir rendre les jeunes gens attentifs à ce qu'on leur veut dire, en leur montrant au bout un objet très-intéressant pour eux, est un contresens très-ordinaire aux instituteurs, et que je n'ai pas évité moi-même dans mon Émile. Le jeune homme, frappé de l'objet qu'on lui présente, s'en occupe uniquement, et saute à pieds joints par-dessus vos discours préliminaires pour aller d'abord où vous le menez trop lentement à son gré. Quand on veut le rendre attentif, il ne faut pas se laisser pénétrer d'avance; et c'est en quoi maman fut maladroite. Par une singularité qui tenoit à son esprit systématique, elle prit la précaution très-vaine de faire ses conditions; mais sitôt que j'en vis le prix, je ne les écoutai pas même, et je me dépêchai de consentir à tout. Je doute même qu'en pareil cas il y ait sur la terre entière un homme assez franc ou assez courageux pour oser marchander, et une seule femme qui pût pardonner de l'avoir fait. Par une suite de la même bizarrerie, elle mit à cet accord les formalités les plus graves, et me donna pour y penser huit jours, dont je l'assurai faussement que je n'avois pas besoin : car, pour comble de singularité, je fus très-aise de les avoir, tant la nouveauté de ces idées m'avoit frappé, et tant je sentois un bouleversement dans les miennes qui me demandoit du temps pour les arranger !

On croira que ces huit jours me durèrent huit siècles : tout au contraire, j'aurois voulu qu'ils les eussent duré en effet. Je ne sais comment décrire l'état où je me trouvois, plein d'un certain effroi mêlé d'impatience, redoutant ce que je désirois, jusqu'à chercher quelquefois tout de bon dans ma tête quelque honnête moyen d'éviter d'être heureux. Qu'on se représente mon tempérament ardent et lascif, mon sang enflammé, mon cœur enivré d'amour, ma vigueur, ma santé, mon âge. Qu'on pense que dans cet état, altéré de la soif des femmes [1], je n'avois encore approché d'aucune; que l'imagination, le besoin, la vanité, la curiosité, se réunissoient pour me dévorer de l'ardent désir d'être homme et de le paroître. Qu'on ajoute surtout, car c'est ce qu'il ne faut pas qu'on oublie, que mon vif et tendre attachement pour elle, loin de s'attiédir, n'avoit fait qu'augmenter de jour en jour; que je n'étois bien qu'auprès d'elle; que je ne m'en éloignois que pour y penser; que j'avois le cœur plein, non seulement de ses bontés, de son caractère aimable, mais de son sexe, de sa figure, de sa personne, d'elle, en un mot, par tous les rapports sous lesquels elle pouvoit m'être chère. Et qu'on n'imagine pas que pour dix ou douze ans que j'avois de moins qu'elle, elle fût vieillie ou

[1] Var. « Altéré de femmes. »

me parût l'être. Depuis cinq ou six ans que j'avois éprouvé des transports si doux à sa première vue, elle étoit réellement très-peu changée, et ne me le paroissoit point du tout. Elle a toujours été charmante pour moi, et l'étoit encore pour tout le monde. Sa taille seule avoit pris un peu plus de rondeur. Du reste c'étoit le même œil, le même teint, le même sein, les mêmes traits, les mêmes beaux cheveux blonds, la même gaieté, tout jusqu'à la même voix, cette voix argentée de la jeunesse, qui fit toujours sur moi tant d'impression, qu'encore aujourd'hui je ne puis entendre sans émotion le son d'une jolie voix de fille.

Naturellement ce que j'avois à craindre dans l'attente de la possession d'une personne si chérie étoit de l'anticiper, et de ne pouvoir assez gouverner mes désirs et mon imagination pour rester maître de moi-même. On verra que, dans un âge avancé, la seule idée de quelques légères faveurs qui m'attendoient près de la personne aimée allumoit mon sang à tel point, qu'il m'étoit impossible de faire impunément le court trajet qui me séparoit d'elle. Comment, par quel prodige, dans la fleur de ma jeunesse, eus-je si peu d'empressement pour la première jouissance? Comment pus-je en voir approcher l'heure avec plus de peine que de plaisir? Comment, au lieu des délices qui devoient m'enivrer, sentois-je presque de la répugnance et des craintes? Il n'y a point à douter que, si j'avois pu me dérober à mon bonheur avec biénséance, je ne l'eusse fait de tout mon cœur. J'ai promis des bizarreries dans l'histoire de mon attachement pour elle; en voilà sûrement une à laquelle on ne s'attendoit pas.

Le lecteur, déjà révolté, juge qu'étant possédée par un autre homme, elle se dégradoit à mes yeux en se partageant, et qu'un sentiment de mésestime attiédissoit ceux qu'elle m'avoit inspirés : il se trompe. Ce partage, il est vrai, me faisoit une cruelle peine, tant par une délicatesse fort naturelle que parce qu'en effet je le trouvois peu digne d'elle et de moi; mais quant à mes sentiments pour elle, il ne les altéroit point, et je peux jurer que jamais je ne l'aimai plus tendrement que quand je désirois si peu de la posséder. Je connoissois trop son cœur chaste et son tempérament de glace pour croire un moment que le plaisir des sens eût aucune part à cet abandon d'elle-même; j'étois parfaitement sûr que le seul soin de m'arracher à des dangers autrement presque inévitables, et de me conserver tout entier à moi et à mes devoirs, lui en faisoit enfreindre un qu'elle ne regardoit pas du même œil que les autres femmes, comme il sera dit ci-après. Je la plaignois et je me plaignois. J'aurois voulu lui dire : Non, maman, il n'est pas nécessaire; je vous réponds de moi sans cela. Mais je n'osois, premièrement parce que ce n'étoit pas une chose à dire, et puis parce qu'au fond je sentois que cela n'étoit pas vrai, et qu'en effet il n'y avoit qu'une femme qui pût me garantir des autres femmes et me mettre à l'épreuve des tentations. Sans désirer de la posséder, j'étois bien aise qu'elle m'ôtât le désir d'en posséder d'autres; tant je regardois tout ce qui pouvoit me distraire d'elle comme un malheur.

La longue habitude de vivre ensemble et d'y vivre innocemment, loin d'affoiblir mes sentimens pour elle, les avoit renforcés, mais leur avoit en même temps donné une autre tournure qui les rendoit plus affectueux, plus tendres peut-être; mais moins sensuels. A force de l'appeler maman, à force d'user avec elle de la familiarité d'un fils, je m'étois accoutumé à me regarder comme tel. Je crois que voilà la véritable cause du peu d'empressement que j'eus de la posséder, quoiqu'elle me fût si chère. Je me souviens très-bien que mes premiers sentimens, sans être plus vifs, étoient plus voluptueux. A Annecy, j'étois dans l'ivresse; à Chambéri, je n'y étois plus. Je l'aimois toujours aussi passionnément qu'il fût possible; mais je l'aimois plus pour elle et moins pour moi, ou du moins je cherchois plus mon bonheur que mon plaisir auprès d'elle : elle étoit pour moi plus qu'une sœur, plus qu'une mère, plus qu'une amie, plus même qu'une maîtresse; et c'étoit pour cela qu'elle n'étoit pas une maîtresse. Enfin, je l'aimois trop pour la convoiter : voilà ce qu'il y a de plus clair dans mes idées.

Ce jour, plutôt redouté qu'attendu, vint enfin. Je promis tout, et je ne mentis pas. Mon cœur confirmoit mes engagements sans en désirer le prix. Je l'obtins pourtant. Je me vis pour la première fois dans les bras d'une femme, et d'une femme que j'adorois. Fus-je heureux? non, je goûtai le plaisir. Je ne sais quelle invincible tristesse en empoisonnoit le charme. J'étois comme si j'avois commis un inceste. Deux ou trois fois, en la pressant avec transport dans mes bras, j'inondai son sein de mes larmes. Pour elle, elle n'étoit ni triste ni vive; elle étoit caressante et tranquille. Comme elle étoit peu sensuelle et n'avoit point recherché la volupté, elle n'en eut pas les délices et n'en a jamais eu les remords.

Je le répète : toutes ses fautes lui vinrent de ses erreurs, jamais de ses passions. Elle étoit bien née, son cœur étoit pur, elle aimoit les choses honnêtes, ses penchants étoient droits et vertueux, son goût étoit délicat; elle étoit faite pour une élégance de mœurs qu'elle a toujours aimée et qu'elle n'a jamais suivie, parce qu'au lieu d'écouter son cœur, qui la menoit bien, elle écouta sa raison, qui la menoit mal. Quand des principes faux l'ont égarée, ses vrais sentiments les ont toujours démentis : mais malheureusement elle se piquoit de philosophie, et la morale qu'elle s'étoit faite gâta celle que son cœur lui dictoit.

M. de Tavel, son premier amant, fut son maître de philosophie, et les principes qu'il lui donna furent ceux dont il avoit besoin pour la séduire. La trouvant attachée à son mari, à ses devoirs, toujours froide, raisonnante, et inattaquable par les sens, il l'attaqua par des sophismes, et parvint à lui montrer ses devoirs auxquels elle étoit si attachée comme un bavardage de catéchisme fait uniquement pour amuser les enfants; l'union des sexes, comme l'acte le plus indifférent en soi; la fidélité conjugale, comme une apparence obligatoire dont toute la moralité regardoit l'opinion; le repos des maris, comme la seule règle du devoir des femmes; en sorte que des infidélités ignorées, nulles pour celui qu'elles offensoient, l'étoient aussi pour la conscience : enfin il lui persuada que la chose en elle-même n'étoit rien, qu'elle ne prenoit d'existence que par le scandale, et que toute femme qui paroissoit sage par cela seul l'étoit en effet. C'est ainsi que le malheureux parvint à son but en corrompant la raison d'un enfant dont il n'avoit pu corrompre le cœur. Il en fut puni par la plus dévorante jalousie, persuadé qu'elle le traitoit lui-même comme il lui avoit appris à traiter son mari. Je ne sais s'il se trompoit sur ce point. Le ministre Perret passa pour son successeur. Ce que je sais, c'est que le tempérament froid de cette jeune femme, qui l'auroit dû garantir de ce système, fut ce qui l'empêcha dans la suite d'y renoncer. Elle ne pouvoit concevoir qu'on donnât tant d'importance à ce qui n'en avoit point pour elle. Elle n'honora jamais du nom de vertu une abstinence qui lui coûtoit si peu.

Elle n'eût donc guère abusé de ce faux principe pour elle-même; mais elle en abusa pour autrui, et cela par une autre maxime presque aussi fausse, mais plus d'accord avec la bonté de son cœur. Elle a toujours cru que rien n'attachoit tant un homme à une femme que la possession, et quoiqu'elle n'aimât ses amis que d'amitié, c'étoit d'une amitié si tendre, qu'elle employoit tous les moyens qui dépendoient d'elle pour se les attacher plus fortement. Ce qu'il y a d'extraordinaire est qu'elle a presque toujours réussi. Elle étoit si réellement aimable, que plus l'intimité dans laquelle on vivoit avec elle étoit grande, plus on y trouvoit de nouveaux sujets de l'aimer. Une autre chose digne de remarque est qu'après sa première foiblesse elle n'a guère favorisé que des malheureux; les gens brillants ont tous perdu leur peine auprès d'elle : mais il falloit qu'un homme qu'elle commençoit par plaindre fût bien peu aimable si elle ne finissoit par l'aimer. Quand elle se fit des choix peu dignes d'elle, bien loin que ce fût par des inclinations basses, qui n'approchèrent jamais de son noble cœur, ce fut uniquement par son caractère trop généreux, trop humain, trop compatissant, trop sensible, qu'elle ne gouverna pas toujours avec assez de discernement.

Si quelques principes faux l'ont égarée, combien n'en avoit-elle pas d'admirables dont elle ne se départoit jamais! Par combien de vertus ne rachetoit-elle pas ses foiblesses, si l'on peut appeler de ce nom des erreurs où les sens avoient si peu de part! Ce même homme qui la trompa sur un point l'instruisit excellemment sur mille autres; et ses passions, qui n'étoient pas fougueuses, lui permettant de suivre toujours ses lumières, elle alloit bien quand ses sophismes ne l'égaroient pas. Ses motifs étoient louables jusque dans ses fautes : en s'abusant elle pouvoit mal faire, mais elle ne pouvoit vouloir rien qui fût mal. Elle abhorroit la duplicité, le mensonge : elle étoit juste, équitable, humaine, désintéressée, fidèle à sa parole, à ses amis, à ses devoirs qu'elle reconnoissoit pour tels, incapable de vengeance et de haine, et ne concevant pas même qu'il y eût le moindre mérite à pardonner. Enfin, pour revenir à ce qu'elle avoit de moins excusable, sans estimer ses faveurs ce qu'elles valoient, elle n'en fit jamais un vil commerce; elle les prodiguoit, mais elle ne les vendoit pas, quoiqu'elle fût sans cesse aux expédients pour vivre; et j'ose dire que si Socrate put estimer Aspasie, il eût respecté madame de Warens.

Je sais d'avance qu'en lui donnant un caractère sensible et un tempérament froid, je serai accusé de contradiction, comme à l'ordinaire et avec autant de raison. Il se peut que la nature ait eu tort et que cette combinaison n'ait pas dû être; je sais seulement qu'elle a été. Tous ceux qui ont connu madame de Warens, et dont un si grand nombre existe encore, ont pu savoir qu'elle étoit ainsi. J'ose même ajouter qu'elle n'a connu qu'un seul vrai plaisir au monde, c'étoit d'en faire à ceux qu'elle aimoit. Toutefois permis à chacun d'argumenter là-dessus tout à son aise, et de prouver doctement que cela n'est pas vrai. Ma fonction est de dire la vérité, mais non pas de la faire croire.

J'appris peu à peu tout ce que je viens de dire dans les entretiens qui suivirent notre union, et qui seuls la rendirent délicieuse. Elle avoit eu raison d'espérer que sa complaisance me seroit utile; j'en tirai pour mon instruction de grands avantages. Elle m'avoit jusqu'alors parlé de moi seul comme à un enfant. Elle commença de me traiter en homme, et me parla d'elle. Tout ce qu'elle me disoit m'étoit si intéressant, je m'en sentois si touché, que, me repliant sur moi-même, j'appliquois à mon profit ses confidences plus que je n'avois fait ses leçons. Quand on sent vraiment que le cœur parle, le nôtre s'ouvre pour recevoir ses épanchements; et jamais toute la morale d'un pédagogue ne vaudra le bavardage affectueux et tendre d'une femme sensée pour qui l'on a de l'attachement.

L'intimité dans laquelle je vivois avec elle l'ayant

mise à portée de m'apprécier plus avantageusement qu'elle n'avoit fait, elle jugea que, malgré mon air gauche, je valois la peine d'être cultivé pour le monde, et que, si je m'y montrois un jour sur un certain pied, je serois en état d'y faire mon chemin. Sur cette idée, elle s'attachoit non seulement à former mon jugement, mais mon extérieur, mes manières, à me rendre aimable autant qu'estimable; et s'il est vrai qu'on puisse allier les succès dans le monde avec la vertu, ce que pour moi je ne crois pas, je suis sûr au moins qu'il n'y a pour cela d'autre route que celle qu'elle avoit prise, et qu'elle vouloit m'enseigner. Car madame de Warens connoissoit les hommes, et savoit supérieurement l'art de traiter avec eux sans mensonge et sans imprudence, sans les tromper et sans les fâcher. Mais cet art étoit dans son caractère bien plus que dans ses leçons; elle savoit mieux le mettre en pratique que l'enseigner, et j'étois l'homme du monde le moins propre à l'apprendre. Aussi tout ce qu'elle fit à cet égard fut-il, peu s'en faut, peine perdue, de même que le soin qu'elle prit de me donner des maîtres pour la danse et pour les armes. Quoique leste et bien pris dans ma taille, je ne pus apprendre à danser un menuet. J'avois tellement pris, à cause de mes cors, l'habitude de marcher du talon, que Roche ne put me la faire perdre; et jamais avec l'air assez ingambe je n'ai pu sauter un médiocre fossé. Ce fut encore pis à la salle d'armes. Après trois mois de leçon je tirois encore à la muraille, hors d'état de faire assaut, et jamais je n'eus le poignet assez souple ou le bras assez ferme pour retenir mon fleuret quand il plaisoit au maître de le faire sauter. Ajoutez que j'avois un dégoût mortel pour cet exercice et pour le maître qui tâchoit de me l'enseigner. Je n'aurois jamais cru qu'on pût être si fier de l'art de tuer un homme. Pour mettre son vaste génie à ma portée, il ne s'exprimoit que par des comparaisons tirées de la musique qu'il ne savoit point. Il trouvoit des analogies frappantes entre les bottes de tierce et de quarte et les intervalles musicaux du même nom. Quand il vouloit faire une feinte, il me disoit de prendre garde à ce dièse, parce que anciennement les dièses s'appeloient *des feintes* : quand il m'avoit fait sauter de la main mon fleuret, il disoit en ricanant que c'étoit *une pause*. Enfin je ne vis de ma vie un pédant plus insupportable que ce pauvre homme avec son plumet et son plastron.

Je fis donc peu de progrès dans mes exercices, que je quittai bientôt par pur dégoût; mais j'en fis davantage dans un art plus utile, celui d'être content de mon sort, et de n'en pas désirer un plus brillant pour lequel je commençois à sentir que je n'étois pas né. Livré tout entier au désir de rendre à maman la vie heureuse, je me plaisois toujours plus auprès d'elle; et quand il falloit m'en éloigner pour courir en ville, malgré ma passion pour la musique je commençois à sentir la gêne de mes leçons.

J'ignore si Claude Anet s'aperçut de l'intimité de notre commerce. J'ai lieu de croire qu'il ne lui fut pas caché. C'étoit un garçon très-clairvoyant, mais très-discret, qui ne parloit jamais contre sa pensée, mais qui ne la disoit pas toujours. Sans me faire le moindre semblant qu'il fût instruit, par sa conduite il paroissoit l'être ; et cette conduite ne venoit sûrement pas de bassesse d'ame, mais de ce qu'étant entré dans les principes de sa maîtresse, il ne pouvoit désapprouver qu'elle agît conséquemment. Quoique aussi jeune qu'elle, il étoit si mûr et si grave, qu'il nous regardoit presque comme deux enfants dignes d'indulgence, et nous le regardions l'un et l'autre comme un homme respectable dont nous avions l'estime à ménager. Ce ne fut qu'après qu'elle lui fut infidèle que je connus bien tout l'attachement qu'elle avoit pour lui. Comme elle savoit que je ne pensois, ne sentois, ne respirois que par elle, elle me montroit combien elle l'aimoit, afin que je l'aimasse de même, et elle appuyoit encore moins sur son amitié pour lui que sur son estime, parce que c'étoit le sentiment que je pouvois partager le plus pleinement. Combien de fois elle attendrit nos cœurs et nous fit embrasser avec larmes, en nous disant que nous étions nécessaires tous deux au bonheur de sa vie ! Et que les femmes qui liront ceci ne sourient pas malignement. Avec le tempérament qu'elle avoit, ce besoin n'étoit pas équivoque; c'étoit uniquement celui de son cœur.

Ainsi s'établit entre nous trois une société sans autre exemple peut-être sur la terre. Tous nos vœux, nos soins, nos cœurs, étoient en commun; rien n'en passoit au-delà de ce petit cercle. L'habitude de vivre ensemble et d'y vivre exclusivement devint si grande, que si dans nos repas un des trois manquoit ou qu'il vînt un quatrième, tout étoit dérangé; et, malgré nos liaisons particulières, les tête-à-tête nous étoient moins doux que la réunion. Ce qui prévenoit entre nous la gêne étoit une extrême confiance réciproque, et ce qui prévenoit l'ennui étoit que nous étions tous fort occupés. Maman, toujours projetante et toujours agissante, ne nous laissoit guère oisifs ni l'un ni l'autre, et nous avions encore chacun pour notre compte de quoi bien remplir notre temps. Selon moi le désœuvrement n'est pas moins le fléau de la société que celui de la solitude. Rien ne rétrécit plus l'esprit, rien n'engendre plus de riens, de rapports, de paquets, de tracasseries, de mensonges, que d'être éternellement renfermés vis-à-vis les uns des autres dans une chambre, réduits pour tout ouvrage à la nécessité de babiller continuellement. Quant tout le monde est occupé l'on ne parle que quand on a quelque chose à dire; mais quand on ne fait rien il faut absolument parler toujours; et voilà de toutes les gênes la plus incommode et la plus dangereuse.

J'ose même aller plus loin, et je soutiens que pour rendre un cercle vraiment agréable, il faut non seulement que chacun y fasse quelque chose, mais quelque chose qui demande un peu d'attention. Faire des nœuds, c'est ne rien faire, et il faut tout autant de soin pour amuser une femme qui fait des nœuds que celle qui tient les bras croisés. Mais quand elle brode, c'est autre chose; elle s'occupe assez pour remplir les intervalles du silence. Ce qu'il y a de choquant, de ridicule, est de voir pendant ce temps une douzaine de flandrins se lever, s'asseoir, aller, venir, pirouetter sur leurs talons, retourner deux cents fois les magots de la cheminée, et fatiguer leur minerve à maintenir un intarissable flux de paroles : la belle occupation! Ces gens-là, quoi qu'ils fassent, seront toujours à charge aux autres et à eux-mêmes. Quand j'étois à Motiers j'allois faire des lacets chez mes voisines; si je retournois dans le monde, j'aurois toujours dans ma poche un bilboquet, et j'en jouerois toute la journée pour me dispenser de parler quand je n'aurois rien à dire. Si chacun en faisoit autant, les hommes deviendroient moins méchants, leur commerce deviendroit plus sûr, et, je pense, plus agréable. Enfin que les plaisants rient s'ils veulent, mais je soutiens que la seule morale à la portée du présent siècle est la morale du bilboquet.

Au reste, on ne nous laissoit guère le soin d'éviter l'ennui par nous-mêmes; et les importuns nous en donnoient trop par leur influence, pour nous en laisser quand nous restions seuls. L'impatience qu'ils m'avoient donnée autrefois n'étoit pas diminuée, et toute la différence étoit que j'avois moins de temps pour m'y livrer. La pauvre maman n'avoit point perdu son ancienne fantaisie d'entreprises et de systèmes : au contraire, plus ses besoins domestiques devenoient pressants, plus pour y pourvoir elle se livroit à ses visions; moins elle avoit de ressources présentes, plus elle s'en forgeoit dans l'avenir. Le progrès des ans ne faisoit qu'augmenter en elle cette manie; et à mesure qu'elle perdoit le goût des plaisirs du monde et de la jeunesse, elle le remplaçoit par celui des secrets et des projets. La maison ne désemplissoit pas de charlatans, de fabricants, de souffleurs, d'entrepreneurs de toute espèce, qui, distribuant par millions la fortune, finissoient par avoir besoin d'un écu. Aucun ne sortoit de chez elle à vide, et l'un de mes étonnements est qu'elle ait pu suffire aussi long-temps à tant de profusions sans en épuiser la source, et sans lasser ses créanciers.

Le projet dont elle étoit le plus occupée au temps dont je parle, et qui n'étoit pas le plus déraisonnable qu'elle eût formé, étoit de faire établir à Chambéri un jardin royal de plantes, avec un démonstrateur appointé; et l'on comprend d'avance à qui cette place étoit destinée. La position de cette ville au milieu des Alpes étoit très-favorable à la botanique; et maman, qui facilitoit toujours ¹ un projet par un autre, y joignoit celui d'un collége de pharmacie, qui véritablement paroissoit très-utile dans un pays aussi pauvre, où les apothicaires sont presque les seuls médecins. La retraite du proto-médecin Grossi à Chambéri, après la mort du roi Victor, lui parut favoriser beaucoup cette idée, et la lui suggéra peut-être. Quoi qu'il en soit, elle se mit à cajoler Grossi, qui pourtant n'étoit pas trop cajolable ; car c'étoit bien le plus caustique et le plus brutal monsieur que j'aie jamais connu. On en jugera par deux ou trois traits que je vais citer pour échantillon.

Un jour il étoit en consultation avec d'autres médecins, un entre autres qu'on avoit fait venir d'Annecy, et qui étoit le médecin ordinaire du malade. Ce jeune homme, encore mal appris pour un médecin, osa n'être pas de l'avis de monsieur le proto. Celui-ci, pour toute réponse, lui demanda quand il s'en retournoit, par où il passoit, et quelle voiture il prenoit. L'autre, après l'avoir satisfait, lui demande à son tour s'il y a quelque chose pour son service. Rien, rien, dit Grossi, sinon que je veux m'aller mettre à une fenêtre sur votre passage pour avoir le plaisir de voir passer un âne à cheval. Il étoit aussi avare que riche et dur. Un de ses amis lui voulut un jour emprunter de l'argent avec de bonnes sûretés: Mon ami, lui

---

¹ Var. « Qui favorisoit toujours. »

dit-il en lui serrant le bras et grinçant les dents, quand saint Pierre descendroit du ciel pour m'emprunter dix pistoles, et qu'il me donneroit la Trinité pour caution, je ne les lui prêterois pas. Un jour, invité à dîner chez M. le comte Picon, gouverneur de Savoie, et très-dévot, il arrive avant l'heure ; et S. E., alors occupée à dire le rosaire, lui en propose l'amusement. Ne sachant trop que répondre, il fait une grimace affreuse, et se met à genoux; mais à peine avoit-il récité deux *Ave*, que, n'y pouvant plus tenir, il se lève brusquement, prend sa canne et s'en va sans mot dire. Le comte Picon court après et lui crie : M. Grossi ! M. Grossi ! restez donc, vous avez là-bas à la broche une excellente bartavelle. Monsieur le comte, lui répond l'autre en se retournant, vous me donneriez un ange rôti que je ne resterois pas. Voilà quel étoit M. le proto-médecin Grossi, que maman entreprit et vint à bout d'apprivoiser. Quoique extrêmement occupé, il s'accoutuma à venir très-souvent chez elle, prit Anet en amitié ; marqua faire cas de ses connoissances, en parloit avec estime ; et, ce qu'on n'auroit pas attendu d'un pareil ours, affectoit de le traiter avec considération pour effacer les impressions du passé. Car quoique Anet ne fût plus sur le pied d'un domestique, on savoit qu'il l'avoit été ; et il ne falloit pas moins que l'exemple et l'autorité de monsieur le proto-médecin pour donner, à son égard, le ton qu'on n'auroit pas pris de tout autre. Claude Anet, avec un habit noir, une perruque bien peignée, un maintien grave et décent, une conduite sage et circonspecte, des connoissances assez étendues en matière médicale et en botanique, et la faveur du chef de la faculté, pouvoit raisonnablement espérer de remplir avec applaudissement la place de démonstrateur royal des plantes, si l'établissement projeté avoit lieu; et réellement Grossi en avoit goûté le plan, l'avoit adopté, et n'attendoit, pour le proposer à la cour, que le moment où la paix permettroit de songer aux choses utiles, et laisseroit disposer de quelque argent pour y pourvoir.

Mais ce projet, dont l'exécution m'eût probablement jeté dans la botanique, pour laquelle il me semble que j'étois né, manqua par un de ces coups inattendus qui renversent les desseins les mieux concertés. J'étois destiné à devenir, par degrés, un exemple des misères humaines. On diroit que la Providence, qui m'appeloit à ces grandes épreuves, écartoit de sa main tout ce qui m'eût empêché d'y arriver. Dans une course qu'Anet avoit faite au haut des montagnes pour aller chercher du génipi, plante rare qui ne croît que sur les Alpes, et dont M. Grossi avoit besoin, ce pauvre garçon s'échauffa tellement, qu'il gagna une pleurésie, dont le génipi ne put le sauver, quoiqu'il y soit, dit-on, spécifique; et, malgré tout l'art de Grossi, qui certainement étoit un très-habile homme, malgré les soins infinis que nous prîmes de lui, sa bonne maîtresse et moi, il mourut le cinquième jour entre nos mains, après la plus cruelle agonie, durant laquelle il n'eut d'autres exhortations que les miennes; et je les lui prodiguai avec des élans de douleur et de zèle qui, s'il étoit en état de m'entendre, devoient être de quelque consolation pour lui. Voilà comment je perdis le plus solide ami que j'eus en toute ma vie; homme estimable et rare, en qui la nature tint lieu d'éducation, qui nourrit dans la servitude toutes les vertus des grands hommes, et à qui peut-être il ne manqua, pour se montrer tel à tout le monde, que de vivre et d'être placé.

Le lendemain j'en parlois avec maman dans l'affliction la plus vive et la plus sincère, et tout d'un coup, au milieu de l'entretien, j'eus la vile et indigne pensée que j'héritois de ses nippes, et surtout d'un bel habit noir qui m'avoit donné dans la vue. Je le pensai, par conséquent je le dis; car près d'elle c'étoit pour moi la même chose. Rien ne lui fit mieux sentir la perte qu'elle avoit faite que ce lâche et odieux mot, le désintéressement et la noblesse d'ame étant des qualités que le défunt avoit éminemment possédées. La pauvre femme, sans rien répondre, se tourna de l'autre côté et se mit à pleurer. Chères et précieuses larmes! Elles furent entendues et coulèrent toutes dans mon cœur; elles y lavèrent jusqu'aux dernières traces d'un sentiment bas et malhonnête. Il n'y en est jamais entré depuis ce temps-là.

Cette perte causa à maman autant de préjudice que de douleur. Depuis ce moment ses affaires ne cessèrent d'aller en décadence. Anet étoit un garçon exact et rangé, qui maintenoit l'ordre dans la maison de sa maîtresse. On craignoit sa vigilance, et le gaspillage étoit moindre. Elle-même craignoit sa censure, et se contenoit davantage dans ses dissipations. Ce n'étoit pas assez pour elle de son attachement, elle vouloit conserver son estime; et elle redoutoit le juste reproche qu'il osoit quelquefois lui faire qu'elle prodiguoit le bien d'autrui autant que le sien. Je pensois comme lui, je le disois même; mais je n'avois pas le même ascendant sur elle, et mes discours n'en imposoient pas comme les siens. Quand il ne fut plus, je fus bien forcé de prendre sa place, pour laquelle j'avois aussi peu d'aptitude que de goût, je la remplis mal. J'étois peu soigneux, j'étois fort timide; tout en grondant à part moi, je laissois tout aller comme il alloit. D'ailleurs j'avois bien obtenu la même confiance, mais non pas la même autorité. Je voyois le désordre, j'en gémissois, je m'en plaignois, et je n'étois pas écouté. J'étois trop jeune et trop vif pour avoir le droit d'être raisonnable; et quand je voulois me mêler de faire le censeur, maman me donnoit de petits soufflets de caresses, m'appeloit son petit Mentor, et me forçoit à reprendre le rôle qui me convenoit.

Le sentiment profond de la détresse où ses dépenses peu mesurées devoient nécessairement la jeter tôt ou tard me fit une impression d'autant plus forte, qu'étant devenu l'inspecteur de sa maison, je jugeois par moi-même de l'inégalité de la balance entre le *doit* et l'*avoir*. Je date de cette époque le penchant à l'avarice que je me suis toujours senti depuis ce temps-là. Je n'ai jamais été follement prodigue que par bourrasques ; mais jusqu'alors je ne m'étois jamais beaucoup inquiété si j'avois peu ou beaucoup d'argent. Je commençai à faire cette attention et à prendre du souci de ma bourse. Je devenois vilain par un motif très-noble ; car, en vérité, je ne songeois qu'à ménager à maman quelque ressource dans la catastrophe que je prévoyois. Je craignois que ses créanciers ne fissent saisir sa pension, qu'elle ne fût tout-à-fait supprimée ; et je m'imaginois, suivant mes vues étroites, que mon petit magot lui seroit alors d'un grand secours. Mais pour le faire, et surtout pour le conserver, il falloit me cacher d'elle ; car il n'eût pas convenu, tandis qu'elle étoit aux expédients, qu'elle eût su que j'avois de l'argent mignon. J'allois donc cherchant par-ci par-là de petites caches où je fourrois quelques louis en dépôt, comptant augmenter ce dépôt sans cesse jusqu'au moment de le mettre à ses pieds. Mais j'étois si maladroit dans le choix de mes cachettes, qu'elle les éventoit toujours; puis, pour m'apprendre qu'elle les avoit trouvées, elle ôtoit l'or que j'y avois mis, et en mettoit davantage en autres espèces. Je venois tout honteux rapporter à la bourse commune mon petit trésor, et jamais elle ne manquoit de l'employer en nippes ou meubles à mon profit, comme épée d'argent, montre, ou autre chose pareille.

Bien convaincu qu'accumuler ne me réussiroit jamais, et seroit pour elle une mince ressource, je sentis enfin que je n'en avois point d'autre contre le malheur que je craignois que de me mettre en état de pourvoir par moi-même à sa subsistance, quand, cessant de pourvoir à la mienne, elle verroit le pain prêt à lui manquer. Malheureusement, jetant mes projets du côté de mes goûts, je m'obstinois à chercher follement ma fortune dans la musique; et sentant naître des idées et des chants dans ma tête, je crus qu'aussitôt que je serois en état d'en tirer parti j'allois devenir un homme célèbre, un Orphée moderne dont les sons devoient attirer tout l'argent du Pérou. Ce dont il s'agissoit pour moi, commençant à lire passablement la musique, étoit d'apprendre la composition. La difficulté étoit de trouver quelqu'un pour me l'enseigner; car avec mon Rameau seul je n'espérois pas y parvenir par moi-même, et depuis le départ de M. Le Maître, il n'y avoit personne en Savoie qui entendît rien à l'harmonie.

Ici l'on va voir encore une de ces inconséquences dont ma vie est remplie, et qui m'ont fait si souvent aller contre mon but, lors même que j'y pensois tendre directement. Venture m'avoit beaucoup parlé de l'abbé Blanchard, son maître de composition, homme de mérite et d'un grand talent, qui pour lors étoit maître de musique de la cathédrale de Besançon, et qui l'est maintenant de la chapelle de Versailles. Je me mis en tête d'aller à Besançon prendre leçon de l'abbé Blanchard; et cette idée me parut si raisonnable, que je parvins à la faire trouver telle à maman. La voilà travaillant à mon petit équipage, et cela avec la profusion qu'elle mettoit à toute chose. Ainsi, toujours avec le projet de prévenir une banqueroute et de réparer dans l'avenir l'ouvrage de sa dissipation, je commençai dans le moment même par lui causer une dépense de huit cents francs : j'accélérois sa ruine pour me mettre en état d'y remédier. Quelque folle que fût cette conduite, l'illusion étoit entière de ma part, et même de la sienne. Nous étions persuadés l'un et l'autre, moi que je travaillois utilement pour elle, elle que je travaillois utilement pour moi.

J'avois compté trouver Venture encore à Annecy, et lui demander une lettre pour l'abbé Blanchard. Il n'y étoit plus. Il fallut, pour tout renseignement, me contenter d'une messe à quatre parties de sa composition et de sa main, qu'il m'a laissée. Avec cette recommandation je vais à Besançon, passant par Genève, où je fus voir mes parents, et par Nyon, où je fus voir mon père, qui me reçut comme à son ordinaire, et se chargea de me faire parvenir ma malle, qui ne venoit qu'après moi, parce que j'étois à cheval. J'arrive à Besançon. L'abbé Blanchard me reçoit bien, me promet ses instructions, et m'offre ses services. Nous étions prêts à commencer quand j'apprends par une lettre de mon père que ma malle a été saisie et confisquée aux Rousses, bureau de France sur les frontières de la Suisse. Effrayé de cette nouvelle, j'emploie les connoissances que je m'étois faites à Besançon pour savoir le motif de cette confiscation; car, bien sûr de n'avoir point de contrebande, je ne pouvois concevoir sur quel prétexte on l'avoit pu fonder. Je l'apprends enfin : il faut le dire, car c'est un fait curieux.

Je voyois à Chambéri un vieux Lyonnois, fort bon homme, appelé M. Duvivier, qui avoit travaillé au *visa* sous la régence, et qui, faute d'emploi, étoit venu travailler au cadastre. Il avoit vécu dans le monde; il avoit des talents, quelque savoir, de la douceur, de la politesse; il savoit la musique : et comme j'étois de chambrée avec lui, nous nous étions liés de préférence au milieu des ours mal léchés qui nous entouroient. Il avoit à Paris des correspondances qui lui fournissoient ces petits riens, ces nouveautés éphémères, qui courent on ne sait pourquoi, qui meurent on ne sait comment, sans que jamais personne y repense quand on a cessé d'en parler. Comme je le menois quelquefois dîner chez maman, il me faisoit sa cour en quelque sorte, et, pour se rendre agréable, il tâchoit de me faire aimer ces fadaises, pour lesquelles j'eus toujours un tel dégoût, qu'il ne m'est arrivé de la vie d'en lire une à moi seul [1]. Malheureusement un de ces maudits papiers resta dans la poche de veste d'un habit neuf que j'avois porté deux ou trois fois pour être en règle avec les commis. Ce papier étoit une parodie janséniste assez plate de la belle scène du Mithridate de Racine. Je n'en avois pas lu dix vers, et l'avois laissé par oubli dans ma poche. Voilà ce qui fit confisquer mon équipage. Les commis firent à la tête de l'inventaire de cette malle un magnifique procès-verbal, où, supposant que cet écrit venoit de Genève pour être imprimé et distribué en France, ils s'étendoient en saintes invectives contre les ennemis de Dieu et de l'Église, et en éloges de leur pieuse vigilance, qui avoit arrêté l'exécution de ce projet infernal. Ils trouvèrent sans doute que mes chemises sentoient aussi l'hérésie, car, en vertu de ce terrible papier, tout fut confisqué, sans que ja-

---

[1] Var. « ...A moi seul. Pour lui complaire, je prenois ces « précieux torche-culs; je les mettois dans ma poche, et je « n'y songeois plus que pour le seul usage auquel ils étoient « bons. »

mais ¹ j'aie eu ni raison ni nouvelle de ma pauvre pacotille. Les gens des fermes à qui l'on s'adressa demandoient tant d'instructions, de renseignements, de certificats, de mémoires, que, me perdant mille fois dans ce labyrinthe, je fus contraint de tout abandonner. J'ai un vrai regret de n'avoir pas conservé le procès-verbal du bureau des Rousses : c'étoit une pièce à figurer avec distinction parmi celles dont le recueil doit accompagner cet écrit.

Cette perte me fit revenir à Chambéri tout de suite sans avoir rien fait avec l'abbé Blanchard ; et, tout bien pesé, voyant le malheur me suivre dans toutes mes entreprises, je résolus de m'attacher uniquement à maman, de courir sa fortune, et de ne plus m'inquiéter inutilement d'un avenir auquel je ne pouvois rien. Elle me reçut comme si j'avois rapporté des trésors, remonta peu à peu ma petite garde-robe ; et mon malheur, assez grand pour l'un et pour l'autre, fut presque aussitôt oublié qu'arrivé.

Quoique ce malheur m'eût refroidi sur mes projets de musique, je ne laissois pas d'étudier toujours mon Rameau ; et à force d'efforts je parvins enfin à l'entendre, et à faire quelques petits

---

¹ Var. « Sans que jamais, comme que j'aie pu m'y prendre, « j'aie eu... » — Si l'auteur a supprimé ces mots dans son second manuscrit, ce n'est pas que cette locution *comme que* lui parût vicieuse ; elle lui est au contraire assez familière.

essais de composition dont le succès m'encouragea. Le comte de Bellegarde, fils du marquis d'Antremont, étoit revenu de Dresde, après la mort du roi Auguste. Il avoit vécu long-temps à Paris : il aimoit extrêmement la musique, et avoit pris en passion celle de Rameau. Son frère le comte de Nangis jouoit du violon, madame la comtesse de La Tour leur sœur chantoit un peu. Tout cela mit à Chambéri la musique à la mode, et l'on établit une manière de concert public, dont on voulut d'abord me donner la direction : mais on s'aperçut bientôt qu'elle passoit mes forces, et l'on s'arrangea autrement. Je ne laissois pas d'y donner quelques petits morceaux de ma façon, et entre autres une cantate qui plut beaucoup. Ce n'étoit pas une pièce bien faite, mais elle étoit pleine de chants nouveaux et de choses d'effet que l'on n'attendoit pas de moi. Ces messieurs ne purent croire que, lisant si mal la musique, je fusse en état d'en composer de passable, et ils ne doutèrent pas que je ne me fusse fait honneur du travail d'autrui. Pour vérifier la chose, un matin M. de Nangis vint me trouver avec une cantate de Clerambault, qu'il avoit transposée, disoit-il, pour la commodité de la voix, et à laquelle il falloit faire une autre basse, la transposition rendant celle de Clerambault impraticable sur l'instrument. Je répondis que c'étoit un travail considérable, et qui ne pouvoit être fait sur-le-champ. Il crut que je cherchois une défaite, et me pressa de lui faire au moins la basse d'un récitatif. Je la fis donc, mal sans doute, parce qu'en toute chose il me faut, pour bien faire, mes aises et ma liberté : mais je la fis du moins dans les règles : et comme il étoit présent, il ne put douter que je ne susse les éléments de la composition. Ainsi je ne perdis pas mes écolières, mais je me refroidis un peu sur la musique, voyant qu'on faisoit un concert et que l'on s'y passoit de moi.

Ce fut à peu près dans ce temps-là que, la paix étant faite [1], l'armée françoise repassa les monts. Plusieurs officiers vinrent voir maman, entre autres M. le comte de Lautrec, colonel du régiment d'Orléans, depuis plénipotentiaire à Genève, et enfin maréchal de France, auquel elle me présenta. Sur ce qu'elle lui dit, il parut s'intéresser beaucoup à moi, et me promit beaucoup de choses, dont il ne s'est souvenu que la dernière année de sa vie, lorsque je n'avois plus besoin de lui. Le jeune marquis de Sennecterre, dont le père étoit alors ambassadeur à Turin, passa dans le même temps à Chambéri. Il dîna chez madame de Menthon : j'y dînois aussi ce jour-là. Après le dîner il fut question de musique : il la savoit très-bien. L'opéra de Jephté [2] étoit alors dans sa nouveauté ;

---

[1] Le 3 octobre 1735 les préliminaires de la paix furent signés à Vienne.

[2] Tragédie lyrique de l'abbé Pellegrin, musique de Monteclaire,

il en parla, on le fit apporter. Il me fit frémir en me proposant d'exécuter à nous deux cet opéra, et tout en ouvrant le livre il tomba sur ce morceau célèbre à deux chœurs:

> La terre, l'enfer, le ciel même,
> Tout tremble devant le Seigneur.

Il me dit: Combien voulez-vous faire de parties? je ferai pour ma part ces six-là. Je n'étois pas encore accoutumé à cette pétulance françoise; et, quoique j'eusse quelquefois ânonné des partitions, je ne comprenois pas comment le même homme pouvoit faire en même temps six parties ni même deux. Rien ne m'a plus coûté dans l'exercice de[1] la musique que de sauter aussi légèrement d'une partie à l'autre, et d'avoir l'œil à la fois sur toute une partition. A la manière dont je me tirai de cette entreprise, M. de Sennecterre dut être tenté de croire que je ne savois pas la musique. Ce fut peut-être pour vérifier ce doute qu'il me proposa de noter une chanson qu'il vouloit donner à mademoiselle de Menthon. Je ne pouvois m'en défendre. Il chanta la chanson; je l'écrivis, même sans le faire beaucoup répéter. Il la lut ensuite, et

représentée pour la première fois le 4 mars 1732. Elle eut un très-grand succès. Le cardinal de Noailles la fit défendre. Reprise en 1733, encore interrompue, elle reparut en 1734 et 1735 avec des changements. (Note de M. Musset-Pathay.)

[1] « Dans la pratique de.. »

trouva, comme il étoit vrai, qu'elle étoit très-correctement notée. Il avoit vu mon embarras, il prit plaisir à faire valoir ce petit succès. C'étoit pourtant une chose très-simple. Au fond je savois fort bien la musique ; je ne manquois que de cette vivacité du premier coup d'œil que je n'eus jamais sur rien, et qui ne s'acquiert en musique que par une pratique consommée. Quoi qu'il en soit, je fus sensible à l'honnête soin qu'il prit d'effacer dans l'esprit des autres et dans le mien la petite honte que j'avois eue ; et douze ou quinze ans après, me rencontrant avec lui dans diverses maisons de Paris, je fus tenté plusieurs fois de lui rappeler cette anecdote, et de lui montrer que j'en gardois le souvenir. Mais il avoit perdu les yeux depuis ce temps-là : je craignis de renouveler ses regrets en lui rappelant l'usage qu'il en avoit su faire, et je me tus...

Je touche au moment qui commence à lier mon existence passée avec la présente. Quelques amitiés de ce temps-là prolongées jusqu'à celui-ci me sont devenues bien précieuses. Elles m'ont souvent fait regretter cette heureuse obscurité où ceux qui se disoient mes amis l'étoient et m'aimoient pour moi, par pure bienveillance, non par la vanité d'avoir des liaisons avec un homme connu, ou par le désir secret de trouver ainsi plus d'occasions de lui nuire. C'est d'ici que je date ma première connoissance avec mon vieux ami Gauffecourt, qui m'est toujours resté, malgré les efforts qu'on a faits pour me l'ôter. Toujours resté! non. Hélas! je viens de le perdre. Mais il n'a cessé de m'aimer qu'en cessant de vivre, et notre amitié n'a fini qu'avec lui. M. de Gauffecourt étoit un des hommes les plus aimables qui aient existé. Il étoit impossible de le voir sans l'aimer, et de vivre avec lui sans s'y attacher tout-à-fait. Je n'ai vu de ma vie une physionomie plus ouverte, plus caressante, qui eût plus de sérénité, qui marquât plus de sentiment et d'esprit, qui inspirât plus de confiance. Quelque réservé qu'on pût être, on ne pouvoit, de la première vue, se défendre d'être aussi familier avec lui que si on l'eût connu depuis vingt ans; et moi qui avois tant de peine d'être à mon aise avec les nouveaux visages, j'y fus avec lui du premier moment. Son ton, son accent, son propos, accompagnoient parfaitement sa physionomie. Le son de sa voix étoit net, plein, bien timbré, une belle voix de basse, étoffée et mordante, qui remplissoit l'oreille et sonnoit au cœur. Il est impossible d'avoir une gaieté plus égale et plus douce, des grâces plus vraies et plus simples, des talents plus agréables et cultivés avec plus de goût. Joignez à cela un cœur aimant, mais aimant un peu trop tout le monde, un caractère officieux avec peu de choix, servant ses amis avec zèle, ou plutôt se faisant l'ami des gens qu'il pouvoit servir, et sachant faire très-adroitement ses propres affaires en faisant très-chaudement celles d'autrui. Gauffecourt étoit fils d'un simple horloger, et avoit été horloger lui-même. Mais sa figure et son mérite l'appeloient dans une autre sphère, où il ne tarda pas d'entrer. Il fit connoissance avec M. de La Closure[1], résident de France à Genève, qui le prit en amitié. Il lui procura à Paris d'autres connoissances qui lui furent utiles, et par lesquelles il parvint à avoir la fourniture des sels du Valais, qui lui valoit vingt mille livres de rente. Sa fortune, assez belle, se borna là du côté des hommes ; mais du côté des femmes la presse y étoit : il eut à choisir, et fit ce qu'il voulut[1]. Ce qu'il y eut de plus rare et de plus honorable pour lui fut qu'ayant des liaisons dans tous les états, il fut partout chéri, recherché de tout le monde, sans jamais être envié ni haï de personne ; et je crois qu'il est mort sans avoir eu de sa vie un seul ennemi. Heureux homme ! Il venoit tous les ans aux bains d'Aix, où se rassemble la bonne compagnie des pays voisins. Lié avec toute la noblesse de Savoie, il venoit d'Aix à Chambéri voir le comte de Bellegarde, et son père le marquis d'Antremont, chez qui maman fit et me fit faire connoisance avec lui. Cette connoissance, qui sembloit devoir n'aboutir à rien, et fut nombre d'années interrompue, se renouvela dans l'occasion que je dirai, et devint un véritable attachement. C'est assez pour m'autori-

[1] Var. « Il eut à choisir, il choisit tout, et fit... »

ser à parler d'un ami avec qui j'ai été si étroitement lié; mais, quand je ne prendrois aucun intérêt personnel à sa mémoire, c'étoit un homme si aimable et si heureusement né, que, pour l'honneur de l'espèce humaine, je la croirois toujours bonne à conserver. Cet homme si charmant avoit pourtant ses défauts ainsi que les autres, comme on pourra voir ci-après : mais s'il ne les eût pas eus, peut-être eût-il été moins aimable. Pour le rendre intéressant autant qu'il pouvoit l'être, il falloit qu'on eût quelque chose à lui pardonner.

Une autre liaison du même temps n'est pas éteinte, et me leurre encore de cet espoir du bonheur temporel, qui meurt si difficilement dans le cœur de l'homme. M. de Conzié, gentilhomme savoyard, alors jeune et aimable, eut la fantaisie d'apprendre la musique, ou plutôt de faire connoissance avec celui qui l'enseignoit. Avec de l'esprit et du goût pour les belles connoissances, M. de Conzié avoit une douceur de caractère qui le rendoit très-liant, et je l'étois beaucoup moi-même pour les gens en qui je la trouvois. La liaison fut bientôt faite[1]. Le germe de littérature et de

---

[1] Je l'ai revu depuis, et je l'ai trouvé totalement transformé. O le grand magicien que M. de Choiseul! Aucune de mes anciennes connoissances n'a échappé à ses métamorphoses[*].

[*] Cette note, qui est dans le premier manuscrit, ne se retrouve point dans l'édition de Genève.

philosophie qui commençoit à fermenter dans ma tête, et qui n'attendoit qu'un peu de culture et d'émulation pour se développer tout-à-fait, les trouvoit en lui. M. de Conzié avoit peu de disposition pour la musique : ce fut un bien pour moi ; les heures des leçons se passoient à toute autre chose qu'à solfier. Nous déjeunions, nous causions, nous lisions quelques nouveautés, et pas un mot de musique. La correspondance de Voltaire avec le prince royal de Prusse faisoit du bruit alors [1] : nous nous entretenions souvent de ces deux hommes célèbres, dont l'un, depuis peu sur le trône [2], s'annonçoit déjà tel qu'il devoit dans peu se montrer, et dont l'autre, aussi décrié qu'il est admiré maintenant, nous faisoit plaindre sincèrement le malheur qui sembloit le poursuivre, et qu'on voit si souvent être l'apanage des grands talents. Le prince de Prusse avoit été peu heureux dans sa jeunesse ; et Voltaire sembloit fait pour ne l'être jamais. L'intérêt que nous prenions à l'un et à l'autre s'étendoit à tout ce qui s'y rapportoit. Rien de tout ce qu'écrivoit Voltaire ne nous échappoit. Le goût que je pris à ces lectures

---

[1] * Cette correspondance avoit commencé le 8 août 1736, par une lettre de Frédéric, qui n'étoit que prince royal. Elle étoit composée de cent vingt-trois lettres lorsque ce prince monta sur le trône. Comme elles ne furent réunies qu'en 1745, Rousseau ne peut parler que de celles qui parurent isolément, et que Voltaire, flatté d'une pareille correspondance, faisoit circuler, n'ayant aucun motif d'être discret. (Note de M. Musset-Pathay.)

[2] * Le premier juin 1740.

m'inspira le désir d'apprendre à écrire avec élégance, et de tâcher à imiter le beau coloris de cet auteur, dont j'étois enchanté. Quelque temps après parurent ses Lettres philosophiques [1]. Quoiqu'elles ne soient assurément pas son meilleur ouvrage, ce fut celui qui m'attira le plus vers l'étude, et ce goût naissant ne s'éteignit plus depuis ce temps-là.

Mais le moment n'étoit pas venu de m'y livrer tout de bon ! Il me restoit encore une humeur un peu volage, un désir d'aller et venir, qui s'étoit plutôt borné qu'éteint, et que nourrissoit le train de la maison de madame de Warens, trop bruyant pour mon humeur solitaire. Ce tas d'inconnus qui lui affluoient journellement de toutes parts, et la persuasion où j'étois que ces gens-là ne cherchoient qu'à la duper chacun à sa manière, me faisoient un vrai tourment de mon habitation. Depuis qu'ayant succédé à Claude Anet dans la confidence de sa maîtresse je suivois de plus près l'état de ses affaires, j'y voyois un progrès en mal dont j'étois effrayé. J'avois cent fois remontré, prié, pressé, conjuré, et toujours inutilement. Je m'étois jeté à ses pieds, je lui avois fortement représenté la catastrophe qui la menaçoit, je l'avois vivement exhortée à réformer sa dépense, à com-

---

[1] * La première édition de ces lettres est de 1734. Ainsi Rousseau commet une erreur en supposant qu'elles ne parurent qu'après la correspondance. (Note de M. Musset-Pathay.)

mencer par moi, à souffrir plutôt un peu tandis qu'elle étoit encore jeune que, multipliant toujours ses dettes et ses créanciers, de s'exposer sur ses vieux jours à leurs vexations et à la misère. Sensible à la sincérité de mon zèle, elle s'attendrissoit avec moi, et me promettoit les plus belles choses du monde. Un croquant arrivoit-il, à l'instant tout étoit oublié. Après mille épreuves de l'inutilité de mes remontrances, que me restoit-il à faire que de détourner les yeux du mal que je ne pouvois pas prévenir ? Je m'éloignois de la maison dont je ne pouvois garder la porte ; je faisois de petits voyages à Nyon, à Genève, à Lyon, qui, m'étourdissant sur ma peine secrète, en augmentoient en même temps le sujet par ma dépense. Je puis jurer que j'en aurois souffert tous les retranchements avec joie si maman eût vraiment profité de cette épargne : mais certain que ce que je me refusois passoit à des fripons, j'abusois de sa facilité pour partager avec eux, et, comme le chien qui revient de la boucherie, j'emportois mon lopin du morceau que je n'avois pu sauver.

Les prétextes ne me manquoient pas pour tous ces voyages ; et maman seule m'en eût fourni de reste, tant elle avoit partout de liaisons, de négociations, d'affaires, de commissions à donner à quelqu'un de sûr. Elle ne demandoit qu'à m'envoyer, je ne demandois qu'à aller ; cela ne pouvoit manquer de faire une vie assez ambulante. Ces voyages me mirent à portée de faire quelques bonnes connoissances, qui m'ont été dans la suite agréables ou utiles; entre autres à Lyon celle de M. Perrichon, que je me reproche de n'avoir pas assez cultivée, vu les bontés qu'il a eues pour moi; celle du bon Parisot, dont je parlerai dans son temps; à Grenoble, celles de madame Deybens et de madame la présidente de Bardonanche, femme de beaucoup d'esprit, et qui m'eût pris en amitié si j'avois été à portée de la voir plus souvent; à Genève, celle de M. de La Closure, résident de France, qui me parloit souvent de ma mère, dont malgré la mort et le temps son cœur n'avoit pu se déprendre; celle des deux Barillot, dont le père, qui m'appeloit son petit-fils, étoit d'une société très-aimable, et l'un des plus dignes hommes que j'aie jamais connus. Durant les troubles de la république ces deux citoyens se jeterent dans les deux partis contraires; le fils dans celui de la bourgeoisie, le père dans celui des magistrats : et lorsqu'on prit les armes en 1737, je vis, étant à Genève, le père et le fils sortir armés de la même maison, l'un pour monter à l'hôtel-de-ville, l'autre pour se rendre à son quartier, sûrs de se trouver deux heures après l'un vis-à-vis de l'autre exposés à s'entr'égorger. Ce spectacle affreux me fit une impression si vive, que je jurai de ne tremper jamais dans aucune guerre civile, et de ne soutenir jamais au-dedans la liberté par les armes, ni de ma personne ni de mon aveu, si j'amais je rentrois dans mes droits de citoyen. Je me rends le témoignage d'avoir tenu ce serment dans une occasion délicate; et l'on trouvera, du moins je le pense, que cette modération fut de quelque prix.

Mais je n'en étois pas encore à cette première fermentation de patriotisme que Genève en armes excita dans mon cœur. On jugera combien j'en étois loin par un fait très-grave à ma charge, que j'ai oublié de mettre à sa place, et qui ne doit pas être omis.

Mon oncle Bernard étoit, depuis quelques années, passé dans la Caroline pour y faire bâtir la ville de Charlestown, dont il avoit donné le plan: il y mourut peu après. Mon pauvre cousin étoit aussi mort au service du roi de Prusse, et ma tante perdit ainsi son fils et son mari presque en même temps. Ces pertes réchauffèrent un peu son amitié pour le plus proche parent qui lui restât et qui étoit moi. Quand j'allois à Genève je logeois chez elle, et je m'amusois à fureter et feuilleter les livres et papiers que mon oncle avoit laissés. J'y trouvai beaucoup de pièces curieuses, et des lettres dont assurément on ne se douteroit pas. Ma tante, qui faisoit peu de cas de ces paperasses, m'eût laissé tout emporter si j'avois voulu. Je me contentai de deux ou trois livres commentés de la main de mon grand-père Bernard le ministre, et entre autres les OEuvres posthumes de Rohault, in-4°, dont les marges étoient pleines d'excellentes scolies qui me firent aimer les mathématiques. Ce livre est resté parmi ceux de madame de Warens ; j'ai toujours été fâché de ne l'avoir pas gardé. A ces livres je joignis cinq ou six mémoires manuscrits, et un seul imprimé qui étoit du fameux Micheli Ducret, homme d'un grand talent, savant, éclairé, mais trop remuant, traité bien cruellement par les magistrats de Genève, et mort dernièrement dans la forteresse d'Arberg, où il étoit enfermé depuis longues années, pour avoir, disoit-on, trempé dans la conspiration de Berne.

Ce mémoire étoit une critique assez judicieuse de ce grand et ridicule plan de fortification qu'on a exécuté en partie à Genève, à la grande risée des gens du métier, qui ne savent pas le but secret qu'avoit le Conseil dans l'exécution de cette magnifique entreprise. M. Micheli, ayant été exclus de la chambre des fortifications pour avoir blâmé ce plan, avoit cru, comme membre des Deux-Cents, et même comme citoyen, pouvoir en dire son avis plus au long ; et c'étoit ce qu'il avoit fait par ce mémoire, qu'il eut l'imprudence de faire imprimer, mais non pas publier ; car il n'en fit tirer que le nombre d'exemplaires qu'il envoyoit aux Deux-Cents, et qui furent tous interceptés à la poste par ordre du petit Conseil. Je trouvai ce mémoire parmi les papiers de mon oncle avec la réponse qu'il avoit été chargé d'y faire, et j'emportai l'un et l'autre. J'avois fait ce voyage peu après ma sortie du cadastre, et j'étois demeuré en quelque liaison avec l'avocat Coccelli, qui en étoit le chef. Quelque temps après, le directeur de la douane s'avisa de me prier de lui tenir un enfant, et me donna madame Coccelli pour commère. Les honneurs me tournoient la tête ; et, fier d'appartenir de si près à monsieur l'avocat, je tâchois de faire l'important pour me montrer digne de cette gloire.

Dans cette idée je crus ne pouvoir rien faire de mieux que de lui faire voir mon mémoire imprimé de M. Micheli, qui réellement étoit une pièce rare, pour lui prouver que j'appartenois à des notables de Genève qui savoient les secrets de l'état. Cependant, par une demi-réserve dont j'aurois peine à rendre raison, je ne lui montrai point la réponse de mon oncle à ce mémoire, peut-être parce qu'elle étoit manuscrite, et qu'il ne falloit à monsieur l'avocat que du moulé. Il sentit pourtant si bien le prix de l'écrit que j'eus la bêtise de lui confier, que je ne pus jamais le ravoir ni le revoir, et que, bien convaincu de l'inutilité de mes efforts, je me fis un mérite de la chose et transformai ce vol en présent. Je ne doute pas un moment qu'il n'ait bien fait valoir à la cour de Turin cette pièce, plus curieuse cependant qu'utile, et qu'il n'ait eu grand soin de se faire rembourser de manière ou d'autre de l'argent qu'il lui en avoit dû coûter pour l'acquérir. Heureusement, de tous les futurs contingents, un des moins probables est qu'un jour le roi de Sardaigne assiégera Genève. Mais comme il n'y a pas d'impossibilité à la chose, j'aurai toujours à reprocher à ma sotte vanité d'avoir montré les plus grands défauts de cette place à son plus ancien ennemi.

Je passai deux ou trois ans de cette façon entre la musique, les magistères, les projets, les voyages, flottant incessamment d'une chose à l'autre, cherchant à me fixer sans savoir à quoi, mais entraîné pourtant par degrés vers l'étude, voyant des gens de lettres, entendant parler de littérature, me mêlant quelquefois d'en parler moi-même, et prenant plutôt le jargon des livres que la connoissance de leur contenu. Dans mes voyages de Genève j'allois de temps en temps voir en passant mon ancien bon ami M. Simon, qui fomentoit beaucoup mon émulation naissante par des nouvelles toutes fraîches de la république des lettres, tirées de Baillet ou de Colomiés. Je voyois aussi beaucoup à Chambéri un jacobin, professeur de physique, bon homme de moine, dont j'ai oublié le nom, et qui faisoit souvent de petites expériences qui m'amusoient extrêmement. Je voulus à son exemple [1] faire de l'encre de sympathie. Pour cet effet, après avoir rempli une bouteille plus qu'à demi de chaux vive,

[1] Var. « A son exemple, et aidé des Récréations mathématiques « d'Ozanam. »

d'orpiment et d'eau, je la bouchai bien: L'effervescence commença presqu'à l'instant très-violemment. Je courus à la bouteille pour la déboucher, mais je n'y fus pas à temps; elle me sauta au visage comme une bombe. J'avalai de l'orpiment, de la chaux; j'en faillis mourir. Je restai aveugle plus de six semaines; et j'appris ainsi à ne pas me mêler de physique expérimentale sans en savoir les éléments [1].

Cette aventure m'arriva mal à propos pour ma santé, qui depuis quelque temps s'altéroit sensiblement. Je ne sais d'où venoit qu'étant bien conformé par le coffre et ne faisant d'excès d'aucune espèce, je déclinois à vue d'œil. J'ai une assez bonne carrure, la poitrine large, mes poumons doivent y jouer à l'aise; cependant j'avois la courte haleine, je me sentois oppressé, je soupirois involontairement, j'avois des palpitations, je crachois du sang, la fièvre lente survint, et je n'en ai jamais été bien quitte. Comment peut-on tomber dans cet état à la fleur de l'âge, sans avoir aucun viscère vicié, sans avoir rien fait pour détruire sa santé?

L'épée use le fourreau, dit-on quelquefois. Voilà mon histoire. Mes passions m'ont fait vivre, et mes passions m'ont tué. Quelles passions? dira-t-on.

---

[1] Cet accident arriva le 27 juin 1737. La date en est précise d'après le testament que fit Rousseau, qui, comme il le dit, *faillit en mourir*. Ce testament a été publié en 1820.

Des riens, les choses du monde les plus puériles, mais qui m'affectoient comme s'il se fût agi de la possession d'Hélène ou du trône de l'univers. D'abord les femmes. Quand j'en eus une, mes sens furent tranquilles, mais mon cœur ne le fut jamais. Les besoins de l'amour me dévoroient au sein de la jouissance. J'avois une tendre mère, une amie chérie; mais il me falloit une maîtresse. Je me la figurois à sa place; je me la créois de mille façons pour me donner le change à moi-même. Si j'avois cru tenir maman dans mes bras quand je l'y tenois, mes étreintes n'auroient pas été moins vives, mais tous mes désirs se seroient éteints ; j'aurois sangloté de tendresse, mais je n'aurois pas joui. Jouir! ce sort est-il fait pour l'homme? Ah! si jamais une seule fois en ma vie j'avois goûté dans leur plénitude toutes les délices de l'amour, je n'imagine pas que ma frêle existence y eût pu suffire; je serois mort sur le fait.

J'étois donc brûlant d'amour sans objet; et c'est peut-être ainsi qu'il épuise le plus. J'étois inquiet, tourmenté du mauvais état des affaires de ma pauvre maman, et de son imprudente conduite, qui ne pouvoit manquer d'opérer sa ruine totale en peu de temps. Ma cruelle imagination, qui va toujours au-devant des malheurs, me montroit celui-là sans cesse dans tout son excès et dans toutes ses suites. Je me voyois d'avance forcément séparé par la misère de celle à qui j'avois consacré ma vie, et sans qui je n'en pouvois jouir. Voilà comment j'avois toujours l'ame agitée. Les désirs et les craintes me dévoroient alternativement.

La musique étoit pour moi une autre passion moins fougueuse, mais non moins consumante par l'ardeur avec laquelle je m'y livrois, par l'étude opiniâtre des obscurs livres de Rameau, par mon invincible obstination à vouloir en charger ma mémoire, qui s'y refusoit toujours, par mes courses continuelles, par les compilations immenses que j'entassois, passant très-souvent à copier les nuits entières. Et pourquoi m'arrêter aux choses permanentes, tandis que toutes les folies qui passoient dans mon inconstante tête, les goûts fugitifs d'un seul jour, un voyage, un concert, un souper, une promenade à faire, un roman à lire, une comédie à voir, tout ce qui étoit le moins du monde prémédité dans mes plaisirs ou dans mes affaires, devenoit pour moi tout autant de passions violentes, qui dans leur impétuosité ridicule me donnoient le plus vrai tourment? La lecture des malheurs imaginaires de Cléveland, faite avec fureur et souvent interrompue, m'a fait faire, je crois, plus de mauvais sang que les miens.

Il y avoit un Génevois nommé M. Bagueret, lequel avoit été employé sous Pierre-le-Grand à la cour de Russie; un des plus vilains hommes[1] et

[1] Var. «...Des plus vilains hommes malgré sa belle figure et...»

des plus grands fous que j'aie jamais vus, toujours plein de projets aussi fous que lui, qui faisoit tomber les millions comme la pluie, et à qui les zéro ne coûtoient rien. Cet homme, étant venu à Chambéri pour quelque procès au sénat, s'empara de maman comme de raison, et, pour ses trésors de zéro qu'il lui prodiguoit généreusement, lui tiroit ses pauvres écus pièce à pièce. Je ne l'aimois point : il le voyoit ; avec moi cela n'est pas difficile : il n'y avoit sorte de bassesse qu'il n'employât pour me cajoler. Il s'avisa de me proposer d'apprendre les échecs, qu'il jouoit un peu. J'essayai presque malgré moi ; et, après avoir tant bien que mal appris la marche, mon progrès fut si rapide, qu'avant la fin de la première séance je lui donnai la tour qu'il m'avoit donnée en commençant. Il ne m'en fallut pas davantage : me voilà forcené des échecs. J'achète un échiquier, j'achète le Calabrois ; je m'enferme dans ma chambre, j'y passe les jours et les nuits à vouloir apprendre par cœur toutes les parties, à les fourrer dans ma tête bon gré, mal gré, à jouer seul sans relâche et sans fin. Après deux ou trois mois de ce beau travail et d'efforts inimaginables, je vais au café, maigre, jaune, et presque hébété. Je m'essaie, je rejoue avec M. Bagueret : il me bat une fois, deux fois, vingt fois : tant de combinaisons s'étoient brouillées dans ma tête, et mon imagination s'étoit si bien amortie, que je ne voyois plus qu'un nuage devant moi. Toutes les fois qu'avec le livre de Philidore ou celui de Stamma j'ai voulu m'exercer à étudier des parties, la même chose m'est arrivée; et après m'être épuisé de fatigue, je me suis trouvé plus foible qu'auparavant. Du reste, que j'aie abandonné les échecs, ou qu'en jouant je me sois remis en haleine, je n'ai jamais avancé d'un cran depuis cette première séance, et je me suis toujours retrouvé au même point où j'étois en la finissant. Je m'exercerois des milliers de siècles, que je finirois par pouvoir donner la tour à Bagueret, et rien de plus. Voilà du temps bien employé! direz-vous. Et je n'y en ai pas employé peu. Je ne finis ce premier essai que quand je n'eus plus la force de continuer. Quand j'allai me montrer sortant de ma chambre, j'avois l'air d'un déterré, et, suivant le même train, je n'aurois pas resté déterré long-temps. On conviendra qu'il est difficile, et surtout dans l'ardeur de la jeunesse, qu'une pareille tête laisse toujours le corps en santé.

L'altération de la mienne agit sur mon humeur, et tempéra l'ardeur de mes fantaisies. Me sentant affoiblir, je devins plus tranquille et perdis un peu la fureur des voyages. Plus sédentaire, je fus pris non de l'ennui, mais de la mélancolie; les vapeurs succédèrent aux passions; ma langueur devint tristesse; je pleurois et soupirois à propos de rien; je sentois la vie m'échapper sans l'avoir goûtée; je gémissois sur l'état où je laissois ma pauvre maman, sur celui où je la voyois prête à tomber; je puis dire que la quitter et la laisser à plaindre étoit mon unique regret. Enfin je tombai tout-à-fait malade. Elle me soigna comme jamais mère n'a soigné son enfant; et cela lui fit du bien à elle-même, en faisant diversion aux projets et tenant écartés les projeteurs. Quelle douce mort si alors elle fût venue! Si j'avois peu goûté les biens de la vie, j'en avois peu senti les malheurs. Mon ame paisible pouvoit partir sans le sentiment cruel de l'injustice des hommes, qui empoisonne la vie et la mort. J'avois la consolation de me survivre dans la meilleure moitié de moi-même; c'étoit à peine mourir. Sans les inquiétudes que j'avois sur son sort, je serois mort comme j'aurois pu m'endormir, et ces inquiétudes mêmes avoient un objet affectueux et tendre qui en tempéroit l'amertume. Je lui disois : Vous voilà dépositaire de tout mon être; faites en sorte qu'il soit heureux. Deux ou trois fois, quand j'étois le plus mal, il m'arriva de me lever dans la nuit, et de me traîner à sa chambre pour lui donner, sur sa conduite, des conseils, j'ose dire pleins de justesse et de sens, mais où l'intérêt que je prenois à son sort se marquoit mieux que toute autre chose. Comme si les pleurs étoient ma nourriture et mon remède, je me fortifiois de ceux que je versois auprès d'elle, avec elle, assis sur son lit, et tenant ses mains dans les miennes. Les heures couloient dans ces entretiens nocturnes, et je m'en retournois en meilleur état que je n'étois venu ; content et calme dans les promesses qu'elle m'avoit faites, dans les espérances qu'elle m'avoit données, je m'endormois là-dessus avec la paix du cœur et la résignation à la Providence. Plaise à Dieu qu'après tant de sujets[1] de haïr la vie, après tant d'orages qui ont agité la mienne, et qui ne m'en font plus qu'un fardeau, la mort qui doit la terminer me soit aussi peu cruelle qu'elle me l'eût été dans ce moment-là !

A force de soins, de vigilance et d'incroyables peines, elle me sauva ; et il est certain qu'elle seule pouvoit me sauver. J'ai peu de foi à la médecine des médecins, mais j'en ai beaucoup à celle des vrais amis ; les choses dont notre bonheur dépend se font toujours beaucoup mieux que toutes les autres. S'il y a dans la vie un sentiment délicieux, c'est celui que nous éprouvâmes d'être rendus l'un à l'autre. Notre attachement mutuel n'en augmenta pas, cela n'étoit pas possible ; mais il prit je ne sais quoi de plus intime, de plus touchant dans sa grande simplicité. Je devenois tout-à-fait son œuvre, tout-à-fait son enfant, et plus que si

---

[1] Var. « Qu'avec tant de sujets. »

elle eût été ma vraie mère. Nous commençâmes, sans y songer, à ne plus nous séparer l'un de l'autre, à mettre en quelque sorte notre existence en commun; et, sentant que réciproquement nous nous étions non seulement nécessaires, mais suffisants, nous nous accoutumâmes à ne plus penser à rien d'étranger à nous, à borner absolument notre bonheur et tous nos désirs à cette possession mutuelle, et peut-être unique parmi les humains, qui n'étoit point, comme je l'ai dit, celle de l'amour, mais une possession plus essentielle, qui, sans tenir aux sens, au sexe, à l'âge, à la figure, tenoit à tout ce par quoi l'on est soi, et qu'on ne peut perdre qu'en cessant d'être.

A quoi tint-il que cette précieuse crise n'amenât le bonheur du reste de ses jours et des miens? Ce ne fut pas à moi, je m'en rends le consolant témoignage. Ce ne fut pas non plus à elle, du moins à sa volonté. Il étoit écrit que bientôt l'invincible naturel[1] reprendroit son empire. Mais ce fatal retour ne se fit pas tout d'un coup. Il y eut, grâce au ciel, un intervalle : court et précieux intervalle, qui n'a pas fini par ma faute, et dont je ne me reprocherai pas d'avoir mal profité!

Quoique guéri de ma grande maladie, je n'avois pas repris ma vigueur. Ma poitrine n'étoit pas ré-

[1] Var. « L'invincible nature... »

tablie ; un reste de fièvre duroit toujours, et me tenoit en langueur. Je n'avois plus de goût à rien qu'à finir mes jours près de celle qui m'étoit chère, à la maintenir dans ses bonnes résolutions, à lui faire sentir en quoi consistoit le vrai charme d'une vie heureuse, à rendre la sienne telle, autant qu'il dépendoit de moi. Mais je voyois, je sentois même que dans une maison sombre et triste la continuelle solitude du tête-à-tête deviendroit à la fin triste aussi. Le remède à cela se présenta comme de lui-même. Maman m'avoit ordonné le lait, et vouloit que j'allasse le prendre à la campagne. J'y consentis pourvu qu'elle y vînt avec moi. Il n'en fallut pas davantage pour la déterminer ; il ne s'agit plus que du choix du lieu. Le jardin du faubourg n'étoit pas proprement à la campagne ; entouré de maisons et d'autres jardins, il n'avoit point les attraits d'une retraite champêtre. D'ailleurs, après la mort d'Anet, nous avions quitté ce jardin pour raison d'économie, n'ayant plus à cœur d'y tenir des plantes, et d'autres vues nous faisant peu regretter ce réduit.

Profitant maintenant[1] du dégoût que je lui trouvai pour la ville, je lui proposai de l'abandonner tout-à-fait, et de nous établir dans une solitude agréable, dans quelque petite maison

[1] Var. « Profitant alors. »

assez éloignée pour dérouter les importuns. Elle l'eût fait, et ce parti, que son bon ange et le mien me suggéroient, nous eût vraisemblablement assuré des jours heureux et tranquilles jusqu'au moment où la mort devoit nous séparer. Mais cet état n'étoit pas celui où nous étions appelés. Maman devoit éprouver toutes les peines de l'indigence et du mal-être, après avoir passé sa vie dans l'abondance, pour la lui faire quitter avec moins de regret; et moi, par un assemblage de maux de toute espèce, je devois être un jour un exemple à quiconque, inspiré du seul amour du bien public et de la justice, ose, fort de sa seule innocence, dire ouvertement la vérité aux hommes sans s'étayer par des cabales, sans s'être fait des partis pour le protéger.

Une malheureuse crainte la retint. Elle n'osa quitter sa vilaine maison de peur de fâcher le propriétaire. Ton projet de retraite est charmant, me dit-elle, et fort de mon goût; mais dans cette retraite il faut vivre. En quittant ma prison je risque de perdre mon pain; et quand nous n'en aurons plus dans les bois il en faudra bien retourner chercher à la ville. Pour avoir moins besoin d'y venir ne la quittons pas tout-à-fait. Payons cette petite pension au comte de Saint-Laurent pour qu'il me laisse la mienne. Cherchons quelque réduit assez loin de la ville pour vivre en paix, et assez près pour y revenir toutes les fois qu'il sera nécessaire. Ainsi fut fait. Après avoir un peu cherché, nous nous fixâmes aux Charmettes, une terre de M. de Conzié, à la porte de Chambéri, mais retirée et solitaire comme si l'on étoit à cent lieues. Entre deux coteaux assez élevés est un petit vallon nord et sud au fond duquel coule une rigole entre des cailloux et des arbres. Le long de ce vallon à mi-côte sont quelques maisons éparses, fort agréables pour quiconque aime un asile un peu sauvage et retiré. Après avoir essayé deux ou trois de ces maisons, nous choisîmes enfin la plus jolie, appartenante à un gentilhomme qui étoit au service, appelé M. Noiret. La maison étoit très-logeable. Au devant étoit un jardin en terrasse, une vigne au-dessus, un verger au-dessous, vis-à-vis un petit bois de châtaigniers, une fontaine à portée; plus haut dans la montagne, des prés pour l'entretien du bétail; enfin tout ce qu'il falloit pour le petit ménage champêtre que nous y voulions établir. Autant que je puis me rappeler les temps et les dates, nous en prîmes possession vers la fin de l'été de 1736. J'étois transporté le premier jour que nous y couchâmes. O maman! dis-je à cette chère amie en l'embrassant et l'inondant de larmes d'attendrissement et de joie, ce séjour est celui du bonheur et de l'innocence. Si nous ne les trouvons pas ici l'un avec l'autre, il ne les faut chercher nulle part[1].

[1] La maison qu'habita Rousseau avec madame de Warens aux Charmettes appartient maintenant à M. Raimond, connu par un *Essai sur l'éducation*, un *Éloge de Pascal*, et d'autres ouvrages littéraires et scientifiques. Il a publié une *Notice sur les Charmettes* (in-8°, Chambéri, 1817, deuxième édition), dans laquelle il décrit en détail cette maison, dont l'intérieur et les accessoires subsistent tels qu'ils étoient au temps de Rousseau, et que les voyageurs viennent souvent visiter, attirés autant par la beauté du paysage environnant que par les souvenirs qui s'y lient. Auprès de la porte d'entrée de la maison est une pierre blanche incrustée dans le mur, et que Hérault de Séchelles fit placer en 1792, lorsqu'il étoit commissaire de la convention dans le département du Mont-Blanc. Elle porte l'inscription suivante :

>Réduit par Jean-Jacque habité,
>Tu me rappelles son génie,
>Sa solitude, sa fierté,
>Et ses malheurs et sa folie.
>
>A la gloire, à la vérité
>Il osa consacrer sa vie,
>Et fut toujours persécuté
>Ou par lui-même, ou par l'envie.

FIN DU CINQUIÈME LIVRE.

LIVRE SIXIÈME.

(1736.)

« Hoc erat in votis : modus agri non ita magnus,
« Hortus ubi, et tecto vicinus jugis aquæ fons ;
« Et paulùm sylvæ super his foret. [1]... »

Je ne puis ajouter,

« Auctiùs atque
« Dî meliùs fecère [2] ; »

mais n'importe, il ne m'en falloit pas davantage, il ne m'en falloit pas même la propriété, c'étoit assez pour moi de la jouissance; et il y a long-temps que j'ai dit et senti que le propriétaire et le possesseur sont souvent deux personnes très-différentes, même en laissant à part les maris et les amants.

Ici commence le court bonheur de ma vie; ici viennent les paisibles mais rapides moments qui m'ont donné le droit de dire que j'ai vécu. Mo-

---

[1] « Voilà tout ce que je souhaitois : une terre d'une étendue raisonnable, un jardin, une source d'eau vive près de la maison, et avec cela un petit bois. » Hon., lib. II, sat. vi.

[2] « Les dieux ont été au-delà de mes vœux. » *Id. Ibid.*

ments précieux et si regrettés! ah! recommencez pour moi votre aimable cours, coulez plus lentement dans mon souvenir, s'il est possible, que vous ne fîtes réellement dans votre fugitive succession. Comment ferai-je pour prolonger à mon gré ce récit si touchant et si simple, pour redire toujours les mêmes choses, et n'ennuyer pas plus mes lecteurs en les répétant que je ne m'ennuyois moi-même en les recommençant sans cesse? Encore si tout cela consistoit en faits, en actions, en paroles, je pourrois le décrire et le rendre en quelque façon : mais comment dire ce qui n'étoit ni dit, ni fait, ni pensé même, mais goûté, mais senti, sans que je puisse énoncer d'autre objet de mon bonheur que ce sentiment même? Je me levois avec le soleil, et j'étois heureux; je me promenois, et j'étois heureux; je voyois maman, et j'étois heureux; je la quittois, et j'étois heureux; je parcourois les bois, les coteaux, j'errois dans les vallons, je lisois, j'étois oisif; je travaillois au jardin, je cueillois les fruits, j'aidois au ménage, et le bonheur me suivoit partout : il n'étoit dans aucune chose assignable, il étoit tout en moi-même, il ne pouvoit me quitter un seul instant.

Rien de tout ce qui m'est arrivé durant cette époque chérie, rien de ce que j'ai fait, dit et pensé tout le temps qu'elle a duré, n'est échappé de ma mémoire. Les temps qui précèdent et qui suivent me reviennent par intervalles; je me les rappelle inégalement et confusément : mais je me rappelle celui-là tout entier comme s'il duroit encore. Mon imagination, qui dans ma jeunesse alloit toujours en avant et maintenant rétrograde, compense par ces doux souvenirs l'espoir que j'ai pour jamais perdu. Je ne vois plus rien dans l'avenir qui me tente; les seuls retours du passé peuvent me flatter, et ces retours si vifs et si vrais dans l'époque dont je parle me font souvent vivre heureux malgré mes malheurs.

Je donnerai de ces souvenirs un seul exemple qui pourra faire juger de leur force et de leur vérité. Le premier jour que nous allâmes coucher aux Charmettes, maman étoit en chaise à porteurs, et je la suivois à pied. Le chemin monte : elle étoit assez pesante, et craignant de trop fatiguer ses porteurs, elle voulut descendre à peu près à moitié chemin pour faire le reste à pied. En marchant elle vit quelque chose de bleu dans la haie, et me dit : Voilà de la pervenche encore en fleur. Je n'avois jamais vu de la pervenche, je ne me baissai pas pour l'examiner, et j'ai la vue trop courte pour distinguer à terre les plantes de ma hauteur. Je jetai seulement en passant un coup d'œil sur celle-là, et près de trente ans se sont passés sans que j'aie revu de la pervenche ou que j'y aie fait attention. En 1764, étant à Cressier avec mon ami M. du Peyrou, nous montions une petite montagne au sommet de laquelle il a un joli salon qu'il appelle avec raison Belle-Vue. Je commençois alors d'herboriser un peu. En montant et regardant parmi les buissons, je pousse un cri de joie : *Ah! voilà de la pervenche!* et c'en étoit en effet. Du Peyrou s'aperçut du transport, mais il en ignoroit la cause ; il l'apprendra, je l'espère, lorsqu'un jour il lira ceci. Le lecteur peut juger par l'impression d'un si petit objet de celle que m'ont faite tous ceux qui se rapportent à la même époque.

Cependant l'air de la campagne ne me rendit point ma première santé. J'étois languissant ; je le devins davantage. Je ne pus supporter le lait ; il fallut le quitter. C'étoit alors la mode de l'eau pour tout remède ; je me mis à l'eau, et si peu discrètement, qu'elle faillit me guérir, non de mes maux, mais de la vie. Tous les matins, en me levant, j'allois à la fontaine avec un grand gobelet, et j'en buvois successivement, en me promenant, la valeur de deux bouteilles. Je quittai tout-à-fait le vin à mes repas. L'eau que je buvois étoit un peu crue et difficile à passer, comme sont la plupart des eaux des montagnes. Bref, je fis si bien, qu'en moins de deux mois je me détruisis totalement l'estomac, que j'avois eu très-bon jusqu'alors. Ne digérant plus, je compris qu'il ne falloit plus espérer de guérir. Dans ce même temps il m'arriva un accident aussi singulier par lui-même que par ses suites, qui ne finiront qu'avec moi.

Un matin que je n'étois pas plus mal qu'à l'ordinaire, en dressant une petite table sur son pied, je sentis dans tout mon corps une révolution subite et presque inconcevable. Je ne saurois mieux la comparer qu'à une espèce de tempête qui s'éleva dans mon sang, et gagna dans l'instant tous mes membres. Mes artères se mirent à battre d'une si grande force, que non seulement je sentois leur battement, mais que je l'entendois même, et surtout celui des carotides[1]. Un grand bruit d'oreilles se joignit à cela ; et ce bruit étoit triple ou plutôt quadruple, savoir : un bourdonnement grave et sourd, un murmure plus clair comme d'une eau courante, un sifflement très-aigu, et le battement que je viens de dire, et dont je pouvois aisément compter les coups sans me tâter le pouls ni toucher mon corps de mes mains. Ce bruit interne étoit si grand, qu'il m'ôta la finesse d'ouïe que j'avois auparavant, et me rendit non tout-à-fait sourd, mais dur d'oreille, comme je le suis depuis ce temps-là.

On peut juger de ma surprise et de mon effroi. Je me crus mort ; je me mis au lit : le médecin fut appelé ; je lui contai mon cas en frémissant et le jugeant sans remède. Je crois qu'il en pensa de même ; mais il fit son métier. Il m'enfila de longs raisonnements où je ne compris rien du tout ; puis, en conséquence de sa sublime théorie, il com-

---

[1] Nom des deux artères qui conduisent le sang au cerveau.

mença *in animâ vili* la cure expérimentale qu'il lui plut de tenter. Elle étoit si pénible, si dégoûtante, et opéroit si peu, que je m'en lassai bientôt; et au bout de quelques semaines, voyant que je n'étois ni mieux ni pis, je quittai le lit et repris ma vie ordinaire avec mon battement d'artères et mes bourdonnements, qui depuis ce temps-là, c'est-à-dire depuis trente ans, ne m'ont pas quitté une minute.

J'avois été jusqu'alors grand dormeur. La totale privation du sommeil qui se joignit à tous ces symptômes, et qui les a constamment accompagnés jusqu'ici, acheva de me persuader qu'il me restoit peu de temps à vivre. Cette persuasion me tranquillisa pour un temps sur le soin de guérir. Ne pouvant prolonger ma vie, je résolus de tirer du peu qu'il m'en restoit tout le parti qu'il étoit possible; et cela se pouvoit, par une singulière faveur de la nature, qui, dans un état si funeste, m'exemptoit des douleurs qu'il sembloit devoir m'attirer. J'étois importuné de ce bruit, mais je n'en souffrois pas : il n'étoit accompagné d'aucune autre incommodité habituelle que de l'insomnie durant les nuits, et en tout temps d'une courte haleine qui n'alloit pas jusqu'à l'asthme et ne se faisoit sentir que quand je voulois courir ou agir un peu fortement.

Cet accident, qui devoit tuer mon corps, ne tua que mes passions; et j'en bénis le ciel chaque jour par l'heureux effet qu'il produisit sur mon ame. Je puis bien dire que je ne commençai de vivre que quand je me regardai comme un homme mort. Donnant leur véritable prix aux choses que j'allois quitter, je commençai de m'occuper de soins plus nobles, comme par anticipation sur ceux que j'aurois bientôt à remplir et que j'avois fort négligés jusqu'alors. J'avois souvent travesti la religion à ma mode, mais je n'avois jamais été tout-à-fait sans religion. Il m'en coûta moins de revenir à ce sujet, si triste pour tant de gens, mais si doux pour qui s'en fait un objet de consolation et d'espoir. Maman me fut, en cette occasion, beaucoup plus utile que tous les théologiens ne me l'auroient été.

Elle, qui mettoit toute chose en système, n'avoit pas manqué d'y mettre aussi la religion; et ce système étoit composé d'idées très-disparates, les unes très-saines, les autres très-folles, de sentimens relatifs à son caractère et de préjugés venus de son éducation. En général, les croyants font Dieu comme ils sont eux-mêmes; les bons le font bon, les méchants le font méchant; les dévots, haineux et bilieux, ne voient que l'enfer, parce qu'ils voudroient damner tout le monde; les ames aimantes et douces n'y croient guère; et l'un des étonnemens dont je ne reviens point est de voir le bon Fénélon en parler dans son *Télémaque* comme s'il y croyoit tout de bon : mais j'espère qu'il mentoit alors; car enfin, quelque véridique qu'on soit, il faut bien mentir quelquefois, quand on est évêque. Maman ne mentoit pas avec moi; et cette ame sans fiel, qui ne pouvoit imaginer un Dieu vindicatif et toujours courroucé, ne voyoit que clémence et miséricorde où les dévots ne voient que justice et punition. Elle disoit souvent qu'il n'y auroit point de justice en Dieu d'être juste envers nous, parce que, ne nous ayant pas donné ce qu'il faut pour l'être, ce seroit demander plus qu'il n'a donné. Ce qu'il y avoit de bizarre étoit que, sans croire à l'enfer, elle ne laissoit pas de croire au purgatoire. Cela venoit de ce qu'elle ne savoit que faire des ames des méchants, ne pouvant ni les damner ni les mettre avec les bons jusqu'à ce qu'ils le fussent devenus : et il faut avouer qu'en effet, et dans ce monde et dans l'autre, les méchants sont toujours bien embarrassants.

Autre bizarrerie. On voit que toute la doctrine du péché originel et de la rédemption est détruite par ce système, que la base du christianisme vulgaire en est ébranlée, et que le catholicisme au moins ne peut subsister. Maman, cependant, étoit bonne catholique, ou prétendoit l'être, et il est sûr qu'elle le prétendoit de très-bonne foi. Il lui sembloit qu'on expliquoit trop littéralement et trop durement l'Écriture. Tout ce qu'on y lit des tourments éternels lui paroissoit comminatoire ou figuré. La mort de Jésus-Christ lui paroissoit un exemple de charité vraiment divine pour apprendre aux hommes à aimer Dieu et à s'aimer entre eux de même. En un mot, fidèle à la religion qu'elle avoit embrassée, elle en admettoit sincèrement toute la profession de foi; mais quand on venoit à la discussion de chaque article, il se trouvoit qu'elle croyoit tout autrement que l'Église, toujours en s'y soumettant. Elle avoit là-dessus une simplicité de cœur, une franchise plus éloquente que des ergoteries, et qui souvent embarrassoit jusqu'à son confesseur, car elle ne lui déguisoit rien. Je suis bonne catholique, lui disoit-elle, je veux toujours l'être; j'adopte de toutes les puissances de mon ame les décisions de la sainte mère Église. Je ne suis pas maîtresse de ma foi, mais je le suis de ma volonté. Je la soumets sans réserve, et je veux tout croire. Que me demandez-vous de plus?

Quand il n'y auroit point eu de morale chrétienne, je crois qu'elle l'auroit suivie; tant elle s'adaptoit bien à son caractère. Elle faisoit tout ce qui étoit ordonné; mais elle l'eût fait de même quand il n'auroit pas été ordonné. Dans les choses indifférentes elle aimoit à obéir; et s'il ne lui eût pas été permis, prescrit même, de faire gras, elle auroit fait maigre entre Dieu et elle sans que la prudence eût eu besoin d'y entrer pour rien. Mais toute cette morale étoit subordonnée aux principes de M. de Tavel, ou plutôt elle prétendoit n'y rien voir de contraire. Elle eût couché tous les jours avec vingt hommes en repos de conscience, et même sans en avoir plus de scrupule que de désir. Je sais que force dévotes ne sont pas, sur ce point, plus scrupuleuses; mais la différence est qu'elles sont séduites par leurs passions, et qu'elle ne l'étoit que par ses sophismes. Dans les conversations les plus touchantes, et j'ose dire les plus édifiantes, elle fût tombée sur ce point sans changer ni d'air ni de ton, sans se croire en contradiction avec elle-même. Elle l'eût même interrompue au besoin pour le fait, et puis l'eût reprise avec la même sérénité qu'auparavant : tant elle étoit intimement persuadée que tout cela n'étoit qu'une maxime de police sociale, dont toute personne sensée pouvoit faire l'interprétation, l'application, l'exception, selon l'esprit de la chose, sans le moindre risque d'offenser Dieu. Quoique sur ce point je ne fusse assurément pas de son avis, j'avoue que je n'osois le combattre, honteux du rôle peu galant qu'il m'eût fallu faire pour cela. J'aurois bien cherché d'établir la règle pour les autres, en tâchant de m'en excepter; mais, outre que son tempérament prévenoit assez l'abus de ses principes, je sais qu'elle n'étoit pas femme à prendre le change, et que réclamer l'exception pour moi c'étoit la lui laisser pour tous ceux qu'il lui plairoit. Au reste, je compte ici par occasion cette inconséquence avec les autres, quoiqu'elle ait eu toujours peu d'effet dans sa conduite, et qu'alors elle n'en eût point du tout : mais j'ai promis d'exposer fidèlement ses principes, et je veux tenir cet engagement. Je reviens à moi.

Trouvant en elle toutes les maximes dont j'avois besoin pour garantir mon ame des terreurs de la mort et de ses suites, je puisois avec sécurité dans cette source de confiance. Je m'attachois à elle plus que je n'avois jamais fait; j'aurois voulu transporter tout en elle ma vie que je sentois prête à m'abandonner. De ce redoublement d'attachement pour elle, de la persuasion qu'il me restoit peu de temps à vivre, de ma profonde sécurité sur mon sort à venir, résultoit un état habituel très-calme, et sensuel même, en ce qu'amortissant toutes les passions qui portent au loin nos craintes et nos espérances, il me laissoit jouir sans inquiétude et sans trouble du peu de jours qui m'étoient laissés. Une chose contribuoit à les rendre plus agréables, c'étoit le soin de nourrir son goût pour la campagne par tous les amusements que j'y pouvois rassembler. En lui faisant aimer son jardin, sa basse-cour, ses pigeons, ses vaches, je m'affectionnois moi-même à tout cela ; et ces petites occupations, qui remplissoient ma journée sans troubler ma tranquillité, me valurent mieux que le lait et tous les remèdes pour conserver ma pauvre machine, et la rétablir même autant que cela se pouvoit.

Les vendanges, la récolte des fruits, nous amusèrent le reste de cette année, et nous attachèrent de plus en plus à la vie rustique, au milieu des bonnes gens dont nous étions entourés. Nous vîmes arriver l'hiver avec grand regret, et nous retournâmes à la ville comme nous serions allés en exil; moi surtout, qui, doutant de revoir le printemps, croyois dire adieu pour toujours aux Charmettes. Je ne les quittai pas sans baiser la terre et les arbres, et sans me retourner plusieurs fois en m'en éloignant. Ayant quitté depuis long-temps mes écolières, ayant perdu le goût des amusements et des sociétés de la ville, je ne sortois plus, je ne voyois plus personne, excepté maman, et M. Salomon, devenu depuis peu son médecin et le mien : honnête homme, homme d'esprit, grand cartésien, qui parloit assez bien du système du monde, et dont les entretiens agréables et instructifs me valurent mieux que toutes ses ordonnances. Je n'ai jamais pu supporter ce sot et niais remplissage des conversations ordinaires; mais des conversations utiles et solides m'ont toujours fait grand plaisir, et je ne m'y suis jamais refusé. Je pris beaucoup de goût à celle de M. Salomon : il me sembloit que j'anticipois avec lui sur ces hautes connoissances que mon ame alloit acquérir quand elle auroit perdu ses entraves. Ce goût que j'avois pour lui s'étendit aux sujets qu'il traitoit, et je commençai de rechercher les livres qui pouvoient m'aider à le mieux entendre. Ceux qui mêloient la dévotion aux sciences m'étoient les plus convenables, tels étoient particulièrement ceux de l'Oratoire et de Port-Royal. Je me mis à les lire, ou plutôt à les dévorer. Il m'en tomba dans les mains un du P. Lamy, intitulé *Entretiens sur les Sciences* [1]. C'étoit une espèce d'introduction à la connoissance des livres qui en traitent. Je le lus et relus cent fois ; je résolus d'en faire mon guide. Enfin je me sentis entraîné peu à peu, malgré mon état, ou plutôt par mon état, vers l'étude avec une force irrésistible ; et tout en regardant chaque jour comme le dernier de mes jours, j'étudiois avec autant d'ardeur que si j'avois dû toujours vivre. On disoit que cela me faisoit du mal : je crois, moi, que cela me fit du bien, et non seulement à mon ame, mais à mon corps ; car cette application pour laquelle je me passionnois me devint si délicieuse, que, ne pensant plus à mes maux, j'en étois beaucoup moins affecté. Il est pourtant vrai que rien ne me procuroit un soulagement réel ; mais n'ayant pas de douleurs vives, je m'accoutumois à languir, à ne pas dormir, à penser au lieu d'agir, et enfin à regarder le dépé-

---

[1] * Il ne faut pas confondre le P. *Lamy*, oratorien, mort en 1715, avec le P. *Lami* de la congrégation de Saint-Maur, auteur de plusieurs ouvrages de théologie. C'est du premier qu'il est question ici.

rissement successif et lent de ma machine comme un progrès inévitable que la mort seule pouvoit arrêter.

Non seulement cette opinion me détacha de tous les vains soins de la vie, mais elle me délivra de l'importunité des remèdes, auxquels on m'avoit jusqu'alors soumis malgré moi. Salomon, convaincu que ses drogues ne pouvoient me sauver, m'en épargna le déboire, et se contenta d'amuser la douleur de ma pauvre maman avec quelques-unes de ces ordonnances indifférentes qui leurrent l'espoir du malade et maintiennent le crédit du médecin. Je quittai l'étroit régime ; je repris l'usage du vin et tout le train de vie d'un homme en santé, selon la mesure de mes forces, sobre sur toute chose, mais ne m'abstenant de rien. Je sortis même, et recommençai d'aller voir mes connoissances, surtout M. de Conzié, dont le commerce me plaisoit fort. Enfin, soit qu'il me parût beau d'apprendre jusqu'à ma dernière heure, soit qu'un reste d'espoir de vivre se cachât au fond de mon cœur, l'attente de la mort, loin de ralentir[1] mon goût pour l'étude, sembloit l'animer ; et je me pressois d'amasser un peu d'acquis pour l'autre monde, comme si j'avois cru n'y avoir que celui que j'aurois emporté. Je pris en affection la boutique d'un libraire appelé Bouchard, où se rendoient quelques gens de lettres ; et le printemps

[1] Var. « Loin d'attiédir... »

que j'avois cru ne pas revoir étant proche, je m'assortis de quelques livres pour les Charmettes, en cas que j'eusse le bonheur d'y retourner.

J'eus ce bonheur, et j'en profitai de mon mieux. La joie avec laquelle je vis les premiers bourgeons est inexprimable. Revoir le printemps étoit pour moi ressusciter en paradis. A peine les neiges commençoient à fondre que nous quittâmes notre cachot, et nous fûmes assez tôt aux Charmettes pour y avoir les prémices du rossignol. Dès-lors je ne crus plus mourir : et réellement il est singulier que je n'aie jamais fait de grandes maladies à la campagne. J'y ai beaucoup souffert, mais je n'y ai jamais été alité. Souvent j'ai dit, me sentant plus mal qu'à l'ordinaire : Quand vous me verrez prêt à mourir, portez-moi à l'ombre d'un chêne, je vous promets que j'en reviendrai.

Quoique foible, je repris mes fonctions champêtres, mais d'une manière proportionnée à mes forces. J'eus un vrai chagrin de ne pouvoir faire le jardin tout seul ; mais quand j'avois donné six coups de bêche, j'étois hors d'haleine, la sueur me ruisseloit, je n'en pouvois plus. Quand j'étois baissé, mes battements redoubloient, et le sang me montoit à la tête avec tant de force, qu'il falloit bien vite me redresser. Contraint de me borner à des soins moins fatigants, je pris entre autres celui du colombier, et je m'y affectionnai si fort, que j'y passois souvent plusieurs heures de suite sans m'ennuyer un moment. Le pigeon est fort timide et difficile à apprivoiser; cependant je vins à bout d'inspirer aux miens tant de confiance, qu'ils me suivoient partout, et se laissoient prendre quand je voulois. Je ne pouvois paroître au jardin ni dans la cour sans en avoir à l'instant deux ou trois sur les bras, sur la tête; et enfin, malgré le plaisir que j'y prenois, ce cortège me devint si incommode, que je fus obligé de leur ôter cette familiarité. J'ai toujours pris un singulier plaisir à apprivoiser les animaux, surtout ceux qui sont craintifs et sauvages. Il me paroissoit charmant de leur inspirer une confiance que je n'ai jamais trompée. Je voulois qu'ils m'aimassent en liberté.

J'ai dit que j'avois apporté des livres; j'en fis usage, mais d'une manière moins propre à m'instruire qu'à m'accabler. La fausse idée que j'avois des choses me persuadoit que pour lire un livre avec fruit il falloit avoir toutes les connoissances qu'il supposoit, bien éloigné de penser que souvent l'auteur ne les avoit pas lui-même, et qu'il les puisoit dans d'autres livres à mesure qu'il en avoit besoin. Avec cette folle idée j'étois arrêté à chaque instant, forcé de courir incessamment d'un livre à l'autre; et quelquefois avant d'être à la dixième page de celui que je voulois étudier, il m'eût fallu épuiser des bibliothèques. Cependant je m'obstinai si bien à cette extravagante méthode, que j'y perdis un temps infini, et faillis à me brouiller la tête au point de ne pouvoir plus ni rien voir ni rien savoir. Heureusement je m'aperçus que j'enfilois une fausse route qui m'égaroit dans un labyrinthe immense, et j'en sortis avant d'y être tout-à-fait perdu.

Pour peu qu'on ait un vrai goût pour les sciences, la première chose qu'on sent en s'y livrant, c'est leur liaison, qui fait qu'elles s'attirent, s'aident, s'éclairent mutuellement, et que l'une ne peut se passer de l'autre. Quoique l'esprit humain ne puisse suffire à toutes, et qu'il en faille toujours préférer une comme la principale, si l'on n'a quelque notion des autres, dans la sienne même on se trouve souvent dans l'obscurité. Je sentis que ce que j'avois entrepris étoit bon et utile en lui-même, et qu'il n'y avoit que la méthode à changer. Prenant d'abord l'Encyclopédie, j'allois la divisant dans ses branches. Je vis qu'il falloit faire tout le contraire, les prendre chacune séparément, et les poursuivre chacune à part[1] jusqu'au point où elles se réunissent. Ainsi je revins à la synthèse ordinaire, mais j'y revins en homme qui sait ce qu'il fait. La méditation me tenoit en cela lieu de connoissances, et une réflexion très-naturelle aidoit à me bien guider. Soit que je vécusse ou que je mourusse, je n'avois point de temps à perdre. Ne rien savoir à près de vingt-cinq ans, et vouloir tout apprendre, c'est s'engager à bien

[1] Var. « Et les poursuivre ainsi jusqu'au... »

mettre le temps à profit. Ne sachant à quel point le sort ou la mort pouvoit arrêter mon zèle, je voulois à tout évènement acquérir des idées de toutes choses, tant pour sonder mes dispositions naturelles que pour juger par moi-même de ce qui méritoit le mieux d'être cultivé.

Je trouvai dans l'exécution de ce plan un autre avantage auquel je n'avois pas pensé, celui de mettre beaucoup de temps à profit. Il faut que je ne sois pas né pour l'étude, car une longue application me fatigue à tel point qu'il m'est impossible de m'occuper une demi-heure de suite avec force du même sujet, surtout en suivant les idées d'autrui; car il m'est arrivé quelquefois de me livrer plus long-temps aux miennes, et même avec assez de succès. Quand j'ai suivi durant quelques pages un auteur qu'il faut lire avec application, mon esprit l'abandonne et se perd dans les nuages. Si je m'obstine, je m'épuise inutilement, les éblouissements me prennent, je ne vois plus rien. Mais que des sujets différents se succèdent, même sans interruption, l'un me délasse de l'autre, et, sans avoir besoin de relâche, je les suis plus aisément. Je mis à profit cette observation dans mon plan d'études, et je les entremêlai tellement, que je m'occupois tout le jour, et ne me fatiguois jamais. Il est vrai que les soins champêtres et domestiques faisoient des diversions utiles; mais dans ma ferveur croissante, je trouvai bientôt le moyen d'en ménager encore le temps pour l'étude, et de m'occuper à la fois de deux choses, sans songer que chacune en alloit moins bien.

Dans tant de menus détails qui me charment et dont j'excède souvent mon lecteur, je mets pourtant une discrétion dont il ne se douteroit guère si je n'avois soin de l'en avertir. Ici, par exemple, je me rappelle avec délices tous les différents essais que je fis pour distribuer mon temps de façon que j'y trouvasse à la fois autant d'agrément et d'utilité qu'il étoit possible ; et je puis dire que ce temps où je vivois dans la retraite et toujours malade fut celui de ma vie où je fus le moins oisif et le moins ennuyé. Deux ou trois mois se passèrent ainsi à tâter la pente de mon esprit, et à jouir, dans la plus belle saison de l'année et dans un lieu qu'elle rendoit enchanté, du charme de la vie dont je sentois si bien le prix, de celui d'une société aussi libre que douce, si l'on peut donner le nom de société à une aussi parfaite union, et de celui des belles connoissances que je me proposois d'acquérir ; car c'étoit pour moi comme si je les avois déjà possédées ; ou plutôt c'étoit mieux encore, puisque le plaisir d'apprendre entroit pour beaucoup dans mon bonheur.

Il faut passer sur ces essais, qui tous étoient pour moi des jouissances, mais trop simples pour pouvoir être expliquées. Encore un coup, le vrai bonheur ne se décrit pas ; il se sent, et se sent d'autant mieux qu'il peut le moins se décrire, parce qu'il ne résulte pas d'un recueil de faits, mais qu'il est un état permanent. Je me répète souvent, mais je me répéterois bien davantage si je disois la même chose autant de fois qu'elle me vient dans l'esprit. Quand enfin mon train de vie souvent changé eut pris un cours uniforme, voici à peu près quelle en fut la distribution.

Je me levois tous les matins avant le soleil. Je montois par un verger voisin dans un très-joli chemin qui étoit au-dessus de la vigne, et suivoit la côte jusqu'à Chambéri. Là, tout en me promenant, je faisois ma prière, qui ne consistoit pas en un vain balbutiement de lèvres, mais dans une sincère élévation de cœur à l'auteur de cette aimable nature dont les beautés étoient sous mes yeux. Je n'ai jamais aimé à prier dans la chambre; il me semble que les murs et tous ces petits ouvrages des hommes s'interposent entre Dieu et moi. J'aime à le contempler dans ses œuvres tandis que mon cœur s'élève à lui. Mes prières étoient pures, je puis le dire, et dignes par-là d'être exaucées. Je ne demandois pour moi et pour celle dont mes vœux ne me séparoient jamais qu'une vie innocente et tranquille, exempte du vice, de la douleur, des pénibles besoins, la mort des justes, et leur sort dans l'avenir. Du reste, cet acte se passoit plus en admiration et en contemplation qu'en demandes; et je savois qu'auprès du dispensateur des vrais biens le meilleur moyen d'obtenir ceux qui nous sont nécessaires est moins de les demander que de les mériter. Je revenois en me promenant par un assez grand tour, occupé à considérer avec intérêt et volupté les objets champêtres dont j'étois environné, les seuls dont l'œil et le cœur ne se lassent jamais. Je regardois de loin s'il étoit jour chez maman : quand je voyois son contrevent ouvert, je tressaillois de joie [1] et j'accourois. S'il étoit fermé, j'entrois au jardin en attendant qu'elle fût réveillée, m'amusant à repasser ce que j'avois appris la veille ou à jardiner. Le contrevent s'ouvroit, j'allois l'embrasser dans son lit, souvent encore à moitié endormie; et cet embrassement aussi pur que tendre tiroit de son innocence même un charme qui n'est jamais joint à la volupté des sens.

Nous déjeunions ordinairement avec du café au lait. C'étoit le temps de la journée où nous étions le plus tranquilles, où nous causions le plus à notre aise. Ces séances, pour l'ordinaire assez longues, m'ont laissé un goût vif pour les déjeuners; et je préfère infiniment l'usage d'Angleterre et de Suisse, où le déjeuner est un vrai repas qui rassemble tout le monde, à celui de France, où chacun déjeune seul dans sa chambre, ou le plus souvent ne déjeune point du tout. Après une heure ou deux de causerie j'allois à mes livres jusqu'au dîner. Je

---

[1] Var. « Je tressaillois d'aise et... »

commençois par quelque livre de philosophie, comme la Logique de Port-Royal, l'Essai de Locke, Malebranche, Leibnitz, Descartes, etc. Je m'aperçus bientôt que tous ces auteurs étoient entre eux en contradiction presque perpétuelle, et je formai le chimérique projet de les accorder, qui me fatigua beaucoup et me fit perdre bien du temps. Je me brouillois la tête, et je n'avançois point. Enfin, renonçant encore à cette méthode, j'en pris une infiniment meilleure, et à laquelle j'attribue tout le progrès que je puis avoir fait, malgré mon défaut de capacité; car il est certain que j'en eus toujours fort peu pour l'étude. En lisant chaque auteur, je me fis une loi d'adopter et suivre toutes ses idées sans y mêler les miennes ni celles d'un autre, et sans jamais disputer avec lui. Je me dis: commençons par me faire un magasin d'idées, vraies ou fausses, mais nettes, en attendant que ma tête en soit assez fournie pour pouvoir les comparer et choisir. Cette méthode n'est pas sans inconvénient, je le sais, mais elle m'a réussi dans l'objet de m'instruire. Au bout de quelques années passées à ne penser exactement que d'après autrui, sans réfléchir pour ainsi dire et presque sans raisonner, je me suis trouvé un assez grand fonds d'acquis pour me suffire à moi-même, et penser sans le secours d'autrui. Alors quand les voyages et les affaires m'ont ôté les moyens de consulter les livres, je me suis amusé à repasser et comparer ce que j'avois lu, à peser chaque chose à la balance de la raison, et à juger quelquefois mes maîtres. Pour avoir commencé tard à mettre en exercice ma faculté judiciaire, je n'ai pas trouvé qu'elle eût perdu sa vigueur; et quand j'ai publié mes propres idées, on ne m'a pas accusé d'être un disciple servile et de jurer *in verba magistri*.

Je passois de là à la géométrie élémentaire; car je n'ai jamais été plus loin, m'obstinant à vouloir vaincre mon peu de mémoire à force de revenir cent et cent fois sur mes pas et de recommencer incessamment la même marche. Je ne goûtai pas celle d'Euclide, qui cherche plutôt la chaîne des démonstrations que la liaison des idées; je préférai la géométrie du P. Lamy, qui dès-lors devint un de mes auteurs favoris, et dont je relis encore avec plaisir les ouvrages. L'algèbre suivoit, et ce fut toujours le P. Lamy que je pris pour guide. Quand je fus plus avancé, je pris la Science du calcul du P. Reynaud, puis son Analyse démontrée, que je n'ai fait qu'effleurer. Je n'ai jamais été assez loin pour bien sentir l'application de l'algèbre à la géométrie. Je n'aimois point cette manière d'opérer sans voir ce qu'on fait; et il me sembloit que résoudre un problème de géométrie par les équations, c'étoit jouer un air en tournant une manivelle. La première fois que je trouvai par le calcul que le carré d'un binôme étoit composé du carré de chacune de ses parties et du double produit de l'une par l'autre, malgré la justesse de ma multiplication, je n'en voulus rien croire jusqu'à ce que j'eusse fait la figure. Ce n'étoit pas que je n'eusse un grand goût pour l'algèbre en n'y considérant que la quantité abstraite; mais appliquée à l'étendue, je voulois voir l'opération sur les lignes; autrement je n'y comprenois plus rien.

Après cela venoit le latin. C'étoit mon étude la plus pénible et dans laquelle je n'ai jamais fait de grands progrès. Je me mis d'abord à la méthode latine de Port-Royal, mais sans fruit. Ces vers ostrogoths me faisoient mal au cœur, et ne pouvoient entrer dans mon oreille. Je me perdois dans ces foules de règles, et en apprenant la dernière j'oubliois tout ce qui avoit précédé. Une étude de mots n'est pas ce qu'il faut à un homme sans mémoire; et c'étoit précisément pour forcer ma mémoire à prendre de la capacité que je m'obstinois à cette étude. Il fallut l'abandonner à la fin. J'entendois assez la construction pour pouvoir lire un auteur facile à l'aide d'un dictionnaire. Je suivis cette route, et je m'en trouvai bien. Je m'appliquai à la traduction, non par écrit, mais mentale, et je m'en tins là. A force de temps et d'exercice, je suis parvenu à lire assez couramment les auteurs latins, mais jamais à pouvoir ni parler ni écrire dans cette langue; ce qui m'a souvent mis dans l'embarras quand je me suis trouvé; je ne sais comment, enrôlé parmi les gens de lettres. Un autre inconvénient, conséquent à cette manière d'apprendre, est que je n'ai jamais su la prosodie, encore moins les règles de la versification. Désirant pourtant de sentir l'harmonie de la langue en vers et en prose, j'ai fait bien des efforts pour y parvenir; mais je suis convaincu que sans maître cela est presque impossible. Ayant appris la composition du plus facile de tous les vers, qui est l'hexamètre, j'eus la patience de scander presque tout Virgile, et d'y marquer les pieds et la quantité; puis, quand j'étois en doute si une syllabe étoit longue ou brève, c'étoit mon Virgile que j'allois consulter. On sent que cela me faisoit faire bien des fautes, à cause des altérations permises par les règles de la versification. Mais s'il y a de l'avantage à étudier seul, il y a aussi de grands inconvénients, et surtout une peine incroyable. Je sais cela mieux que qui que ce soit.

Avant midi je quittois mes livres; et si le dîner n'étoit pas prêt, j'allois faire visite à mes amis les pigeons, ou travailler au jardin en attendant l'heure. Quand je m'entendois appeler, j'accourois fort content et muni d'un grand appétit; car c'est encore une chose à noter, que, quelque malade que je puisse être, l'appétit ne me manque jamais. Nous dînions très-agréablement, en causant de nos affaires en attendant que maman pût manger. Deux ou trois fois la semaine, quand il faisoit beau, nous allions derrière la maison prendre le café dans un cabinet frais et touffu, que j'avois garni de houblon, et qui nous faisoit grand plaisir durant la chaleur : nous passions là une petite heure à visiter nos légumes, nos fleurs, à des entretiens relatifs à notre manière de vivre, et qui nous en faisoient mieux goûter la douceur[1]. J'avois une autre petite famille au bout du jardin; c'étoient des abeilles. Je ne manquois guère, et souvent maman avec moi, d'aller leur rendre visite ; je m'intéressois beaucoup à leur ouvrage ; je m'amusois infiniment à les voir revenir de la picorée, leurs petites cuisses quelquefois si chargées qu'elles avoient peine à marcher. Les premiers jours la curiosité me rendit indiscret, et elles me piquèrent deux ou trois fois : mais ensuite nous fîmes si bien connoissance, que, quelque près que je vinsse, elles me laissoient faire ; et quelque pleines que fussent les ruches prêtes à jeter leur essaim, j'en étois quelquefois entouré, j'en avois sur les mains, sur le visage, sans qu'aucune me piquât jamais. Tous les animaux se défient de l'homme, et n'ont pas tort ; mais sont-ils sûrs une fois qu'il ne leur veut pas nuire, leur confiance devient si grande, qu'il faut être plus que barbare pour en abuser.

Je retournois à mes livres : mais mes occupations de l'après-midi devoient moins porter le

---

[1] Var... « En faisoient mieux sentir la douceur. »

nom de travail et d'étude que de récréation et d'amusement. Je n'ai jamais pu supporter l'application du cabinet après mon dîner, et en général toute peine me coûte durant la chaleur du jour. Je m'occupois pourtant, mais sans gêne et presque sans règle, à lire sans étudier. La chose que je suivois le plus exactement étoit l'histoire et la géographie ; et comme cela ne demandoit point de contention d'esprit, j'y fis autant de progrès que le permettoit mon peu de mémoire. Je voulus étudier le P. Pétau, et je m'enfonçai dans les ténèbres de la chronologie : mais je me dégoûtai de la partie critique qui n'a ni fond ni rive, et je m'affectionnai par préférence à l'exacte mesure des temps et à la marche des corps célestes. J'aurois même pris du goût pour l'astronomie si j'avois eu des instruments ; mais il fallut me contenter de quelques éléments pris dans des livres, et de quelques observations grossières faites avec une lunette d'approche, seulement pour connoître la situation générale du ciel : car ma vue courte ne me permet pas de distinguer, à yeux nus, assez nettement les astres. Je me rappelle à ce sujet une aventure dont le souvenir m'a souvent fait rire. J'avois acheté un planisphère céleste pour étudier les constellations. J'avois attaché ce planisphère sur un châssis ; et les nuits où le ciel étoit serein, j'allois dans le jardin poser mon châssis sur quatre piquets de ma hauteur, le planisphère tourné en-dessous ; et pour l'éclairer sans que le vent soufflât ma chandelle, je la mis dans un seau à terre entre les quatre piquets; puis, regardant alternativement le planisphère avec mes yeux et les astres avec ma lunette, je m'exerçois à connoître les étoiles et à discerner les constellations. Je crois avoir dit que le jardin de M. Noiret étoit en terrasse; on voyoit du chemin tout ce qui s'y faisoit. Un soir, des paysans passant assez tard me virent dans un grotesque équipage occupé à mon opération. La lueur qui donnoit sur mon planisphère, et dont ils ne voyoient pas la cause parce que la lumière étoit cachée à leurs yeux par les bords du seau, ces quatre piquets, ce grand papier barbouillé de figures, ce cadre, et le jeu de ma lunette, qu'ils voyoient aller et venir, donnoient à cet objet un air de grimoire qui les effraya. Ma parure n'étoit pas propre à les rassurer; un chapeau clabaud par-dessus mon bonnet, et un pet-en-l'air ouaté de maman qu'elle m'avoit obligé de mettre, offroient à leurs yeux l'image d'un vrai sorcier; et comme il étoit près de minuit, ils ne doutèrent point que ce ne fût le commencement du sabbat. Peu curieux d'en voir davantage, ils se sauvèrent très-alarmés, éveillèrent leurs voisins pour leur conter leur vision, et l'histoire courut si bien, que dès le lendemain chacun sut dans le voisinage que le sabbat se tenoit chez M. Noiret. Je ne sais ce qu'eût produit enfin cette rumeur, si l'un des paysans, témoin de mes conjurations, n'en eût le même jour porté sa plainte à deux jésuites qui venoient nous voir, et qui, sans savoir de quoi il s'agissoit, les désabusèrent par provision. Ils nous contèrent l'histoire; je leur en dis la cause, et nous rîmes beaucoup. Cependant il fut résolu, crainte de récidive, que j'observerois désormais sans lumière, et que j'irois consulter le planisphère dans la maison. Ceux qui ont lu, dans les *Lettres de la Montagne*, ma magie de Venise trouveront, je m'assure, que j'avois de longue main une grande vocation pour être sorcier [1].

Tel étoit mon train de vie aux Charmettes quand je n'étois occupé d'aucuns soins champêtres; car ils avoient toujours la préférence, et dans ce qui n'excédoit pas mes forces, je travaillois comme un paysan : mais il est vrai que mon extrême foiblesse ne me laissoit guère alors sur cet article que le mérite de la bonne volonté. D'ailleurs je voulois faire à la fois deux ouvrages, et par cette raison je n'en faisois bien aucun. Je m'étois mis dans la tête de me donner par force de la mémoire; je m'obstinois à vouloir beaucoup apprendre par cœur. Pour cela je portois toujours avec moi quelque livre qu'avec une peine incroyable j'étudiois et repassois tout en travaillant. Je ne sais pas comment

[1] * Voyez dans les *Lettres de la Montagne*, première partie, lettre III, une note où il fait le récit d'un tour de *sorcellerie* fait par lui-même à Venise, à l'aide d'une composition-chimique.

l'opiniâtreté de ces vains et continuels efforts ne m'a pas enfin rendu stupide. Il faut que j'aie appris et rappris bien vingt fois les églogues de Virgile, dont je ne sais pas un seul mot. J'ai perdu ou dépareillé des multitudes de livres par l'habitude que j'avois d'en porter partout avec moi, au colombier, au jardin, au verger, à la vigne. Occupé d'autre chose, je posois mon livre au pied d'un arbre ou sur la haie ; partout j'oubliois de le reprendre, et souvent au bout de quinze jours je le retrouvois pourri ou rongé des fourmis et des limaçons. Cette ardeur d'apprendre devint une manie qui me rendoit comme hébété, tout occupé que j'étois sans cesse à marmotter quelque chose entre mes dents.

Les écrits de Port-Royal et de l'Oratoire, étant ceux que je lisois le plus fréquemment, m'avoient rendu demi-janséniste, et, malgré toute ma confiance, leur dure théologie m'épouvantoit quelquefois. La terreur de l'enfer, que jusque-là j'avois très-peu craint, troubloit peu à peu ma sécurité ; et si maman ne m'eût tranquillisé l'ame, cette effrayante doctrine m'eût enfin tout-à-fait bouleversé. Mon confesseur, qui étoit aussi le sien, contribuoit pour sa part à me maintenir dans une bonne assiette. C'étoit le P. Hemet, jésuite, bon et sage vieillard dont la mémoire me sera toujours en vénération. Quoique jésuite, il avoit la simplicité d'un enfant ; et sa morale, moins relâchée que douce, étoit précisément ce qu'il me falloit pour balancer les tristes impressions du jansénisme. Ce bon homme et son compagnon le P. Coppier venoient souvent nous voir aux Charmettes, quoique le chemin fût fort rude et assez long pour des gens de leur âge. Leurs visites me faisoient grand bien : que Dieu veuille le rendre à leurs ames ! car ils étoient trop vieux alors pour que je les présume en vie encore aujourd'hui. J'allois aussi les voir à Chambéri ; je me familiarisois peu à peu avec leur maison ; leur bibliothèque étoit à mon service. Le souvenir de cet heureux temps se lie avec celui des jésuites au point de me faire aimer l'un par l'autre ; et, quoique leur doctrine m'ait toujours paru dangereuse, je n'ai jamais pu trouver en moi le pouvoir de les haïr sincèrement.

Je voudrois savoir s'il passe quelquefois dans les cœurs des autres hommes des puérilités pareilles à celles qui passent quelquefois dans le mien. Au milieu de mes études et d'une vie innocente autant qu'on la puisse mener, et malgré tout ce qu'on m'avoit pu dire, la peur de l'enfer m'agitoit encore souvent. Je me demandois : En quel état suis-je ? si je mourois à l'instant même, serois-je damné ? Selon mes jansénistes la chose étoit indubitable, mais selon ma conscience il me paroissoit que non. Toujours craintif, et flottant dans cette cruelle incertitude, j'avois recours, pour en sortir, aux expédients les plus risibles, et pour lesquels je ferois volontiers enfermer un homme si je lui en voyois faire autant. Un jour, rêvant à ce triste sujet, je m'exerçois machinalement à lancer des pierres contre les troncs des arbres, et cela avec mon adresse ordinaire, c'est-à-dire sans presque en toucher aucun. Tout au milieu de ce bel exercice je m'avisai de m'en faire une espèce de pronostic pour calmer mon inquiétude. Je me dis : Je m'en vais jeter cette pierre contre l'arbre qui est vis-à-vis de moi : si je le touche, signe de salut; si je le manque, signe de damnation. Tout en disant ainsi je jette ma pierre d'une main tremblante et avec un horrible battement de cœur, mais si heureusement, qu'elle va frapper au beau milieu de l'arbre; ce qui véritablement n'étoit pas difficile, car j'avois eu soin de le choisir fort gros et fort près. Depuis lors je n'ai plus douté de mon salut. Je ne sais, en me rappelant ce trait, si je dois rire ou gémir sur moi-même. Vous autres grands hommes, qui riez sûrement, félicitez-vous; mais n'insultez pas à ma misère, car je vous jure que je la sens bien.

Au reste ces troubles, ces alarmes, inséparables peut-être de la dévotion, n'étoient pas un état permanent. Communément j'étois assez tranquille, et l'impression que l'idée d'une mort prochaine faisoit sur mon ame étoit moins de la tristesse qu'une langueur paisible, et qui même avoit ses douceurs.

Je viens de retrouver parmi de vieux papiers une espèce d'exhortation que je me faisois à moi-même, et où je me félicitois de mourir à l'âge où l'on trouve assez de courage en soi pour envisager la mort, et sans avoir éprouvé de grands maux ni de corps ni d'esprit durant ma vie. Que j'avois bien raison! Un pressentiment me faisoit craindre de vivre pour souffrir. Il sembloit que je prévoyois le sort qui m'attendoit sur mes vieux jours. Je n'ai jamais été si près de la sagesse que durant cette heureuse époque. Sans grands remords sur le passé, délivré des soucis de l'avenir, le sentiment qui dominoit constamment dans mon ame étoit de jouir du présent. Les dévots ont pour l'ordinaire une petite sensualité très-vive qui leur fait savourer avec délices les plaisirs innocents qui leur sont permis. Les mondains leur en font un crime, je ne sais pourquoi, ou plutôt je le sais bien; c'est qu'ils envient aux autres la jouissance des plaisirs simples dont eux-mêmes ont perdu le goût. Je l'avois ce goût, et je trouvois charmant de le satisfaire en sûreté de conscience. Mon cœur, neuf encore, se livroit à tout avec un plaisir d'enfant, ou plutôt, si je l'ose dire, avec une volupté d'ange, car en vérité ces tranquilles jouissances ont la sérénité de celles du paradis. Des dîners faits sur l'herbe, à Montagnole, des soupers sous le berceau, la récolte des fruits, les vendanges, les veillées à teiller avec nos gens, tout cela faisoit pour nous autant de fêtes auxquelles maman prenoit le même plaisir que moi. Des promenades plus solitaires avoient un charme plus grand encore, parce que le cœur s'épanchoit plus en liberté. Nous en fîmes une entre autres qui fait époque dans ma mémoire, un jour de Saint-Louis dont maman portoit le nom. Nous partîmes ensemble et seuls de bon matin, après la messe qu'un carme étoit venu nous dire à la pointe du jour dans une chapelle attenante à la maison. J'avois proposé d'aller parcourir la côte opposée à celle où nous étions, et que nous n'avions point visitée encore. Nous avions envoyé nos provisions d'avance, car la course devoit durer tout le jour. Maman, quoique un peu ronde et grasse, ne marchoit pas mal: nous allions de colline en colline et de bois en bois, quelquefois au soleil et souvent à l'ombre, nous reposant de temps en temps, et nous oubliant des heures entières; causant de nous, de notre union, de la douceur de notre sort, et faisant pour sa durée des vœux qui ne furent pas exaucés. Tout sembloit conspirer au bonheur de cette journée. Il avoit plû depuis peu; point de poussière, et des ruisseaux bien courants; un petit vent frais agitoit les feuilles, l'air étoit pur, l'horizon sans nuages, la sérénité régnoit au ciel comme dans nos cœurs. Notre dîner fut fait chez un paysan, et partagé avec sa famille, qui nous bénissoit de bon cœur. Ces pauvres Savoyards sont si bonnes gens! Après le dîner nous gagnâmes l'ombre sous de grands arbres, où, tandis que j'amassois des brins de bois sec pour faire notre café, maman s'amusoit à herboriser parmi les broussailles; et avec les fleurs du bouquet que chemin faisant je lui avois ramassé, elle me fit remarquer dans leur structure mille choses curieuses qui m'amusèrent beaucoup, et qui devoient me donner du goût pour la botanique : mais le moment n'étoit pas venu, j'étois distrait par trop d'autres études. Une idée qui vint me frapper fit diversion aux fleurs et aux plantes. La situation d'ame où je me trouvois, tout ce que nous avions dit et fait ce jour-là, tous les objets qui m'avoient frappé, me rappelèrent l'espèce de rêve que tout éveillé j'avois fait à Annecy sept ou huit ans auparavant, et dont j'ai rendu compte en son lieu [1]. Les rapports en étoient si frappants, qu'en y pensant j'en fus ému jusqu'aux larmes. Dans un transport d'attendrissement j'embrassai cette chère amie : Maman, maman, lui dis-je avec passion, ce jour m'a été promis depuis long-temps, et je ne vois rien au-delà. Mon bonheur, grâce à vous, est à son comble; puisse-t-il ne pas décliner désormais ! puisse-t-il durer aussi long-temps que j'en conserverai le goût ! il ne finira qu'avec moi.

Ainsi coulèrent mes jours heureux, et d'autant plus heureux que, n'apercevant rien qui les dût

---

[1] * Ci-devant, livre III.

troubler, je n'envisageois en effet leur fin qu'avec la mienne. Ce n'étoit pas que la source de mes soucis fût absolument tarie; mais je lui voyois prendre un autre cours que je dirigeois de mon mieux sur des objets utiles, afin qu'elle portât son remède avec elle. Maman aimoit naturellement la campagne, et ce goût ne s'attiédissoit pas avec moi. Peu à peu elle prit celui des soins champêtres; elle aimoit à faire valoir les terres; et elle avoit sur cela des connoissances dont elle faisoit usage avec plaisir. Non contente de ce qui dépendoit de la maison qu'elle avoit prise, elle louoit tantôt un champ, tantôt un pré. Enfin, portant son humeur entreprenante sur des objets d'agriculture, au lieu de rester oisive dans sa maison, elle prenoit le train de devenir bientôt une grosse fermière. Je n'aimois pas trop à la voir ainsi s'étendre, et je m'y opposois tant que je pouvois, bien sûr qu'elle seroit toujours trompée, et que son humeur libérale et prodigue porteroit toujours la dépense au-delà du produit : toutefois je me consolois en pensant que ce produit du moins ne seroit pas nul, et lui aideroit à vivre. De toutes les entreprises qu'elle pouvoit former, celle-là me paroissoit la moins ruineuse, et, sans y envisager comme elle un objet de profit, j'y envisageois une occupation continuelle, qui la garantiroit des mauvaises affaires et des escrocs. Dans cette idée je désirois ardemment de recouvrer autant de force et de santé qu'il m'en falloit pour veiller à ses affaires, pour être piqueur de ses ouvriers ou son premier ouvrier; et naturellement l'exercice que cela me faisoit faire, m'arrachant souvent à mes livres et me distrayant sur mon état, devoit le rendre meilleur.

(1737—1741.) L'hiver suivant, Barillot revenant d'Italie m'apporta quelques livres, entre autres le *Bontempi* et la *Cartella per musica* du P. Banchieri, qui me donnèrent du goût pour l'histoire de la musique et pour les recherches théoriques de ce bel art. Barillot resta quelque temps avec nous; et comme j'étois majeur depuis plusieurs mois, il fut convenu que j'irois le printemps suivant à Genève redemander le bien de ma mère, ou du moins la part qui m'en revenoit, en attendant qu'on sût ce que mon frère étoit devenu. Cela s'exécuta comme il avoit été résolu. J'allai à Genève, mon père y vint de son côté. Depuis long-temps il y revenoit sans qu'on lui cherchât querelle, quoiqu'il n'eût jamais purgé son décret: mais comme on avoit de l'estime pour son courage et du respect pour sa probité, on feignoit d'avoir oublié son affaire; et les magistrats, occupés du grand projet qui éclata peu après [1], ne vouloient

[1] Le 8 mai 1738 le marquis de Lautrec, ambassadeur de France, et les députés de Zurich et de Berne, terminèrent les différends qui existoient entre les magistrats et les citoyens de Genève. Il est probable que Jean-Jacques veut parler de cet évènement. (Note de M. Musset-Pathay.)

pas effaroucher avant le temps la bourgeoisie en lui rappelant mal à propos leur ancienne partialité.

Je craignois qu'on ne me fît des difficultés sur mon changement de religion; l'on n'en fit aucune. Les lois de Genève sont à cet égard moins dures que celles de Berne, où quiconque change de religion perd non seulement son état, mais son bien. Le mien ne me fut donc pas disputé, mais se trouva, je ne sais comment, réduit à fort peu de chose. Quoiqu'on fût à peu près sûr que mon frère étoit mort, on n'en avoit point de preuve juridique. Je manquois de titres suffisants pour réclamer sa part, et je la laissai sans regret pour aider à vivre à mon père; qui en a joui tant qu'il a vécu. Sitôt que les formalités de justice furent faites et que j'eus reçu mon argent, j'en mis quelque partie en livres, et je volai porter le reste aux pieds de maman. Le cœur me battoit de joie durant la route, et le moment où je déposai cet argent dans ses mains me fut mille fois plus doux que celui où il entra dans les miennes. Elle le reçut avec cette simplicité des belles ames, qui, faisant ces choses-là sans effort, les voient sans admiration. Cet argent fut employé presque tout entier à mon usage, et cela avec une égale simplicité. L'emploi en eût exactement été le même s'il lui fût venu d'autre part.

Cependant ma santé ne se rétablissoit point;

je dépérissois au contraire à vue d'œil; j'étois pâle comme un mort et maigre comme un squelette; mes battements d'artères étoient terribles, mes palpitations plus fréquentes; j'étois continuellement oppressé, et ma foiblesse enfin devint telle que j'avois peine à me mouvoir; je ne pouvois presser le pas sans étouffer, je ne pouvois me baisser sans avoir de vertiges, je ne pouvois soulever le plus léger fardeau; j'étois réduit à l'inaction la plus tourmentante pour un homme aussi remuant que moi. Il est certain qu'il se mêloit à tout cela beaucoup de vapeurs. Les vapeurs sont les maladies des gens heureux, c'étoit la mienne : les pleurs que je versois souvent sans raison de pleurer, les frayeurs vives au bruit d'une feuille ou d'un oiseau, l'inégalité d'humeur dans le calme de la plus douce vie, tout cela marquoit cet ennui du bien-être qui fait pour ainsi dire extravaguer la sensibilité. Nous sommes si peu faits pour être heureux ici-bas, qu'il faut nécessairement que l'ame ou le corps souffre quand ils ne souffrent pas tous les deux, et que le bon état de l'un fait presque toujours tort à l'autre. Quand j'aurois pu jouir délicieusement de la vie, ma machine en décadence m'en empêchoit, sans qu'on pût dire où la cause du mal avoit son vrai siége. Dans la suite, malgré le déclin de mes ans, et des maux très-réels et très-graves, mon corps semble avoir repris des forces pour mieux sentir mes malheurs, et maintenant que j'écris ceci, infirme et presque sexagénaire, accablé de douleurs de toute espèce, je me sens pour souffrir plus de vigueur et de vie que je n'en eus pour jouir à la fleur de mon âge et dans le sein du plus vrai bonheur.

Pour m'achever, ayant fait entrer un peu de physiologie dans mes lectures, je m'étois mis à étudier l'anatomie ; et passant en revue la multitude et le jeu des pièces qui composoient ma machine, je m'attendois à sentir détraquer tout cela vingt fois le jour : loin d'être étonné de me trouver mourant, je l'étois que je pusse encore vivre, et je ne lisois pas la description d'une maladie que je ne crusse être la mienne. Je suis sûr que si je n'avois pas été malade je le serois devenu par cette fatale étude. Trouvant dans chaque maladie des symptômes de la mienne, je croyois les avoir toutes ; et j'en gagnai par-dessus une plus cruelle encore dont je m'étois cru délivré, la fantaisie de guérir : c'en est une difficile à éviter quand on se met à lire des livres de médecine. A force de chercher, de réfléchir, de comparer, j'allai m'imaginer que la base de mon mal étoit un polype au cœur ; et Salomon lui-même parut frappé de cette idée. Raisonnablement je devois partir de cette opinion pour me confirmer dans ma résolution précédente. Je ne fis point ainsi. Je tendis tous les ressorts de mon esprit pour chercher comment on pouvoit guérir un polype au cœur, résolu d'entreprendre cette merveilleuse cure. Dans un voyage qu'Anet avoit fait à Montpellier pour aller voir le jardin des plantes et le démonstrateur, M. Sauvages, on lui avoit dit que M. Fizes avoit guéri un pareil polype. Maman s'en souvint et m'en parla. Il n'en falloit pas davantage pour m'inspirer le désir d'aller consulter M. Fizes. L'espoir de guérir me fait retrouver du courage et des forces pour entreprendre ce voyage. L'argent venu de Genève en fournit le moyen. Maman, loin de m'en détourner, m'y exhorte; et me voilà parti pour Montpellier.

Je n'eus pas besoin d'aller si loin pour trouver le médecin qu'il me falloit. Le cheval me fatiguant trop, j'avois pris une chaise à Grenoble. A Moirans cinq ou six chaises arrivèrent à la file après la mienne. Pour le coup c'étoit vraiment l'aventure des brancards. La plupart de ces chaises étoient le cortège d'une nouvelle mariée appelée madame du Colombier. Avec elle étoit une autre femme appelée madame de Larnage, moins jeune et moins belle que madame du Colombier, mais non moins aimable, et qui de Romans, où s'arrêtoit celle-ci, devoit poursuivre sa route jusqu'au bourg Saint-Andiol, près le Pont-Saint-Esprit. Avec la timidité qu'on me connoît, on s'attend que la connoissance ne fut pas sitôt faite avec des femmes brillantes et la suite qui les entouroit; mais enfin suivant la même route, logeant dans les mêmes auberges, et, sous peine de passer pour un loup-garou, forcé de me présenter à la même table, il falloit bien que cette connoissance se fît. Elle se fit donc, et même plus tôt que je n'aurois voulu; car tout ce fracas ne convenoit guère à un malade, et surtout à un malade de mon humeur. Mais la curiosité rend ces coquines de femmes si insinuantes, que pour parvenir à connoître un homme elles commencent par lui faire tourner la tête. Ainsi arriva de moi. Madame du Colombier, trop entourée de ses jeunes roquets, n'avoit guère le temps de m'agacer, et d'ailleurs ce n'en étoit pas la peine, puisque nous allions nous quitter; mais madame de Larnage, moins obsédée, avoit des provisions à faire pour sa route : voilà madame de Larnage qui m'entreprend; et adieu le pauvre Jean-Jacques, ou plutôt adieu la fièvre, les vapeurs, le polype; tout part auprès d'elle, hors certaines palpitations qui me restèrent et dont elle ne vouloit pas me guérir. Le mauvais état de ma santé fut le premier texte de notre connoissance. On voyoit que j'étois malade, on savoit que j'allois à Montpellier; et il faut que mon air et mes manières n'annonçassent pas un débauché, car il fut clair dans la suite qu'on ne m'avoit pas soupçonné d'aller y faire un tour de casserole. Quoique l'état de maladie ne soit pas pour un homme une grande recommandation près des dames, il me rendit toutefois intéressant pour celles-ci. Le matin elles envoyoient savoir de mes nouvelles et m'inviter à prendre le chocolat avec elles; elle s'informoient comment j'avois passé la nuit. Une fois, selon ma louable coutume de parler sans penser, je répondis que je ne savois pas. Cette réponse leur fit croire que j'étois fou; elles m'examinèrent davantage, et cet examen ne me nuisit pas. J'entendis une fois madame du Colombier dire à son amie : Il manque de monde, mais il est aimable. Ce mot me rassura beaucoup, et fit que je le devins en effet.

En se familiarisant il falloit parler de soi, dire d'où l'on venoit, qui l'on étoit. Cela m'embarrassoit; car je sentois très-bien que, parmi la bonne compagnie et avec des femmes galantes, ce mot de nouveau converti m'alloit tuer. Je ne sais par quelle bizarrerie je m'avisai de passer pour Anglois, je me donnai pour jacobite, on me prit pour tel; je m'appelai Dudding, et l'on m'appela M. Dudding. Un maudit marquis de Torignan qui étoit là, malade ainsi que moi, vieux au par-dessus et d'assez mauvaise humeur, s'avisa de lier conversation avec M. Dudding. Il me parla du roi Jacques, du prétendant, de l'ancienne cour de Saint-Germain. J'étois sur les épines : je ne savois de tout cela que le peu que j'en avois lu dans le comte Hamilton et dans les gazettes; cependant je fis de ce peu si bon usage que je me tirai d'affaire : heureux qu'on ne se fût pas avisé de me questionner sur la langue angloise, dont je ne savois pas un seul mot.

Toute la compagnie se convenoit et voyoit à regret le moment de se quitter. Nous faisions des journées de limaçon. Nous nous trouvâmes un dimanche à Saint-Marcellin. Madame de Larnage voulut aller à la messe, j'y fus avec elle : cela faillit à gâter mes affaires. Je me comportai comme j'ai toujours fait. Sur ma contenance modeste et recueillie elle me crut dévot, et prit de moi la plus mauvaise opinion du monde, comme elle me l'avoua deux jours après. Il me fallut ensuite beaucoup de galanterie pour effacer cette mauvaise impression ; ou plutôt madame de Larnage, en femme d'expérience et qui ne se rebutoit pas aisément, voulut bien courir les risques de ses avances pour voir comment je m'en tirerois. Elle m'en fit beaucoup et de telles, que bien éloigné de présumer de ma figure, je crus qu'elle se moquoit de moi. Sur cette folie il n'y eût sorte de bêtises que je ne fisse ; c'étoit pis que le marquis du *Legs*. Madame de Larnage tint bon, me fit tant d'agaceries et me dit des choses si tendres, qu'un homme beaucoup moins sot eût eu bien de la peine à prendre tout cela sérieusement. Plus elle en faisoit, plus elle me confirmoit dans mon idée, et ce qui me tourmentoit davantage étoit qu'à bon compte je me prenois d'amour tout de bon. Je me disois, et je lui disois en soupirant, Ah ! que tout cela n'est-il vrai! je serois le plus heureux des hommes. Je crois que ma simplicité de novice ne fit qu'irriter sa fantaisie; elle n'en voulut pas avoir le démenti.

Nous avions laissé à Romans madame du Colombier et sa suite. Nous continuions notre route le plus lentement et le plus agréablement du monde, madame de Larnage, le marquis de Torignan, et moi. Le marquis, quoique malade et grondeur, étoit un assez bon homme, mais qui n'aimoit pas trop manger son pain à la fumée du rôti. Madame de Larnage cachoit si peu le goût qu'elle avoit pour moi, qu'il s'en aperçut plus tôt que moi-même; et ses sarcasmes malins auroient dû me donner au moins la confiance que je n'osois prendre aux bontés de la dame, si, par un travers d'esprit dont moi seul étois capable, je ne m'étois imaginé qu'ils s'entendoient pour me persiffler. Cette sotte idée acheva de me renverser la tête, et me fit faire le plus plat personnage dans une situation où mon cœur, étant réellement pris, m'en pouvoit dicter un assez brillant. Je ne conçois pas comment madame de Larnage ne se rebuta pas de ma maussaderie, et ne me congédia pas avec le dernier mépris. Mais c'étoit une femme d'esprit qui savoit discerner son monde, et qui voyoit bien qu'il y avoit plus de bêtise que de tiédeur dans mes procédés.

Elle parvint enfin à se faire entendre; et ce ne fut pas sans peine. A Valence nous étions arrivés pour dîner, et, selon notre louable coutume, nous y passâmes le reste du jour. Nous étions logés hors de la ville à Saint-Jacques; je me souviendrai toujours de cette auberge, ainsi que de la chambre que madame de Larnage y occupoit. Après le dîner elle voulut se promener : elle savoit que le marquis n'étoit pas allant; c'étoit le moyen de se ménager un tête-à-tête dont elle avoit bien résolu de tirer parti; car il n'y avoit plus de temps à perdre pour en avoir à mettre à profit. Nous nous promenions autour de la ville le long des fossés. Là je repris la longue histoire de mes complaintes, auxquelles elle répondoit d'un ton si tendre, me pressant quelquefois contre son cœur le bras qu'elle tenoit, qu'il falloit une stupidité pareille à la mienne pour m'empêcher de vérifier si elle parloit sérieusement. Ce qu'il avoit d'impayable étoit que j'étois moi-même excessivement ému. J'ai dit qu'elle étoit aimable : l'amour la rendoit charmante; il lui rendoit tout l'éclat de la première jeunesse, et elle ménageoit ses agaceries avec tant d'art, qu'elle auroit séduit un homme à l'épreuve. J'étois donc fort mal à mon aise et toujours sur le point de m'émanciper; mais la crainte d'offenser ou de déplaire, la frayeur plus grande encore d'être hué, sifflé, berné, de fournir une histoire à table, et d'être complimenté sur mes entreprises par l'impitoyable marquis, me retinrent au point d'être indigné moi-même de ma sotte honte, et de ne la pouvoir vaincre en me la reprochant. J'étois au supplice : j'avois déjà quitté mes propos de Céladon, dont je sentois tout le ridicule en si beau chemin : ne sachant plus quelle contenance tenir ni que dire, je me taisois ; j'avois l'air boudeur, enfin je faisois tout ce qu'il falloit pour m'attirer le traitement que j'avois redouté. Heureusement madame de Larnage prit un parti plus humain. Elle interrompit brusquement ce silence en passant un bras autour de mon cou, et dans l'instant sa bouche parla trop clairement sur la mienne pour me laisser mon erreur. La crise ne pouvoit se faire plus à propos. Je devins aimable. Il en étoit temps. Elle m'avoit donné cette confiance dont le défaut m'a presque toujours empêché d'être moi. Je le fus alors. Jamais mes yeux, mes sens, mon cœur et ma bouche n'ont si bien parlé ; jamais je n'ai si pleinement réparé mes torts ; et si cette petite conquête avoit coûté des soins à madame de Larnage, j'eus lieu de croire qu'elle n'y avoit pas regret.

Quand je vivrois cent ans, je ne me rappellerois jamais sans plaisir le souvenir de cette charmante femme. Je dis charmante, quoiqu'elle ne fût ni belle ni jeune ; mais, n'étant non plus ni laide ni vieille, elle n'avoit rien dans sa figure qui empêchât son esprit et ses grâces de faire tout leur effet. Tout au contraire des autres femmes, ce qu'elle avoit de moins frais étoit le visage, et je crois que le rouge le lui avoit gâté. Elle avoit ses raisons pour être facile, c'étoit le moyen de valoir tout son prix. On pouvoit la voir sans l'aimer, mais non pas la posséder sans l'adorer. Et cela prouve, ce me semble, qu'elle n'étoit pas toujours aussi prodigue de ses bontés qu'elle le fut avec moi. Elle s'étoit prise d'un goût trop prompt et trop vif pour être excusable, mais où le cœur entroit au moins autant que les sens; et durant le temps court et délicieux que je passai auprès d'elle j'eus lieu de croire, aux ménagements forcés qu'elle m'imposoit, que, quoique sensuelle et voluptueuse, elle aimoit encore mieux ma santé que ses plaisirs.

Notre intelligence n'échappa pas au marquis. Il n'en tiroit pas moins sur moi; au contraire, il me traitoit plus que jamais en pauvre amoureux transi, martyr des rigueurs de sa dame. Il ne lui échappa jamais un mot, un sourire, un regard qui pût me faire soupçonner qu'il nous eût devinés; et je l'aurois cru notre dupe, si madame de Larnage, qui voyoit mieux que moi, ne m'eût dit qu'il ne l'étoit pas, mais qu'il étoit galant homme; et en effet on ne sauroit avoir des intentions plus honnêtes, ni se comporter plus poliment qu'il fit toujours, même envers moi, sauf ses plaisanteries, surtout depuis mon succès. Il m'en attribuoit l'honneur peut-être, et me supposoit moins sot que je ne l'avois paru. Il se trompoit, comme on a vu; mais n'importe, je profitois de son erreur; et il est vrai qu'alors les rieurs étant pour moi, je prêtois le flanc de bon cœur et d'assez bonne grâce à ses épigrammes, et j'y ripostois quelquefois, même assez heureusement, tout fier de me faire honneur auprès de madame de Larnage de l'esprit qu'elle m'avoit donné. Je n'étois plus le même homme.

Nous étions dans un pays et dans une saison de bonne chère, nous la faisions partout excellente, grâce aux bons soins du marquis. Je me serois pourtant passé qu'il les étendît jusqu'à nos chambres, mais il envoyoit devant son laquais pour les retenir; et le coquin, soit de son chef, soit par l'ordre de son maître, le logeoit toujours à côté de madame de Larnage, et me fourroit à l'autre bout de la maison. Mais cela ne m'embarrassoit guère, et nos rendez-vous n'en étoient que plus piquants. Cette vie délicieuse dura quatre ou cinq jours, pendant lesquels je m'enivrai des plus douces voluptés. Je les goûtai pures, vives, sans aucun mélange de peine : ce sont les premières et les seules que j'aie ainsi goûtées, et je puis dire que je dois à madame de Larnage de ne pas mourir sans avoir connu le plaisir.

Si ce que je sentois pour elle n'étoit pas précisément de l'amour, c'étoit du moins un retour si tendre pour celui qu'elle me témoignoit, c'étoit une sensualité si brûlante dans le plaisir, et une intimité si douce dans les entretiens, qu'elle avoit tout le charme de la passion sans en avoir le délire, qui tourne la tête et fait qu'on ne sait pas jouir. Je n'ai senti l'amour vrai qu'une seule fois en ma vie, et ce ne fut pas auprès d'elle. Je ne l'aimois pas non plus comme j'avois aimé et comme j'aimois madame de Warens; mais c'étoit pour cela même que je la possédois cent fois mieux. Près de maman mon plaisir étoit toujours troublé par un sentiment de tristesse, par un secret serrement de cœur que je ne surmontois pas sans peine; au lieu de me féliciter de la posséder, je me reprochois de l'avilir. Près de madame de Larnage, au contraire, fier d'être homme et d'être heureux, je me livrois à mes sens avec joie, avec confiance; je partageois l'impression que je faisois sur les siens; j'étois assez à moi pour contempler avec autant de vanité que de volupté mon triomphe, et pour tirer de là de quoi le redoubler.

Je ne me souviens pas de l'endroit où nous quitta le marquis, qui étoit du pays, mais nous nous trouvâmes seuls avant d'arriver à Montélimart, et dès-lors madame de Larnage établit sa femme de chambre dans ma chaise et je passai dans la sienne avec elle. Je puis assurer que la route ne nous ennuyoit pas de cette manière, et j'aurois eu bien de la peine à dire comment le pays que nous parcourions étoit fait. A Montélimart, elle eut des affaires qui l'y retinrent trois jours, durant lesquels elle ne me quitta pourtant qu'un quart d'heure pour une visite qui lui attira des importunités désolantes et des invitations qu'elle n'eut garde d'accepter. Elle prétexta des incommodités, qui ne nous empêchèrent pourtant pas d'aller nous promener tous les jours tête-à-tête dans le plus beau pays et sous le plus beau ciel du monde. Oh ! ces trois jours ! j'ai dû les regretter quelquefois ; il n'en est plus revenu de semblables.

Des amours de voyage ne sont pas faits pour durer. Il fallut nous séparer, et j'avoue qu'il en étoit temps, non que je fusse rassasié ni prêt à l'être, je m'attachois chaque jour davantage ; mais, malgré toute la discrétion de la dame, il ne me restoit guère que la bonne volonté [1]. Nous donnâmes le change à nos regrets par des projets pour notre réunion. Il fut décidé que, puisque ce régime me faisoit du bien, j'en userois, et que j'irois passer l'hiver au bourg Saint-Andiol, sous la direction de madame de Larnage. Je devois seulement rester à Montpellier cinq ou six semaines, pour lui laisser le temps de préparer les choses de manière à prévenir les caquets. Elle me donna d'amples instructions sur ce que je devois savoir, sur ce que je devois dire, sur la manière dont je devois me comporter. En attendant nous devions nous écrire. Elle me parla beaucoup et

---

[1] Var. « ... La bonne volonté ; et avant de nous séparer je voulus « jouer de ce reste, ce qu'elle endura par précaution contre les « filles de Montpellier. »

sérieusement du soin de ma santé ; m'exhorta de consulter d'habiles gens, d'être très-attentif à tout ce qu'ils me prescriroient, et se chargea, quelque sévère que pût être leur ordonnance, de me la faire exécuter tandis que je serois auprès d'elle. Je crois qu'elle parloit sincèrement, car elle m'aimoit : elle m'en donna mille preuves plus sûres que des faveurs. Elle jugea par mon équipage que je ne nageois pas dans l'opulence; quoiqu'elle ne fût pas riche elle-même, elle voulut à notre séparation me forcer de partager sa bourse, qu'elle apportoit de Grenoble assez bien garnie ; et j'eus beaucoup de peine à m'en défendre. Enfin je la quittai le cœur tout plein d'elle, et lui laissant, ce me semble, un véritable attachement pour moi.

J'achevois ma route en la recommençant dans mes souvenirs, et pour le coup très-content d'être dans une bonne chaise pour y rêver plus à mon aise aux plaisirs que j'avois goûtés et à ceux qui m'étoient promis. Je ne pensois qu'au bourg Saint-Andiol et à la charmante vie qui m'y attendoit; je ne voyois que madame de Larnage et ses entours : tout le reste de l'univers n'étoit rien pour moi; maman même étoit oubliée. Je m'occupois à combiner dans ma tête tous les détails dans lesquels madame de Larnage étoit entrée, pour me faire d'avance une idée de sa demeure, de son voisinage, de ses sociétés, de toute sa manière de vivre. Elle avoit une fille dont elle m'avoit parlé très-souvent en mère idolâtre. Cette fille avoit quinze ans passés; elle étoit vive, charmante et d'un caractère aimable. On m'avoit promis que j'en serois caressé : je n'avois pas oublié cette promesse, et j'étois fort curieux d'imaginer comment mademoiselle de Larnage traiteroit le bon ami de sa maman. Tels furent les sujets de mes rêveries depuis le Pont-Saint-Esprit jusqu'à Remoulin. On m'avoit dit d'aller voir le pont du Gard; je n'y manquai pas. Après un déjeuner d'excellentes figues, je pris un guide, et j'allai voir le pont du Gard. C'étoit le premier ouvrage des Romains que j'eusse vu. Je m'attendois à voir un monument digne des mains qui l'avoient construit. Pour le coup l'objet passa mon attente; et ce fut la seule fois en ma vie. Il n'appartenoit qu'aux Romains de produire cet effet. L'aspect de ce simple et noble ouvrage me frappa d'autant plus qu'il est au milieu d'un désert où le silence et la solitude rendent l'objet plus frappant et l'admiration plus vive, car ce prétendu pont n'étoit qu'un aqueduc. On se demande quelle force a transporté ces pierres énormes si loin de toute carrière, et a réuni les bras de tant de milliers d'hommes dans un lieu où il n'en habite aucun. Je parcourus les trois étages de ce superbe édifice, que le respect m'empêchoit presque d'oser fouler sous mes pieds. Le retentissement de mes pas sous ces immenses voûtes me faisoit croire entendre la forte voix de ceux qui les avoient bâties. Je me perdois comme un insecte dans cette immensité. Je sentois, tout en me faisant petit, je ne sais quoi qui m'élevoit l'ame ; et je me disois en soupirant : Que ne suis-je né Romain ! Je restai là plusieurs heures dans une contemplation ravissante. Je m'en revins distrait et rêveur, et cette rêverie ne fut pas favorable à madame de Larnage. Elle avoit bien songé à me prémunir contre les filles de Montpellier, mais non pas contre le pont du Gard. On ne s'avise jamais de tout.

A Nîmes j'allai voir les Arènes : c'est un ouvrage beaucoup plus magnifique que le pont du Gard, et qui me fit beaucoup moins d'impression, soit que mon admiration se fût épuisée sur le premier objet, soit que la situation de l'autre au milieu d'une ville fût moins propre à l'exciter. Ce vaste et superbe cirque est entouré de vilaines petites maisons, et d'autres maisons plus petites et plus vilaines encore en remplissent l'arène, de sorte que le tout ne produit qu'un effet disparate et confus où le regret et l'indignation étouffent le plaisir et la surprise. J'ai vu depuis le cirque de Vérone, infiniment plus petit et moins beau que celui de Nîmes, mais entretenu et conservé avec toute la décence et la propreté possibles, et qui par cela même me fit une impression plus forte et plus agréable. Les François n'ont soin de rien et ne respectent aucun monument. Ils sont tout feu pour entreprendre, et ne savent rien finir ni rien entretenir [1].

J'étois changé à tel point, et ma sensualité mise en exercice s'étoit si bien éveillée, que je m'arrêtai un jour au pont de Lunel pour y faire bonne chère avec de la compagnie qui s'y trouva. Ce cabaret, le plus estimé de l'Europe, méritoit alors de l'être. Ceux qui le tenoient avoient su tirer parti de son heureuse situation pour le tenir abondamment approvisionné et avec choix. C'étoit réellement une chose curieuse de trouver dans une maison seule et isolée au milieu de la campagne une table fournie en poisson de mer et d'eau douce, en gibier excellent, en vins fins, servie avec ces attentions et ces soins qu'on ne trouve que chez les grands et les riches, et tout cela pour vos trente-cinq sous. Mais le pont de Lunel ne resta pas long-temps sur ce pied, et à force d'user sa réputation, il la perdit enfin tout-à-fait.

J'avois oublié, durant ma route, que j'étois malade; je m'en souvins en arrivant à Montpellier. Mes vapeurs étoient bien guéries, mais tous mes autres maux me restoient; et, quoique l'habitude m'y rendît moins sensible, c'en étoit assez pour se

---

[1] * Nous avons cessé de mériter, au moins pour le cirque de Nîmes, le reproche que Rousseau nous fait ici. Vers l'année 1810, un acte du gouvernement ordonna la démolition de toutes ces *vilaines et petites maisons* qui déshonoroient ce beau monument.

croire mort à qui s'en trouveroit attaqué tout d'un coup. En effet ils étoient moins douloureux qu'effrayants, et faisoient plus souffrir l'esprit que le corps dont ils sembloient annoncer la destruction. Cela faisoit que, distrait par des passions vives, je ne songeois plus à mon état; mais comme il n'étoit pas imaginaire, je le sentois sitôt que j'étois de sang froid. Je songeai donc sérieusement aux conseils de madame de Larnage et au but de mon voyage. J'allai consulter les praticiens les plus illustres, surtout M. Fizes, et, pour surabondance de précaution, je me mis en pension chez un médecin. C'étoit un Irlandois appelé Fitz-Moris, qui tenoit une table assez nombreuse d'étudiants en médecine; et il y avoit cela de commode pour un malade à s'y mettre, que M. Fitz-Moris se contentoit d'une pension honnête pour la nourriture, et ne prenoit rien de ses pensionnaires pour ses soins comme médecin. Il se chargea de l'exécution des ordonnances de M. Fizes, et de veiller sur ma santé. Il s'acquitta fort bien de cet emploi quant au régime; on ne gagnoit pas d'indigestions à cette pension-là; et, quoique je ne sois pas fort sensible aux privations de cette espèce, les objets de comparaison étoient si proches, que je ne pouvois m'empêcher de trouver quelquefois en moi-même que M. de Torignan était un meilleur pourvoyeur que M. Fitz-Moris. Cependant, comme on ne mouroit pas de faim non plus, et que toute cette jeunesse étoit fort gaie, cette manière de vivre me fit du bien réellement, et m'empêcha de retomber dans mes langueurs. Je passois la matinée à prendre des drogues, surtout je ne sais quelles eaux, je crois les eaux de Vals, et à écrire à madame de Larnage; car la correspondance alloit son train, et Rousseau se chargeoit de retirer les lettres de son ami Dudding. A midi j'allois faire un tour à la Canourgue avec quelqu'un de nos jeunes commensaux, qui tous étoient de très-bons enfants : on se rassembloit, on alloit dîner. Après dîner une importante affaire occupoit la plupart d'entre nous jusqu'au soir, c'étoit d'aller hors de la ville jouer le goûter en deux ou trois parties de mail. Je ne jouois pas; je n'en avois ni la force ni l'adresse; mais je pariois, et suivant, avec l'intérêt du pari, nos joueurs et leurs boules à travers des chemins raboteux et pleins de pierres, je faisois un exercice agréable et salutaire qui me convenoit tout-à-fait. On goûtoit dans un cabaret hors de la ville. Je n'ai pas besoin de dire que ces goûters étoient gais; mais j'ajouterai qu'ils étoient assez décents, quoique les filles du cabaret fussent jolies. M. Fitz-Moris, grand joueur de mail, étoit notre président; et je puis dire, malgré la mauvaise réputation des étudiants, que je trouvai plus de mœurs et d'honnêteté parmi toute cette jeunesse qu'il ne seroit aisé d'en trouver dans le même nombre d'hommes faits. Ils étoient plus bruyants que crapuleux, plus gais que libertins; et je me monte si aisément à un train de vie quand il est volontaire, que je n'aurois pas mieux demandé que de voir durer celui-là toujours. Il y avoit parmi ces étudiants plusieurs Irlandois avec lesquels je tâchois d'apprendre quelques mots d'anglois par précaution pour le bourg Saint-Andiol; car le temps approchoit de m'y rendre. Madame de Larnage m'en pressoit chaque ordinaire, et je me préparois à lui obéir. Il étoit clair que mes médecins, qui n'avoient rien compris à mon mal, me regardoient comme un malade imaginaire, et me traitoient sur ce pied avec leur squine, leurs eaux, et leur petit lait. Tout au contraire des théologiens, les médecins et les philosophes n'admettent pour vrai que ce qu'ils peuvent expliquer, et font de leur intelligence la mesure des possibles. Ces messieurs ne connoissoient rien à mon mal; donc je n'étois pas malade : comment supposer que des docteurs ne sussent pas tout? Je vis qu'ils ne cherchoient qu'à m'amuser et me faire manger mon argent; et jugeant que leur substitut du bourg Saint-Andiol feroit cela tout aussi bien qu'eux, mais plus agréablement, je résolus de lui donner la préférence, et je quittai Montpellier dans cette sage intention.

Je partis vers la fin de novembre, après six semaines ou deux mois de séjour dans cette ville, où je laissai une douzaine de louis sans aucun profit pour ma santé ni pour mon instruction, si ce n'est un cours d'anatomie commencé sous M. Fitz-Moris, et que je fus obligé d'abandonner par l'horrible puanteur des cadavres qu'on disséquoit, et qu'il me fut impossible de supporter.

Mal à mon aise au dedans de moi sur la résolution que j'avois prise, j'y réfléchissois en m'avançant toujours vers le Pont-Saint-Esprit, qui étoit également la route du bourg Saint-Andiol et de Chambéri. Les souvenirs de maman, et ses lettres, quoique moins fréquentes que celles de madame de Larnage, réveilloient dans mon cœur des remords que j'avois étouffés durant ma première route. Ils devinrent si vifs au retour, que, balançant l'amour du plaisir, ils me mirent en état d'écouter la raison seule. D'abord, dans le rôle d'aventurier que j'allois recommencer, je pouvois être moins heureux que la première fois; il ne falloit, dans tout le bourg Saint-Andiol, qu'une seule personne qui eût été en Angleterre, qui connût les Anglois, ou qui sût leur langue pour me démasquer. La famille de madame de Larnage pouvoit se prendre de mauvaise humeur contre moi et me traiter peu honnêtement. Sa fille, à laquelle malgré moi je pensois plus qu'il n'eût fallu, m'inquiétoit encore : je tremblois d'en devenir amoureux, et cette peur faisoit déjà la moitié de l'ouvrage. Allois-je donc, pour prix des bontés de la mère, chercher à corrompre sa fille, à lier le plus détestable commerce, à mettre la dissension, le déshonneur, le scandale et l'enfer dans sa maison! Cette idée me fit horreur; je pris bien la ferme résolution de me combattre et de me vaincre si ce malheureux penchant venoit à se déclarer. Mais pourquoi m'exposer à ce combat! Quel misérable état de vivre avec la mère, dont je serois rassasié, et de brûler pour la fille sans oser lui montrer mon cœur! Quelle nécessité d'aller chercher cet état, et m'exposer aux malheurs, aux affronts, aux remords, pour des plaisirs dont j'avois d'avance épuisé le plus grand charme? car il est certain que ma fantaisie avoit perdu sa première vivacité; le goût du plaisir y étoit encore, mais la passion n'y étoit plus. A cela se mêloient des réflexions relatives à ma situation, à mes devoirs, à cette maman si bonne, si généreuse, qui, déjà chargée de dettes, l'étoit encore de mes folles dépenses, qui s'épuisoit pour moi, et que je trompois si indignement. Ce reproche devint si vif qu'il l'emporta à la fin. En approchant du Saint-Esprit, je pris la résolution de brûler l'étape du bourg Saint-Andiol, et de passer tout droit. Je l'exécutai courageusement, avec quelques soupirs, je l'avoue, mais aussi avec cette satisfaction intérieure, que je goûtois pour la première fois de ma vie, de me dire : Je mérite ma propre estime, je sais préférer mon devoir à mon plaisir. Voilà la première obligation véritable que j'aie à l'étude : c'étoit elle qui m'avoit appris à réfléchir, à comparer. Après les principes si purs que j'avois adoptés il y avoit peu de temps, après les règles de sagesse et de vertu que je m'étois faites et que je m'étois senti si fier de suivre, la honte d'être si peu conséquent à moi-même, de démentir sitôt et si haut mes propres maximes, l'emporta sur la volupté. L'orgueil eut peut-être autant de part à ma résolution que la vertu; mais si cet orgueil n'est pas la vertu même, il a des effets si semblables, qu'il est pardonnable de s'y tromper.

L'un des avantages des bonnes actions est d'élever l'ame et de la disposer à en faire de meilleures : car telle est la foiblesse humaine, qu'on doit mettre au nombre des bonnes actions l'abstinence du mal qu'on est tenté de commettre. Sitôt que j'eus pris ma résolution je devins un autre homme, ou plutôt je redevins celui que j'étois auparavant, et que ce moment d'ivresse avoit fait disparoître. Plein de bons sentiments et de bonnes résolutions, je continuai ma route dans la bonne intention[1] d'expier ma faute, ne pensant qu'à régler désormais ma conduite sur les lois de la vertu, à me consacrer sans réserve au service de la meilleure des mères, à lui vouer autant de fidélité que j'avois d'attachement pour elle, et à n'écouter plus d'autre amour que celui de mes devoirs. Hélas ! la sincérité de mon retour au bien sembloit me promettre une autre destinée : mais la mienne étoit écrite et déjà commencée; et quand mon cœur, plein d'amour pour les choses bonnes et honnêtes, ne voyoit plus qu'in-

[1] VAR. « Dans la ferme intention. »

nocence et bonheur dans la vie, je touchois au moment funeste qui devoit traîner à sa suite la longue chaîne de mes malheurs.

L'empressement d'arriver me fit faire plus de diligence que je n'avois compté. Je lui avois annoncé de Valence le jour et l'heure de mon arrivée. Ayant gagné une demi-journée sur mon calcul, je restai autant de temps à Chaparillan, afin d'arriver juste au moment que j'avois marqué. Je voulois goûter dans tout son charme le plaisir de la revoir. J'aimois mieux le différer un peu pour y joindre celui d'être attendu. Cette précaution m'avoit toujours réussi. J'avois vu toujours marquer mon arrivée par une espèce de petite fête : je n'en attendois pas moins cette fois; et ces empressements, qui m'étoient si sensibles, valoient bien la peine d'être ménagés.

J'arrivai donc exactement à l'heure. De tout loin je regardois si je ne la verrois point sur le chemin; le cœur me battoit de plus en plus à mesure que j'approchois. J'arrive essoufflé, car j'avois quitté ma voiture en ville : je ne vois personne dans la cour; sur la porte, à la fenêtre : je commence à me troubler, je redoute quelque accident. J'entre ; tout est tranquille; des ouvriers goûtoient dans la cuisine ; du reste, aucun apprêt. La servante parut surprise de me voir; elle ignoroit que je dusse arriver. Je monte, je la vois enfin cette chère maman, si tendrement, si vivement, si purement aimée ;

j'accours, je m'élance à ses pieds. Ah! te voilà, petit, me dit-elle en m'embrassant; as-tu fait bon voyage? comment te portes-tu? Cet accueil m'interdit un peu. Je lui demandai si elle n'avoit pas reçu ma lettre. Elle me dit que oui. J'aurois cru que non, lui dis-je; et l'éclaircissement finit là. Un jeune homme étoit avec elle. Je le connoissois pour l'avoir vu déjà dans la maison avant mon départ; mais cette fois il y paroissoit établi, il l'étoit. Bref, je trouvai ma place prise.

Ce jeune homme étoit du pays de Vaud; son père, appelé Vintzenried, étoit concierge ou soi-disant capitaine du château de Chillon. Le fils de monsieur le capitaine étoit garçon perruquier, et couroit le monde en cette qualité quand il vint se présenter à madame de Warens, qui le reçut bien, comme elle faisoit tous les passants, et surtout ceux de son pays. C'étoit un grand fade blondin, assez bien fait, le visage plat, l'esprit de même, parlant comme le beau Liandre; mêlant tous les tons, tous les goûts de son état avec la longue histoire de ses bonnes fortunes; ne nommant que la moitié des marquises avec lesquelles il avoit couché, et prétendant n'avoir point coiffé de jolies femmes dont il n'eût aussi coiffé les maris; vain, sot, ignorant, insolent; au demeurant le meilleur fils du monde. Tel fut le substitut qui me fut donné durant mon absence, et l'associé qui me fut offert après mon retour.

Oh! si les ames dégagées de leurs terrestres entraves voient encore du sein de l'éternelle lumière ce qui se passe chez les mortels, pardonnez, ombre chère et respectable, si je ne fais pas plus de grâce à vos fautes qu'aux miennes, si je dévoile également les unes et les autres aux yeux des lecteurs. Je dois, je veux être vrai pour vous comme pour moi-même : vous y perdrez toujours beaucoup moins que moi. Eh! combien votre aimable et doux caractère, votre inépuisable bonté de cœur, votre franchise et toutes vos excellentes vertus ne rachètent-elles pas de foiblesses, si l'on peut appeler ainsi les torts de votre seule raison! Vous eûtes des erreurs et non pas des vices; votre conduite fut répréhensible, mais votre cœur fut toujours pur [1].

Le nouveau venu s'étoit montré zélé, diligent, exact pour toutes ses petites commissions, qui étoient toujours en grand nombre; il s'étoit fait le piqueur de ses ouvriers. Aussi bruyant que je l'étois peu, il se faisoit voir et surtout entendre à la fois à la charrue, aux foins, au bois, à l'écurie, à la basse-cour. Il n'y avoit que le jardin qu'il négligeoit, parce que c'étoit un travail trop paisible et qui ne faisoit point de bruit. Son grand plaisir étoit

---

[1] VAR. « Toujours pur. Qu'on mette le bien et le mal dans la « balance, et qu'on soit équitable : quelle autre femme, si sa vie se- « crète étoit manifestée ainsi que la vôtre, s'oseroit jamais comparer « à vous? »

de charger et de charrier, de scier ou fendre du bois; on le voyoit toujours la hache ou la pioche à la main; on l'entendoit courir, cogner, crier à pleine tête. Je ne sais de combien d'hommes il faisoit le travail, mais il faisoit toujours le bruit de dix ou douze. Tout ce tintamarre en imposa à ma pauvre maman; elle crut ce jeune homme un trésor pour ses affaires. Voulant se l'attacher, elle employa pour cela tous les moyens qu'elle y crut propres, et n'oublia pas celui sur lequel elle comptoit le plus.

On a dû connoître mon cœur, ses sentiments les plus constants, les plus vrais, ceux surtout qui me ramenoient en ce moment auprès d'elle. Quel prompt et plein bouleversement dans tout mon être! qu'on se mette à ma place pour en juger. En un moment je vis évanouir pour jamais tout l'avenir de félicité que je m'étois peint. Toutes les douces idées que je caressois si affectueusement disparurent; et moi, qui depuis mon enfance ne savois voir mon existence qu'avec la sienne, je me vis seul pour la première fois. Ce moment fut affreux: ceux qui le suivirent furent toujours sombres. J'étois jeune encore, mais ce doux sentiment de jouissance et d'espérance qui vivifie la jeunesse me quitta pour jamais. Dès-lors, l'être sensible fut mort à demi. Je ne vis plus devant moi que les tristes restes d'une vie insipide; et si quelquefois encore une image de bonheur effleura mes désirs, ce bonheur n'étoit plus celui qui m'étoit propre ; je sentois qu'en l'obtenant je ne serois pas vraiment heureux.

J'étois si bête et ma confiance étoit si pleine, que, malgré le ton familier du nouveau venu, que je regardois comme un effet de cette facilité d'humeur de maman qui rapprochoit tout le monde d'elle, je ne me serois pas avisé d'en soupçonner la véritable cause si elle ne me l'eût dit elle-même ; mais elle se pressa de me faire cet aveu avec une franchise capable d'ajouter à ma rage, si mon cœur eût pu se tourner de ce côté-là ; trouvant quant à elle la chose toute simple, me reprochant ma négligence dans la maison, et m'alléguant mes fréquentes absences, comme si elle eût été d'un tempérament fort pressé d'en remplir les vides. Ah ! maman, lui dis-je, le cœur serré de douleur, qu'osez-vous m'apprendre ! quel prix d'un attachement pareil au mien ! Ne m'avez-vous tant de fois conservé la vie que pour m'ôter tout ce qui me la rendoit chère ? J'en mourrai, mais vous me regretterez. Elle me répondit d'un ton tranquille à me rendre fou, que j'étois un enfant, qu'on ne mouroit point de ces choses-là ; que je ne perdrois rien ; que nous n'en serions pas moins bons amis, pas moins intimes dans tous les sens ; que son tendre attachement pour moi ne pouvoit ni diminuer ni finir qu'avec elle. Elle me fit entendre, en un mot, que tous mes droits demeuroient les mêmes, et qu'en les partageant avec un autre, je n'en étois pas privé pour cela.

Jamais la pureté, la vérité, la force de mes sentiments pour elle, jamais la sincérité, l'honnêteté de mon ame, ne se firent mieux sentir à moi que dans ce moment. Je me précipitai à ses pieds, j'embrassai ses genoux en versant des torrents de larmes. Non, maman, lui dis-je avec transport, je vous aime trop pour vous avilir; votre possession m'est trop chère pour la partager; les regrets qui l'accompagnèrent quand je l'acquis se sont accrus avec mon amour; non, je ne la puis conserver au même prix. Vous aurez toujours mes adorations, soyez-en toujours digne; il m'est plus nécessaire encore de vous honorer que de vous posséder. C'est à vous, ô maman! que je vous cède; c'est à l'union de nos cœurs que je sacrifie tous mes plaisirs. Puissé-je périr mille fois avant d'en goûter qui dégradent ce que j'aime!

Je tins cette résolution avec une constance digne, j'ose le dire, du sentiment qui me l'avoit fait former. Dès ce moment je ne vis plus cette maman si chérie que des yeux d'un véritable fils; et il est à noter que, bien que ma résolution n'eût point son approbation secrète, comme je m'en suis trop aperçu, elle n'employa jamais pour m'y faire renoncer ni propos insinuants, ni caresses, ni aucune de ces adroites agaceries dont les femmes savent user sans se commettre, et qui manquent rarement de leur réussir. Réduit à me chercher un sort indépendant d'elle, et n'en pouvant même imaginer, je passai bientôt à l'autre extrémité, et le cherchai tout en elle. Je l'y cherchai si parfaitement que je parvins presque à m'oublier moi-même. L'ardent désir de la voir heureuse, à quelque prix que ce fût, absorboit toutes mes affections : elle avoit beau séparer son bonheur du mien, je le voyois mien en dépit d'elle.

Ainsi commencèrent à germer avec mes malheurs les vertus dont la semence étoit au fond de mon ame, que l'étude avoit cultivées, et qui n'attendoient pour éclore que le ferment de l'adversité. Le premier fruit de cette disposition si désintéressée fut d'écarter de mon cœur tout sentiment de haine et d'envie contre celui qui m'avoit supplanté : je voulus, au contraire, et je voulus sincèrement m'attacher à ce jeune homme, le former, travailler à son éducation, lui faire sentir son bonheur, l'en rendre digne, s'il étoit possible, et faire en un mot pour lui tout ce qu'Anet avoit fait pour moi dans une occasion pareille. Mais la parité manquoit entre les personnes. Avec plus de douceur et de lumières je n'avois pas le sang froid et la fermeté d'Anet, ni cette force de caractère qui en imposoit, et dont j'aurois eu besoin pour réussir. Je trouvai encore moins dans le jeune homme les qualités qu'Anet avoit trouvées en moi : la docilité, l'attachement, la reconnoissance, surtout le sentiment du besoin que j'avois de ses soins, et l'ardent désir de les rendre utiles. Tout cela manquoit ici. Celui que je voulois former ne voyoit en moi qu'un pédant importun qui n'avoit que du babil. Au contraire, il s'admiroit lui-même comme un homme important dans la maison, et, mesurant les services qu'il y croyoit rendre sur le bruit qu'il y faisoit, il regardoit ses haches et ses pioches comme infiniment plus utiles que tous mes bouquins. A quelque égard il n'avoit pas tort; mais il partoit de là pour se donner des airs à faire mourir de rire. Il tranchoit avec les paysans du gentilhomme campagnard; bientôt il en fit autant avec moi, et enfin avec maman elle-même. Son nom de Vintzenried ne lui paroissant pas assez noble, il le quitta pour celui de M. de Courtilles; et c'est sous ce dernier nom qu'il a été connu depuis à Chambéri et en Maurienne, où il s'est marié.

Enfin tant fit l'illustre personnage qu'il fut tout dans la maison, et moi rien. Comme, lorsque j'avois le malheur de lui déplaire, c'étoit maman et non pas moi qu'il grondoit, la crainte de l'exposer à ses brutalités me rendoit docile à tout ce qu'il désiroit; et chaque fois qu'il fendoit du bois, emploi qu'il remplissoit avec une fierté sans égale, il falloit que je fusse là spectateur oisif et tranquille admirateur de sa prouesse. Ce garçon n'étoit pourtant pas absolument d'un mauvais naturel : il aimoit maman, parce qu'il étoit impossible de ne la pas aimer; il n'avoit même pas pour moi de l'aversion ; et quand les intervalles de ses fougues permettoient de lui parler, il nous écoutoit quelquefois assez docilement, convenant franchement qu'il n'étoit qu'un sot : après quoi il n'en faisoit pas moins de nouvelles sottises. Il avoit d'ailleurs une intelligence si bornée et des goûts si bas, qu'il étoit difficile de lui parler raison et presque impossible de se plaire avec lui. A la possession d'une femme pleine de charmes il ajouta le ragoût d'une femme de chambre vieille, rousse, édentée, dont maman avoit la patience d'endurer le dégoûtant service, quoiqu'elle lui fît mal au cœur. Je m'aperçus de ce nouveau manège, et j'en fus outré d'indignation : mais je m'aperçus d'une autre chose qui m'affecta bien plus vivement encore, et qui me jeta dans un plus profond découragement que tout ce qui s'étoit passé jusqu'alors, ce fut le refroidissement de maman envers moi.

La privation que je m'étois imposée et qu'elle avoit fait semblant d'approuver est une de ces choses que les femmes ne pardonnent point, quelque mine qu'elles fassent, moins par la privation qui en résulte pour elles-mêmes, que par l'indifférence qu'elles y voient pour leur possession. Prenez la femme la plus sensée, la plus philosophe, la moins attachée à ses sens; le crime le plus irrémissible que l'homme, dont au reste elle se soucie le moins, puisse commettre envers elle, est d'en pouvoir jouir et de n'en rien faire. Il faut bien que ceci soit sans exception, puisqu'une sympathie si naturelle et si forte fut altérée en elle par une abstinence qui n'avoit que des motifs de vertu, d'attachement et d'estime. Dès-lors je cessai de trouver en elle cette intimité des cœurs qui fit toujours la plus douce jouissance du mien. Elle ne s'épanchoit plus avec moi que quand elle avoit à se plaindre du nouveau venu : quand ils étoient bien ensemble, j'entrois peu dans ses confidences. Enfin elle prenoit peu à peu une manière d'être dont je ne faisois plus partie. Ma présence lui faisoit plaisir encore, mais elle ne lui faisoit plus besoin ; et j'aurois passé des jours entiers sans la voir, qu'elle ne s'en seroit pas aperçue.

Insensiblement je me sentis isolé et seul dans cette même maison dont auparavant j'étois l'ame, et où je vivois pour ainsi dire à double. Je m'accoutumai peu à peu à me séparer de tout ce qui s'y faisoit, de ceux mêmes qui l'habitoient ; et pour m'épargner de continuels déchirements, je m'enfermois avec mes livres, ou bien j'allois soupirer et pleurer à mon aise au milieu des bois. Cette vie me devint bientôt tout-à-fait insupportable. Je sentis que la présence personnelle et l'éloignement de cœur d'une femme qui m'étoit si chère irritoient ma douleur, et qu'en cessant de la voir je m'en sentirois moins cruellement séparé. Je formai le projet de quitter sa maison, je le lui dis ; et, loin de s'y opposer, elle le favorisa. Elle avoit à Grenoble une amie appelée madame Deybens, dont le mari étoit ami de M. de Mably, grand-prévôt à Lyon. M. Deybens me proposa l'éducation des enfants de M. de Mably : j'acceptai, et je partis pour Lyon, sans laisser ni presque sentir le moindre regret d'une séparation dont auparavant la seule idée nous eût donné les angoisses de la mort.

J'avois à peu près les connoissances nécessaires pour un précepteur, et j'en croyois avoir le talent. Durant un an que je passai chez M. de Mably, j'eus le temps de me désabuser. La douceur de mon naturel m'eût rendu propre à ce métier, si l'emportement n'y eût mêlé ses orages. Tant que tout alloit bien, et que je voyois réussir mes soins et mes peines, qu'alors je n'épargnois point, j'étois un ange; j'étois un diable quand les choses alloient de travers. Quand mes élèves ne m'entendoient pas, j'extravaguois; et, quand ils marquoient de la méchanceté, je les aurois tués : ce n'étoit pas le moyen de les rendre savants et sages. J'en avois deux; ils étoient d'humeurs très-différentes. L'un de huit à neuf ans, appelé Sainte-Marie, étoit d'une jolie figure, l'esprit assez ouvert, assez vif, étourdi, badin, malin, mais d'une malignité gaie. Le cadet, appelé Condillac[1], paroissoit presque stupide, musard, têtu comme une mule, et ne pouvoit rien apprendre.

[1] Var. « .... Condillac, du nom de son oncle devenu depuis si « célèbre. »

On peut juger qu'entre ces deux sujets je n'avois pas besogne faite. Avec de la patience et du sang-froid peut-être aurois-je pu réussir; mais, faute de l'une et de l'autre, je ne fis rien qui vaille, et mes élèves tournoient très-mal. Je ne manquois pas d'assiduité, mais je manquois d'égalité, surtout de prudence. Je ne savois employer auprès d'eux que trois instruments toujours inutiles et souvent pernicieux auprès des enfants, le sentiment, le raisonnement, la colère. Tantôt je m'attendrissois avec Sainte-Marie jusqu'à pleurer; je voulois l'attendrir lui-même, comme si l'enfant étoit susceptible d'une véritable émotion de cœur : tantôt je m'épuisois à lui parler raison, comme s'il avoit pu m'entendre ; et comme il me faisoit quelquefois des arguments très-subtils, je le prenois tout de bon pour raisonnable, parce qu'il étoit raisonneur. Le petit Condillac étoit encore plus embarrassant, parce que, n'entendant rien, ne répondant rien, ne s'émouvant de rien, et d'une opiniâtreté à toute épreuve, il ne triomphoit jamais mieux de moi que quand il m'avoit mis en fureur ; alors c'étoit lui qui étoit le sage, et c'étoit moi qui étois l'enfant. Je voyois toutes mes fautes, je les sentois; j'étudiois l'esprit de mes élèves, je les pénétrois très-bien, et je ne crois pas que jamais une seule fois j'aie été la dupe de leurs ruses. Mais que me servoit de voir le mal sans savoir appliquer le remède? En pénétrant tout je n'empêchois rien, je ne réussissois à rien, et tout ce que je faisois étoit précisément ce qu'il ne falloit pas faire.

Je ne réussissois guère mieux pour moi que pour mes élèves. J'avois été recommandé par madame Deybens à madame de Mably. Elle l'avoit priée de former mes manières et de me donner le ton du monde. Elle y prit quelques soins, et voulut que j'apprisse à faire les honneurs de sa maison; mais je m'y pris si gauchement, j'étois si honteux, si sot, qu'elle se rebuta, et me planta là. Cela ne m'empêcha pas de devenir, selon ma coutume, amoureux d'elle. J'en fis assez pour qu'elle s'en aperçût; mais je n'osai jamais me déclarer. Elle ne se trouva pas d'humeur à faire les avances, et j'en fus pour mes lorgneries et mes soupirs, dont même je m'ennuyai bientôt[1], voyant qu'ils n'aboutissoient à rien.

J'avois tout-à-fait perdu chez maman le goût des petites friponneries, parce que, tout étant à moi, je n'avois rien à voler. D'ailleurs les principes élevés que je m'étois faits devoient me rendre désormais bien supérieur à de telles bassesses, et il est certain que depuis lors je l'ai d'ordinaire été : mais c'est moins pour avoir appris à vaincre mes tentations que pour en avoir coupé la racine, et j'aurois grand'peur de voler comme dans mon enfance si j'étois sujet aux mêmes désirs. J'eus la preuve de cela chez M. de Mably. Environné de petites choses volables que je ne regardois même

[1] Var. « Je me rebutai bientôt, voyant... »

pas, je m'avisai de convoiter un certain petit vin blanc d'Arbois très-joli, dont quelques verres que par-ci par-là je buvois à table m'avoient fort affriandé. Il étoit un peu louche ; je croyois savoir bien coller le vin, je m'en vantai, on me confia celui-là ; je le collai et le gâtai, mais aux yeux seulement; il resta toujours agréable à boire, et l'occasion fit que je m'en accommodai de temps en temps de quelques bouteilles pour boire à mon aise en mon petit particulier. Malheureusement je n'ai jamais pu boire sans manger. Comment faire pour avoir du pain? Il m'étoit impossible d'en mettre en réserve. En faire acheter par les laquais, c'étoit me déceler, et presque insulter le maître de la maison. En acheter moi-même, je n'osai jamais. Un beau monsieur l'épée au côté aller chez un boulanger acheter un morceau de pain, cela se pouvoit-il? enfin je me rappelai le pis-aller d'une grande princesse à qui l'on disoit que les paysans n'avoient pas de pain, et qui répondit : Qu'ils mangent de la brioche[1]. Encore que de façons pour en venir là! Sorti seul à ce dessein, je parcourois quelquefois toute la ville, et passois devant trente pâtissiers avant d'entrer chez aucun. Il falloit qu'il n'y eût qu'une seule personne dans la boutique, et que sa physionomie m'attirât beaucoup, pour que j'osasse franchir le pas. Mais aussi quand j'avois une fois ma chère petite brioche, et que, bien enfermé dans

[1] Var. «... De la brioche. J'achetai de la brioche. Encore...»

ma chambre, j'allois trouver ma bouteille au fond d'une armoire, quelles bonnes petites buvettes je faisois là tout seul, en lisant quelques pages de roman ! Car lire en mangeant fut toujours ma fantaisie au défaut d'un tête-à-tête : c'est le supplément de la société qui me manque. Je dévore alternativement une page et un morceau : c'est comme si mon livre dînoit avec moi.

Je n'ai jamais été dissolu ni crapuleux, et ne me suis enivré de ma vie. Ainsi mes petits vols n'étoient pas fort indiscrets : cependant ils se découvrirent ; les bouteilles me décelèrent. On ne m'en fit pas semblant, mais je n'eus plus la direction de la cave. En tout cela M. de Mably se conduisit honnêtement et prudemment. C'étoit un très-galant homme, qui, sous un air aussi dur que son emploi, avoit une véritable douceur de caractère et une rare bonté de cœur. Il étoit judicieux, équitable, et, ce qu'on n'attendroit pas d'un officier de maréchaussée, même très-humain. En sentant son indulgence, je lui en devins plus attaché, et cela me fit prolonger mon séjour dans sa maison plus que je n'aurois fait sans cela. Mais enfin, dégoûté d'un métier auquel je n'étois pas propre et d'une situation très-gênante qui n'avoit rien d'agréable pour moi, après un an d'essai, durant lequel je n'épargnai point mes soins, je me déterminai à quitter mes disciples, bien convaincu que je ne parviendrois jamais à les bien élever. M. de Mably lui-même voyoit cela tout aussi bien que moi. Cependant je crois qu'il n'eût jamais pris sur lui de me renvoyer si je ne lui en eusse épargné la peine ; et cet excès de condescendance en pareil cas n'est assurément pas ce que j'approuve.

Ce qui rendoit mon état plus insupportable étoit la comparaison continuelle que j'en faisois avec celui que j'avois quitté : c'étoit le souvenir de mes chères Charmettes, de mon jardin, de mes arbres, de ma fontaine, de mon verger, et surtout de celle pour qui j'étois né, qui donnoit de l'ame à tout cela. En repensant à elle, à nos plaisirs, à notre innocente vie, il me prenoit des serrements de cœur, des étouffements qui m'ôtoient le courage de rien faire. Cent fois j'ai été violemment tenté de partir à l'instant et à pied pour retourner auprès d'elle ; pourvu que je la revisse encore une fois, j'aurois été content de mourir à l'instant même. Enfin je ne pus résister à ces souvenirs si tendres, qui me rappeloient auprès d'elle à quelque prix que ce fût. Je me disois que je n'avois pas été assez patient, assez complaisant, assez caressant, que je pouvois encore vivre heureux dans une amitié très-douce, en y mettant du mien plus que je n'avois fait. Je forme les plus beaux projets du monde, je brûle de les exécuter. Je quitte tout, je renonce à tout, je pars, je vole, j'arrive dans tous les mêmes transports de ma première jeunesse, et je me retrouve à ses pieds. Ah ! j'y serois mort de joie si j'avois retrouvé dans son accueil, dans ses caresses ¹, dans son cœur enfin, le quart de ce que j'y retrouvois autrefois ², et que j'y reportois encore.

Affreuse illusion des choses humaines! Elle me reçut toujours avec son excellent cœur, qui ne pouvoit mourir qu'avec elle : mais je venois rechercher le passé qui n'étoit plus et qui ne pouvoit renaître. A peine eus-je resté demi-heure avec elle, que je sentis mon ancien bonheur mort pour toujours. Je me retrouvai dans la même situation désolante que j'avois été forcé de fuir, et cela sans que je pusse dire qu'il y eût de la faute de personne ; car au fond Courtilles n'étoit pas mauvais, et parut me revoir avec plus de plaisir que de chagrin. Mais comment me souffrir surnuméraire près de celle pour qui j'avois été tout, et qui ne pouvoit cesser d'être tout pour moi? Comment vivre étranger dans la maison dont j'étois l'enfant? L'aspect des objets témoins de mon bonheur passé me rendoit la comparaison plus cruelle. J'aurois moins souffert dans une autre habitation. Mais me voir rappeler incessamment tant de doux souvenirs, c'étoit irriter le sentiment de mes pertes. Consumé de vains regrets, livré à la plus noire mélancolie, je repris le train de rester seul hors les heures des repas. Enfermé avec mes livres, j'y cherchois des distractions utiles ; et sentant le péril imminent que

---

¹ Var. « Dans son accueil, dans ses yeux, dans ses caresses... »
² Var. « ... Le quart de ce que j'y trouvois jadis, et que... »

j'avois tant craint autrefois, je me tourmentois derechef à chercher en moi-même les moyens d'y pourvoir quand maman n'auroit plus de ressource. J'avois mis les choses dans sa maison sur le pied d'aller sans empirer; mais depuis moi tout étoit changé. Son économe étoit un dissipateur. Il vouloit briller; bon cheval, bon équipage; il aimoit à s'étaler noblement aux yeux des voisins; il faisoit des entreprises continuelles en choses où il n'entendoit rien. La pension se mangeoit d'avance, les quartiers en étoient engagés, les loyers étoient arriérés, et les dettes alloient leur train. Je prévoyois que cette pension ne tarderoit pas d'être saisie et peut-être supprimée. Enfin je n'envisageois que ruine et désastres, et le moment m'en sembloit si proche, que j'en sentois d'avance toutes les horreurs.

Mon cher cabinet étoit ma seule distraction. A force d'y chercher des remèdes contre le trouble de mon ame, je m'avisai d'y en chercher contre les maux que je prévoyois, et revenant à mes anciennes idées, me voilà bâtissant de nouveaux châteaux en Espagne pour tirer cette pauvre maman des extrémités cruelles où je la voyois prête à tomber. Je ne me sentois pas assez savant et ne me croyois pas assez d'esprit pour briller dans la république des lettres et faire une fortune par cette voie. Une nouvelle idée qui se présenta m'inspira la confiance que la médiocrité de mes talents ne pouvoit me donner. Je n'avois pas abandonné la musique en cessant de l'enseigner ; au contraire, j'en avois assez étudié la théorie pour pouvoir me regarder au moins comme savant en cette partie. En réfléchissant à la peine que j'avois eue d'apprendre à déchiffrer la note, et à celle que j'avois encore à chanter à livre ouvert, je vins à penser que cette difficulté pouvoit bien venir de la chose autant que de moi, sachant surtout qu'en général apprendre la musique n'étoit pour personne une chose aisée. En examinant la constitution des signes, je les trouvois souvent mal inventés. Il y avoit long-temps que j'avois pensé à noter l'échelle par chiffres, pour éviter d'avoir toujours à tracer des lignes et portées lorsqu'il falloit noter le moindre petit air. J'avois été arrêté par les difficultés des octaves et par celles de la mesure et des valeurs. Cette ancienne idée me revint dans l'esprit, et je vis, en y repensant, que ces difficultés n'étoient pas insurmontables. J'y rêvai avec succès, et je parvins à noter quelque musique que ce fût par mes chiffres avec la plus grande simplicité. Dès ce moment je crus ma fortune faite ; et dans l'ardeur de la partager avec celle à qui je devois tout, je ne songeai qu'à partir pour Paris, ne doutant pas qu'en présentant mon projet à l'académie je ne fisse une révolution. J'avois rapporté de Lyon quelque argent, je vendis mes livres. En quinze jours ma résolution fut prise et exécutée. Enfin, plein des idées magnifiques qui me l'avoient inspirée, et toujours le même dans tous les temps, je partis de Savoie avec mon système de musique comme autrefois j'étois parti de Turin avec ma fontaine de héron.

Telles ont été les erreurs et les fautes de ma jeunesse. J'en ai narré l'histoire avec une fidélité dont mon cœur est content. Si dans la suite j'honorai mon âge mûr de quelques vertus, je les aurois dites avec la même franchise, et c'étoit mon dessein. Mais il faut m'arrêter ici. Le temps peut lever bien des voiles. Si ma mémoire parvient à la postérité, peut-être un jour elle apprendra ce que j'avois à dire. Alors on saura pourquoi je me tais.

FIN DU SIXIÈME LIVRE.

www.ingramcontent.com/pod-product-compliance
Lightning Source LLC
Chambersburg PA
CBHW050248230426
43664CB00012B/1875